한국사상선 5

이황

조선 유학의 분수령

한국사상선　5

이황

이봉규 편저

조선 유학의
분수령

창비
Changbi Publishers

창비 한국사상선 간행의 말

나날이 발전하는 세상을 약속하던 자본주의가 반문명적 본색을 여지없이 드러내며 다수의 삶을 고통으로 몰아간 지 오래다. 이제는 인간 문명의 기본 터전인 지구 생태를 거세게 위협하는 시대에 이르렀다. 결국 세상의 종말이 닥친다 해도 놀랄 수 없는 시대의 위태로움이 전에 없던 문명적 대전환을 요구한다는 각성에서 창비 한국사상선의 기획은 시작되었다. '전환'이라는 강력하게 실천적인 과제는 우리 모두에게 다른 삶의 전망과 지침이 필요하며 전망과 지침으로 살아 작동할 사상이 절실함을 뜻한다. 그런 사상을 향한 다급하고 간절한 요청에 공명하려는 기획으로서, 창비 한국사상선은 한국사상이라는 분야를 요령 있게 소개하거나 새롭게 정비하는 평시적 작업을 넘어 어떤 비상한 대책이기를 열망하며 구상되었다.

사상을 향한 요청이 반드시 '한국사상'으로 향할 이유가 되는지 반문하는 이들도 있을지 모른다. 사상이라고 하면 플라톤 같은 유구한 이름으로 시작하여 무수히 재해석된 쟁쟁한 인물과 계보로 가득한 서구사상을 으레 떠올리기 때문이다. 우리가 겪는 위기가 행성 전체에 걸친 것이라면 늘 그래왔듯 서구의 누군가가 자기네 사상전통에 기대 무언가 이야기하지 않았을까, 그런 것들을 찾아보는 편이 더 효율적이지 않을까 하는 생각은 사실 오래된 습관이다. 더욱이 '한국사상'이라는 표현 자체가 많은 독자들에게 꽤 낯설게 느껴질 법하다. 한국의 유교사상이라거나 한국의 불교사상 같은 분류는 이따금 듣게 되지만 그 경우는 유교사상이나 불교사상의 지역적 분화라는 인상이 강하다. 한국사상이 변모하고 확장하면서 갖게 된 유교적인 또는 불교적인 양상으로 이해하는 방식은 익숙지 않을 것이기에 '한국사상'에 대한 우리의 공통감각은 여전히 흐릿하다고 말할 수 있다.

하지만 이런 사정이야말로 창비 한국사상선 발간의 또 다른 동력이다. 서구사상은 오랜 시간 구축한 단단한 상호참조체계를 바탕으로 세계 지성계에서 압도적 발언권을 유지하는 한편 오늘날의 위기에 관해서도 이런저런 인식의 '전회turn'라는 형식으로 대응하고 있다. 그럼에도 그 위상의 이면에 강고한 배타성과 편견이 작동하고 있음을 지적하는 목소리가 높다. 무엇보다 지금 이곳 — 그리고 지구의 또 다른 여러 곳 — 의 경험이 그들의 셈법에 들어 있지 않고 따라서 그 경험이 빚어낸 사상적 성과 역시 반영되지 않는다는 느낌은 갈수록 커져왔다. 서구사상에서 점점 빈번해지는 여러 전회들이 결국 그들 나름의 뚜렷한 한계 안에서 이루어지는 뒤집기 또는 공중제비에 불과하다는 인상도 지우기 어렵다. 정치, 경제, 문화 등 여러 부문에서 그렇듯이 이제 사상에서도 서구가 가진 위상은 돌이킬 수 없이 상대화되고 보편의 자리는 진실로 대안에 값하는 사상을 향한 열린 분투에 맡겨졌다.

그런가 하면 '한국적인 것' 일반은 K라는 수식어구를 동반하며 부쩍 세계적 이목을 끌고 있다. K의 부상은 유행에 민감한 대중문화에서 시작되어서인지 하나의 파도처럼 몰려와 해변을 적셨다가 곧이어 다른 파도에 밀려가리라 생각되기도 한다. '한류'라는 지칭에 집약된 이 비유는 숱한 파도가 오고 가도 해변은 변치 않는다는 암묵적 전제에 갇혀 있지만, 음악이든 드라마든 이만큼의 세계적 반향을 일으킨다면 해당 분야의 역사를 다시 쓰면서 더 항구적인 영향을 남길 수 있다고 평가받아야 한다. 중요한 것은 이제 한국적인 것이 무시 못 할 세계적 발언권을 획득하면서 단순히 어떻게 들리게 할까가 아니라 무엇을 말할까에 집중할 수 있게 된 점이다. 대중문화에 이어 한국문학이 느리지만 묵직하게 존재감을 발하는 이 시점이 한국사상이 전지구적 과제를 향해 독자적 목소리를 보태기에 더없이 적절한지 모른다.

그러기 위해 한국사상은 스스로를 호명하고 가다듬는 작업을 함께 진행해야 한다. 이름 자체의 낯섦에서 알 수 있듯 한국사상은 그저 우리 역사에 존재했던 여러 사상가들의 사유들을 총합하는 무엇이 아니라 상당 정도로 새로이 구성해야 하는 무엇에 가깝다. 창비 한국사상선은 문명전환을 이룰 대안사상의 모색이라는 과제를 중심으로 이 작업에 임하고자 했는데, 이는 거꾸로 바로 그런 모색이 실제로 한국사상의 면면한 바탕임을 발견하는 과정이기도 했다. 여기 실린 사상가들의 사유에는 역사와 현실을 탐문하며 새로운 삶의 보편적 비전을 구현하려 한 강도 높은 실천성, 그리고 주어진 사회의 시스템을 변혁하는 일과 개개인의 마음을 닦는 일이 진리에 속하는 과업으로서 단일한 도정이라는 깨달음이 깊이 새겨져 있다. 이 점은 오늘날 한국사상의 구성과 전승이 어떤 방식으로 지속되어야 할지 일러준다. 아직은 우리 자신에게조차 '가난한 노래의 씨'로 놓인 이 사유들을 참조하고 재해석하면서 위태로운 세계의 '광야'를 건널 지구적 자원이자 자기 삶의 실질적 영감으로 부단히 활용하는 실천을 통해 비로소 한국사상의 역량은 온전히 발휘될 것이다.

창비 한국사상선이 사상가들의 핵심저작을 직접 제공하는 데 주력한 이유도 여기에 있다. 학구적 관심이 아니라도 누구든 삶과 세계에 대해 사유하고 발언할 때 펼쳐 인용하고 되새기는 장면을 그려본 구성이다. 이제껏 칸트와 헤겔을 따오고 맑스와 니체, 푸꼬와 데리다를 언급했던 만큼이나 가까이 두고 자주 들춰보는 공통 교양서가 되기를 기대한다. 그러기 위해 원문의 의도를 훼손하지 않는 범위에서 되도록 오늘날의 언어에 가깝게 풀어 싣고자 노력했다. 핵심저작 앞에 실린 편자의 서문은 해당 사상가의 사유를 개관하며 입문의 장벽을 낮추는 역할에 더하여, 덜 주목받은 면을 조명하고 새로운 관점을 보탬으로써 독자들의 시야를 넓혀 각자 또 다른 해석자가 되도록 고무한다. 부록과 연보는 사상가를 둘러싼 당대적·세계적 문맥을 더 면밀히 읽는 데 도움이 되고자 한다.

사상선 각권이 개별 사상가의 전체 저작에서 중요한 일부를 추릴 수밖에 없었듯 전체적으로도 총 30권으로 기획되었기에 어쩔 수 없이 선별적이다. 시기도 조선시대부터로 제한했다. 그러다 보니 신라의 원효나 최치원같이 여전히 사상가로서 생명을 지녔을뿐더러 어떤 의미로 한국적 사상의 원류에 해당하는 분들과 고려시대의 중요 사상가들이 제외되었다. 또 조선시대의 특성상 유교사상이 지나치게 큰 비중을 차지한 느낌도 없지 않을 것이다. 하지만 조선의 유학 자체가 송학 내지 신유학의 단순한 이식이 아니라 중국에서 실현된 바 없는 독특한 유교국가를 만들려는 세계사적 실험이었거니와, 이 시대의 사상가들이 각기 자기 나름으로 유·불·선 회통이라는 한반도 특유의 사상적 기획에 기여하고자 했음이 이 선집을 통해 드러나리라 믿는다.

조선시대 이전이 제외된 대신 사상선집에서 곧잘 소홀히 되는 20세기 후반까지 포함하며 이제껏 사상가로 이야기되지 않던 문인, 정치인, 종교인을 다수 망라한 점도 본서의 자랑이다. 한번에 열권씩 발행하되 전부를 시대순으로 간행하기보다 1~5권과 16~20권을 1차로 배본하는 등 발간 방식에서도 20세기가 너무 뒤로 밀리지 않게 배려했다. 1권 정도전에서 시작하여 30권 김대중으로 마무리되는 구성에 1인 단독집만이 아니라 2, 3, 4인 합집을 배치하여 선별의 아쉬움도 최대한 보충하고자 했으나, 사상가들의 목록은 당연히 완결된 것이 아니고 추후 보완작업을 기대해야 한다. 그럼에도 이 사상선을 하나의 '정전'으로 세우고자 했음을 군이 숨기고 싶지 않다. 다만 모든 정전의 운명이 그렇듯 깨어지고 수정되고 다시 세워지는 굴곡이야말로 한국사상의 생애주기에 꼭 필요한 일이다. 아니, 창비 한국사상선 자체가 정전 파괴와 쇄신의 정신까지 담고 있음에 주목해주시기를 바란다. 특히 수운 최제우와 소태산 박중빈 같은 한반도가 낳은 개벽사상가를 중요하게 배치한 점은 사상선의 고유한 취지를 한층 부각해주리라 기대한다.

창비 한국사상선은 1966년 창간 이래 60년 가까이 한국학에 남다른 관심을 기울여온 계간 『창작과비평』, 그리고 '독자와 함께 더 나은 세상을' 꿈꾸어온 도서출판 창비의 의지와 노력이 맺은 결실이다. 문명적 대전환에 기여할 사상, 그런 의미에서 단순히 개혁적이기보다 개벽적이라 불러야 할 사상에 의미 있는 보탬이 되고 대항담론에 그치지 않는 대안담론으로서 한국사상이 갖는 잠재성을 세계의 다른 구성원들과 공유하는 계기가 된다면 더없는 보람일 것이다. 오직 함께하는 일로서만 가능한 이 사상적 실천에 독자 여러분의 많은 관심과 참여를 부탁드린다.

2024년 7월
창비 한국사상선 간행위원회 일동

차례

서문

문치文治를 향상시킨 이학理學의 한평생

조선 시대 유학은 연구와 실천 양쪽에서 이황 이전과 이후로 확연히 달라진다. 주희의 문집 전체를 통독한 뒤 펴낸 『주자서절요』는 조선과 일본에서 주자학의 본령으로 인도하는 안내서가 되었고, 조선 후기 내내 『주자대전』의 맥락을 고증하여 그 최종 정론을 규명하는 실증적 연구의 추동체가 되었다. 이학理學에 대한 이론적 규명은 이후 조선 이학의 전개에 한 방향타가 되었다. 이황이 교육과정을 제시하며 창설을 주도했던 서원은 이후 400여 곳으로 늘어나 조선 교육의 중심 기관이 되었다. 이황이 동학들과 토론하고 또 스스로 제정하여 제시하기도 했던 가례家禮의 지침은 조선 후기 학파를 막론하고 주요한 전거로서 활용되었다. 또한 그는 막 출범한 선조의 국정 운영을 안착시키고 왕도王道로 나아가도록 하기 위해, 선조에게 성학聖學(성인이 되는 학문)을 권고했고, 이는 조선의 국왕들과 지식인들이 수기修己를 바탕으로 국정에 임하도록 이끌었다. 이황의 한평생 연구와 활동은 곧 조선이 이학의 이념을 문교文敎의 정치[文治]로 실현시켜가는 역동적 향상의 시간이었다.

본서에서는 이황이 남긴 글 가운데, 이학의 전승과 확산을 위한 노력, 이학의 이론에 대한 성찰, 경세 방략, 생활의 경계 등을 엿보게 해주는 글을 위주로 일부 뽑아서 번역했다. 여기 서문에서는 이렇게 뽑은 글을 중심으로 이황의 학문적 업적과 삶을 소개한다.

생애

이황은 1501년 겨울에서 1570년 겨울까지 살았다. 자는 경호景浩이고, 호는 퇴계退溪이다. 태어난 다음 해 부친이 별세했다. 후처였던 어머니 춘천 박씨의 넷째 아들로, 어려서 숙부의 지도를 받아 성장했다. 숙부 이우李堣(1469~1517)는 1498년 문과에 급제하여 사간원 정원 등 관직에 종사하다가 1512년 모친을 봉양하기 위해 귀향했다. 12세 때 숙부에게 『논어』를 배우면서 이황은 "무릇 사물에서 옳은 것이 이理인가요?"라고 질문했는데, 숙부가 맞다고 대답했다. 이황은 당시 마음속으로 의문이 풀리며 무엇인가 얻음이 있는 듯했다고 훗날 회상했다.[1] 17세 때 숙부가 별세하고 나서 『성리대전』 『주역』 등을 즐겨 독서했지만 특정한 스승은 없었다. 다만 내내 후원해주었던 이현보를 존중했고, 평생 가깝게 지냈다. 23세 때 성균관에서 수학할 때 처음 대한 『심경부주』는 이황에게 평생 수행의 지침이 되었고, 43세 때 교정에 참여하여 통독했던 『주자대전』은 학문과 실천의 전지田地였다.

이황은 1534년 34세에 문과에 급제했다. 바로 위 형인 이해李瀣(1496~1550)는 이미 1528년 문과에 급제했다. 1541년 홍문관 부제학 이언적李彦迪을 대표로 시정의 득실과 급무를 논한 이른바 「일강구목소一綱九目疏」를 연명으로 올릴 때 수찬으로 참여했다. 1542년 재해 상황을 검찰하는 어사로 충

---

1   李德弘 『艮齋集』 권5 「溪山記善錄(上)」.

청과 강원 지역을 돌아보았다. 1543년『주자대전』이 간행될 때 이황은 자청하여 교정작업을 주도했다. 1545년 갓 즉위한 명종에게 왜인들의 강화요청을 허락해줄 것을 건의했고, 1549년 풍기군수로 재직하면서 백운동서원에 편액과 서적을 내려줄 것을 관찰사를 통해 조정에 건의했다. 그리고 그해 겨울 풍기군수를 사직하고 학문에 전념하고자 귀향했다.

이황은 1552년 부름을 받고 다시 올라가 경연에 참여했고, 화담학파 학자들을 비롯하여 김정국의 제자 정지운 등 여러 학자와 교류하면서『연평답문延平答問』등 이학서의 간행에 참여했다. 1555년 귀향해서 강학과 연구에 전념하면서,『주자서절요朱子書節要』를 완성했다. 명종의 여러 차례에 걸친 부름에 따라 1558년 10월 올라왔다가 1559년 2월 귀향했다. 1567년 6월 명나라 사신과 수응할 제술관製述官에 임명되어 올라왔다가 명종 상을 당하여 명종의 행장과 만사를 썼고, 우리나라의 학문에 대하여 알고 싶어 하는 명나라 사신에게 조선의 학문과 홍범구주에 대하여 소개하면서 우탁, 정몽주, 윤상, 김굉필, 정여창, 조광조, 이언적, 서경덕 등 여덟 명의 학자를 추가하여 응답했다.[2] 인종비 인성왕후가 명종에 대하여 입어야 하는 상복에 관해 형수와 시동생 사이에는 상복이 없다는『가례』의 견해에 따랐다가, 견해를 바꾸어 명종이 인종의 후사이므로 모자 간의 상복을 해야 한다는 기대승奇大升(1527~1572)의 견해에 동의했다. 이황은 세번 사직소를 올려 체직되고 8월 명종 상중에 귀향했다.

1567년 12월 명나라 사신의 응접에 대비하여 제술관으로 올라오라는 선조의 명에 따라, 이황은 1568년 7월 상경하여 사은하고 경연에 참여했다. 8월에 선조에게 새로 출발한 조정의 급선무를 6가지 조목으로 나누어 의견을 피력한「무진육조소」를 올렸다. 9월에는 경연에서 군적의 정리를 당분간 정지할 것을 건의하여 선조가 따랐지만, 대신들의 반대로 군적 정

리는 계속 진행되었다. 또한 경연에서 『주역』의 "지위만 높은 용이니 후회함이 있다"는 구절을 진강하면서 군주의 독단을 경계하고, 불효하는 공주의 아들을 처벌하라는 대간의 건의를 따를 것을 권고하여 선조가 따랐다. 9월 21일 석강에서 조광조를 추숭하고 남곤과 심정의 관작을 추탈할 것을 계청했지만 선조가 따르지 않았다. 12월 16일 선조에게 차자箚子와 함께 『성학십도聖學十圖』를 올리고, 병풍과 첩자를 만들어 항상 가까이 할 것을 권고했다. 1569년 1월에는 선조의 생부 덕흥군은 선조에게 사친私親[3]이 되어 제사할 수 없다는 견해를 피력하려고 했다가 신료들의 반대로 취소하고, 제사 물품만 관에서 공급하는 것은 가능하다는 입장을 밝혔다.

그해 3월 거듭 사직소를 올려 귀향을 허락받은 자리에서, 선조의 조언 요청에 따라 태평할 때 미리 우환에 대비해야 한다는 것, 군주가 자신의 능력을 과신하거나 군주의 자리를 높게 여기지 말고 신하와 협력해서 국정을 운영해야 한다는 것, 사적인 욕망을 억제하기 위해 성학聖學(성인이 되는 학문)을 항상 가까이 해야 한다는 것을 건의했다. 특히 군주가 간쟁에 염증을 내고 싫어할 때 간신들이 그 틈을 이용해 득세한다는 것을 당 현종의 사례를 들어 강조했다. 이황은 이날 선조의 천거 요청에 따라, 기대승을 추천했다. 3월 귀향하고 다음 해 12월 8일 별세할 때까지 이황은 『성학십도』의 「심통성정도」를 수정하여 올리는 한편, 찾아오는 제자들과 『심경』 『주자서절요』 『가례』 『역학계몽』 등 이학서를 부지런히 강학하고 토론했다. 임종 며칠 전 이황은 제자들과 영결하는 자리에서 "평소 변변치 않은 식견으로 자네들과 강론했었는데, 이것도 쉽지 않은 일이었네"라고 소회를 말했다. 제자들은 고종考終(편안하게 생을 마감함) 전날 뽑은 점괘에서 겸謙괘의

---

3   양자로 들어가서 양자로 삼은 분의 후계자가 되면, 양부모를 공적인 정식의 부모로 삼고, 자신을 낳아준 친부모를 부모로 삼지 않는다. 이 경우 친부모를 사친(私親, 개인적으로 혈연상 부모가 되는 분), 생부모(生父母, 자신을 낳아준 부모)라고 불러 종통을 승계하는 부모와 구별한다.

"군자가 마침이 있다"는 점사를 얻었다.

이학의 전승과 확산

송대 이후 유학자들은 유학을 성학聖學으로 재정립했다. 성인과 같은 이상적 인품을 실현하는 방법을, 인륜[4]을 충분히 실현하는 것에서 찾았다. 성인이 되는 방법과 관련하여, 이정二程과 주희朱熹(1130~1200) 계열은 인정人情의 이치를 뜻하는 이理의 개념을 도입하여 이론화했고, 육구연陸九淵(1139~1192)과 왕수인王守仁(1472~1528) 계열은 마음의 본래 능력을 뜻하는 본심本心을 중심 개념으로 삼아 이론화했다. 현대 연구에서는 전자를 이학理學, 성리학, 정주학, 또는 주자학 등으로 부르고, 후자를 심학心學, 양명학, 육왕학 등으로 명명하여 사조를 구분한다. 이들 사조는 송대에 발흥하여 19세기 후반 근대 전환기까지 중국과 한국을 비롯하여 베트남과 일본 등 동아시아 지역에서 사상과 제도, 정치와 문화 전반에 걸쳐 중심 지도 원리로 쓰였다. 또한 청조의 등장 이후 동아시아 각 지역에서 이학과 심학의 유교론에 대하여 비판하는 다양한 해석과 대안이 산출되어 근대 이후까지 영향을 미쳤는데, 이를 실학으로 부른다.

이황이 이학에 대한 연구와 실천에 매진했던 때에, 중국에서는 양명학

---

4 인륜은 인류가 지니는 친애하는 마음과 공경하는 마음을 충분히 표현할 수 있게 유도하는 지침과 제도이다. 동아시아 유교 사회는 일정한 차이를 두어 친애하는 관계를 지속시키는 방향으로 이 두 마음을 결합하여 표현하는 전통을 발전시켰다. 윤(倫)은 친애함을 지속시키기 위해 두는 일정한 차이와 거리이다. 차이를 두어서 그 차이에 맞게 친애하고 공경하는 마음을 표현하는 원리와 기준이 곧 인륜이고, 예(禮)이다. 삼강(三綱)과 오륜(五倫)은 큰 원칙이고, 관혼상제를 비롯한 여러 의례의 규정은 세부 지침이 된다. 유가학파는 친애하고 공경하는 마음을 사회적으로 충분히 표현할 수 있는 조건을 갖추고 실현하는 것을 이상적인 정치로 여겼다. 동아시아 유교사는 곧 인륜의 원리와 방법, 제도를 인류 공동체 문화로 개발하고 발전시켜간 과정이었다.

이 한창 성행했다. 일본에서는 불교가 성행하는 가운데 이학과 심학은 아직 도입되지 않았고, 그 대신 예수회가 먼저 들어와 일부 지역에서 확산해 가고 있었다. 17세기부터 활발해지는 실학은 아직 발흥하지 않은 시기였다. 이황은 당시 성행하는 양명학에 맞서 주자학의 견지에서 인륜의 원리를 해명하고 실천했다. 이황의 연구와 실천은 조선과 일본에서 주자학이 확산되는 촉매가 되었다.

이황은 1543년 교서관校書館에서 『주자대전』을 간행할 때 전체를 통독하면서 주자학에 심취했고, 1552년 『연평답문』을 읽고서 소경이 눈을 뜬 것처럼, 희노애락으로 발현되기 이전의 중정한 마음과 관련하여 주희의 입장을 명확히 이해할 수 있었다. 그 핵심은 선학禪學처럼 인륜의 마음을 깨닫고 각성하는 것이 아니라, 외물이 오면 응대할 수 있게 인륜의 이치가 온전하게 갖추어져 있는 마음의 상태를 잘 견지하는 것에 있었다. 이황은 1554년, 1556년 두 차례 이정李楨을 시켜 『연평답문』을 중간重刊하면서 발문跋文과 후어後語를 통해 그 의의를 밝혔다.

이황의 발문이 들어간 『연평답문』은 일본에서 복각되어 유행했고, 후지와라 세이까藤原惺窩(1561~1619)와 하야시 라잔林羅山(1583~1657)에게 마음에 대한 이학의 견해를 이해하는 창구가 되었다.[5] 조선에서는 이상정李象靖(1711~1781)이 『연평답문』에 수록되지 않은 이통의 말을 찾아 「속록續錄」을 새로 편성하여 추가했다. 중국에서 「후록後錄」과 「보록補錄」으로 계속

---

5 후지와라 세이까. 불교 승려로 유학을 공부하여 에도 막부 초기 일본에 유학을 정착시킨 선구자가 되었다. 임진왜란으로 억류되었던 강항(姜沆, 1567~1618)의 도움을 받아 유학을 익혔고, 하야시 라잔 등에게 전했다. 성혼의 제자였던 강항은 이황의 학설을 위주로 전해주었고, 이후 일본에서 이황의 학문이 널리 영향을 주는 한 배경이 되었다.
하야시 라잔. 후지와라 세이까의 천거로 토꾸가와 이에야스에게 발탁되어 4대 쇼오군 토꾸가와 이에쯔나까지 막부의 정치에 자문했고 교육에 참여했다. 주자학을 본령으로 삼아 불교와 그리스도교를 비판했고, 유교 의례의 실천과 보급에도 힘썼다. 뒤에 막부가 주자학을 관학으로 채택하면서, 3대 후손 하야시 호꼬오(林鳳岡) 때부터 하야시 가문은 막부의 학문과 교육을 관장하는 가문이 되었다.

추가해왔던 전통을 이어받아 보완한 것이었다. 그 결과 주희가 처음 스승과 문답만을 모아놓았던 『연평답문』에 「후록」「보록」과 더불어서 「속록」을 추가하는 마지막 보정이 18세기 조선에서 이루어졌다.[6]

1555년 귀향했을 때, 이황은 주희의 서간들 가운데 학문하는 자세와 방법을 일깨워주는 부분, 사회 문제에 대한 견해, 처신과 생활 방식, 그리고 이론적 쟁점 가운데 주희의 정론을 보여주는 부분을 뽑아서 책으로 엮는 작업을 진행했다. 1557년 작업을 마치고 나서 처음에 『회암서절요』라고 제목을 달았다가 다시 『주자서절요』로 바꾸고, 1558년 3월 서문 「주자서절요서」를 써서 그 취지를 밝혔다. 며칠 뒤 이황은 자신이 보냈거나 답장한 편지에서 성찰의 자료가 될 만한 것을 뽑아 『자성록自省錄』으로 엮고 서문 「자성록소서自省錄小序」을 붙였다.

『주자서절요』와 『자성록』 모두 이황 자신이 독서와 강론을 실천으로 이어서 성숙시키지 못하는 간극을 스스로 경계하고 대처하기 위한 노력의 소산이었다. 한편으로 주희의 정론을 수렴하면서, 다른 한편으로는 지식의 축적과 더불어 실천을 통해 인격적 성숙을 유도하는 구절들을 편성했다. 이후 동아시아 학자들은 주자학의 대체적 내용과 더불어 지식 탐구를 실천으로 이어지게 하는 지침으로 두 저서를 활용했다. 『주자서절요』의 출현은 조선에서 『주자대전』의 맥락을 정밀하게 고증하여 밝히는 연구로 19세기까지 계승되어, 19세기 후반 이항로와 이준 부자에 의해 『주자대전차의집보朱子大全箚疑輯補』 121권 70책으로 집성되었다.

주희는 주돈이부터 주희 자신에 이르는 학문의 연원을 『이락연원록』으로 밝혔다. 주희 이후에는 중국에서 사탁謝鐸(1435~1510)의 『이락연원속록』, 주여등周汝登의 『성학종전聖學宗傳』, 손기봉孫奇逢(1584~1675)의 『이학종전理學宗傳』 등으로 이어졌다. 이황은 『주자서절요』를 완성한 뒤 주자 이

---

6   이봉규 「『延平答問』 논의를 통해 본 退溪學의 지평: 동아시아 유학사의 맥락과 연관하여」,
     『동방학지』 144, 연세대 국학연구원 2008.

후 명 초까지 이학 계열의 원류를 『송계원명이학통록宋季元明理學通錄』으로 정리했다. 이황은 초고를 완성한 뒤 수정을 마치지 못했다. 이황이 별세한 뒤 제자들의 보정을 거쳐 1575년 안동부에서 초간되었고, 다시 보정을 거쳐 1743년 도산서원에서 중간되었다.

이황은 이 책을 통해 주희가 밝혔던 도학의 요법要法을 자신의 시대까지 어떻게 전승해왔는지 559명의 행적과 언행을 통해 밝혀주었다. 수록자들의 문집이 부재한 상황에서 간접적인 자료를 통해 정리한 한계가 있었지만, 『주자어류』와 『연평답문』 등 문집 이외의 자료와, 『이락연원속록』 같은 성과들을 망라하여 활용했다.[7] 주자학의 연원을 밝힌 점에서 당파적이지만, 양명학이 성행하는 시대에 계통을 확립하여 주자학을 전승하고 중흥시킨 학술사적 의미가 있다.

이황은 20대 성균관 유학 시절 구입한 『심경부주』를 통해 『심경』을 평생 수행의 지침으로 삼았다. 이후 조선에서는 사대부에서부터 국왕에 이르기까지 『심경』의 강론을 통해 이학의 심법心法을 체인體認하는 것을 공부의 한 부분으로 삼았다. 『심경』은 주희의 재전제자[8] 진덕수가 심법과 관련된, 요순 이래 역대의 지침을 모은 것이다. 심법의 요지는 도에 따르는 마음이 항상 주체가 되어 마음의 활동을 주재하게 하는 것이다. 『심경』은 당사자에게는 자신의 마음을 요순의 마음과 같게 하는 성학聖學의 지침이 되고, 임금을 향해서는 요순 같은 성군으로 인도하는 격군格君의 지침이 되며, 백성을 위해서는 요순처럼 백성을 친애하는 안민安民의 지침이 되었다. 중국과 일본에서 『효경孝經』의 연구와 간행이 많았던 반면, 조선에서는 『심경』의 연구와 간행이 많았다. 효경이 백성을 인륜으로 교화시키는 교

---

7   강경현 「『宋季元明理學通錄』의 구성과 의의」, 『한국학연구』 32, 인하대학교 한국학연구소 2014.

8   스승이 직접 가르친 제자를 친견제자(親見弟子)라 하고, 그 제자로부터 배운 이들을 재전제자(再傳弟子)라고 한다.

민教民의 글이라면, 『심경』은 성인이 되는 지침으로 성학과 격군의 글이다. 효종 대부터 『심경』은 조선의 경연에서 교재로 활용되었고, 다양한 주석서들이 산출되었다. 『심경』의 연구와 활용이 유행한 것은 조선의 이학이 중국, 일본과는 매우 다른 문양의 문치文治(문교의 정치)를 짜냈음을 말해준다. 이황의 『심경』에 대한 평생의 존숭과 실천은 그 시발점이었다.

이황이 읽었던 『심경』은 명 초 관료이자 학자인 정민정이 주석한 『심경부주』였다. 정민정은 시험관으로 부정을 저지른 혐의를 받은 일이 있었다. 또한 『심경』의 주석을 덧붙이면서 정민정은 독서와 궁리보다 본심의 함양을 우선시하는 관점을 새로 담았다. 그 논점은 육구연과 양수인의 견해와 닮았다. 이황은 그러한 맥락을 60세가 넘은 만년에, 황준량과 조목 등 제자들의 지적을 받고 나서야 알았다. 그러나 이황은 정민정의 행적이나 주석의 관점과 상관없이 『심경』의 지침들이 요긴하고, 수행에서 궁리와 함양은 병진해야 하지만 함양 자체도 중요하다는 소견을 1566년 「심경후론心經後論」을 써서 밝혔다. 이 글은 이후 조선에서 정민정의 주석에서 벗어나 이학의 관점에서 『심경』의 의미를 밝히고 활용하는 기반이 되었다. 성학과 격군의 실천 지침으로 『심경』을 활용하는 문화가 조선에서 널리 유행한 것은 이황의 관점이 학파를 가로질러 널리 공유되었기 때문이다.

본서에서는 1554년에 쓴 「연평답문발」, 1558년에 쓴 「주자서절요서」 「이학통록서理學通錄序」, 그리고 「심경후론」을 수록했다.

이학 체계의 건축

이황은 개인적 독서와 더불어 동료들과의 부단한 토론을 통해 이학의 주요 견해를 수립했다. 1552년 정지운의 「천명도」를 접하고, 함께 수정하여 「천명도설」을 지은 뒤, 「천명도설후서天命圖說後敍」를 부가했다. 그리고 2년 뒤인 1555년 「천명도설」을 다시 개정했다. 『연평답문』을 중간하고 『주자서절요』를 편찬한 뒤였다. 이로써 이학의 전체적 세계상을 담아낸 도설圖說(그림과 해설)이 16세기에 새롭게 진일보한 형태로 출현했다. 이황은 『연평답문』을 통해 심성에 대한 주희의 견해를 간취하면서, 진헌장陳獻章(1428~1500), 왕수인 등 중국에서 성행하는 심학의 심성론에 맞서 자신의 견해를 수립했고, 심학의 이론적 문제를 1566년 「전습록논변傳習錄論辯」을 지어 제시했다. 이황이 제시한 양명학 비판의 논점은 이후 한원진韓元震(1682~1751) 등 조선 후기 지식인들에게 양명학을 비판하는 주요한 기반으로 활용되고 보완되었다.

주자학에 따르면, 마음에는 인륜의 이치가 본래부터 갖추어져 있다. 이 본성을 구비하고 있는 마음은 본래 맑은 거울과 같다. 외물과 접촉하기 이전에는 치우침이 없이 중정하고, 외물이 다가와 응대하면 본성을 사단과 칠정 등 정情으로 발현한다. 본성이 정으로 발현될 때 과도하거나 부족함이 없이 적절하게 발현되어야 정상이지만, 타고난 기질이 개입하여 작용하거나 외물에 이끌리는 사욕이 주도하면 본성은 적절하게 발현되지 못한다. 따라서 그 처방책으로 존양存養과 성찰省察의 두 수행방법을 제시한다. 존양은 본래 치우침이 없는 상태를 외물과 접촉하기 이전에 잘 견지하는 것이다. 성찰은 외물과 응대할 때 적절하게 응대하고 있는지 스스로 살펴보는 것이다. 이황은 존양과 성찰을 잘 수행하기 위한 방도로서, 거경(居敬)(마음을 전일하게 하는 공부)과 치지致知(이치를 철저하게 파악하는 공부)를 제시한다. 거경은 외물에 이끌리는 마음을 수렴하여 전일한 상태로 견지하는 것이다. 이황은 거경을, 존양할 때나 성찰할 때나 항상 지속해야 하는 공부로 중시했다. 그리고 존양 공부로 정좌靜坐(외물과 접촉하기 이전에 바르게 앉아 마음을 안정시킴)와 더불어 일상에서 인륜을 실천하는 생활을 권했다. 외물에 의해 이끌리는 것을 방지하기 위하여 정좌에 의존하면, 외물과 접촉하지 않을 때만 중정함을 유지하거나 또는 외물과의 접촉을 꺼리고 외물을 배제하는 또 다른 편향에 빠질 수 있기 때문이다. 이황은 그 대신 인륜의 실천을 통해 중정한 마음이 자연스럽게 확립되고 견지되는 길을 선호했다. 존양을 위한 주정主靜(중정한 마음을 견지함)과 마음을 전일하게 하는 거경 두 공부가 외물과 접촉하기 이전뿐만 아니라, 외물과 응대하는 동안에도 항상 바탕이 되어야 한다고 강조한「정존재잠靜存齋箴」이 전형적 사례이다.

진헌장 이후 나흠순羅欽順(1465~1547), 담약수湛若水(1466~1560) 등과 더불어 왕수인의 출현은 중국에서 양명학의 성행을 가져왔다. 왕수인은 마음의 자발적인 공감 능력과 실천력을 신뢰했고, 그러한 마음의 역량을 체험하고 각성하고 확산하는 일에 학문의 중심을 두었다. 기존의 주자학이 인륜의 이치를 궁구하면서 인륜의 마음을 전일한 상태로 지속하기 위해 부단히 함양해야 하는 방식이었다면, 양명학은 인륜에 대한 자기각성이 실천으로 직접 이어지는 간명한 방식으로 강한 실천력을 발휘했다. 자신의 마음을 신뢰하고 곧장 실천을 통해 확충해가는 수행방식은 외물과 응대하기 이전이나 응대하는 동안에도 항상 방심하지 않고 자신의 마음을 돌아보고 관리하는 거경(居敬)의 방식에 비하여 수행하기 쉽고 효과도 즉각적이었다. 바로 이황 당대에 이 같은 학문 방식의 대전환이 이뤄지고 있었고 이는 날로 확산하는 양상이었다.

그러나 이황은 외물에 나아가 이치를 탐구하는 과정을 생략한 채 자신 마음에서 직접 체험하고 깨달아 들어가는 심학의 방식이 외물의 영향을 일체 떨쳐내고자 하는 선禪의 편향과 같은 잘못에 빠진다고 보았다. 나아가 인륜에 대한 마음이 신체의 생리적 욕구들처럼 즉각적이고 자발적으로 발휘되어야 한다는 왕수인의 견해에 대하여, 인륜에 대한 이해가 수반되지 않으면 인륜의 즉각적인 발휘가 맹목적인 행동이 되거나 주관적이고 자의적인 실천이 된다고 경계했다. 이황은 왕수인이「주자만년정론朱子晚年定論」을 지어 주희가 만년에 육구연과 같이 본심의 각성과 확립을 우선시했다고 논증한 것 역시 주희의 취지와 맞지 않는 견강부회임을 밝혔다.

「전습록논변傳習錄論辨」을 통해 제시한 이황의 양명학 비판은 이후 조선 학풍에 심대하게 작용했다. 양명학이 중국에서 성행할 때 조선 후기 내내 주자학이 성행했고, 양명학을 수용했던 일부 학자들은 이단으로 취급받으며 자신들의 학문을 전승할 수밖에 없었다.

유년 시절부터 이理에 대한 관심이 특별했던 이황은 정지운의 「천명도」를 통해 본성이 사단과 칠정으로 발현되는 과정을 이와 기로 설명하는 문제에 대하여 성찰했다. 그리고 그 성찰은 1558년 무렵부터 시작된 기대승과의 서신 왕래를 통해 8년에 걸쳐 논변으로 전개되었다. 이른바 사칠논변, 사단칠정논변으로, 이는 조선 후기 내내 학자들에게 이학의 이론을 근본에서 성찰하게 하는 단서가 되었다.

이황은 논변을 통해 칠정에 대한 기대승의 견해를 일부 수용하여, 칠정七情을 "선함과 악함이 아직 정해지지 않은 정情"으로 이해했던 종전의 입장을 "본래 선하지만 악함으로 빠지기 쉬운 정"으로 수정했다. 사단과 칠정에 대해서는 "사단은 이가 발현할 때 기가 따르고, 칠정은 기가 발동할 때가 이가 탄다(四端, 理發而氣隨之. 七情, 氣發而理乘之)"로 수정하여 제시했다. 그리하여 이기호발설理氣互發說로 불리는 견해를 확립했다.

이황의 견해에 대하여 이후 이이李珥(1536~1584)의 비판이 있었고, 기대승과 이이의 입장을 바탕으로 기호학파에서 다양한 설명들이 나왔다. 영남에서는 기호 쪽의 반론에 맞서 이황의 호발설을 변호하는 여러 설명들이 조선 후기 내내 지속적으로 산출되었다. 이처럼 조선 후기 동안 주요한 논쟁의 하나였던 사칠론은 이황의 호발설이 그 근원이 되었다.

이황이 이학에 대한 자신의 견해를 발전시켜갈 때 토론했던 이들 중에는 서경덕의 제자들이 있었다. 서경덕은 이理 개념에 대하여 기氣가 활동하는 조리條理(법칙)로만 의미를 부여하고, 이가 기를 주재한다는 의미는 부여하지 않았다. 이런 점은 이황과 이이 등 주자학자들로부터 기에 과도하게 이理의 지위까지 부여하는 견해로 비판을 받았다. 이황은 1552년 무렵부터 서경덕 학파와 부단히 토론을 주고받으며 이理에 대한 성찰을 심화해갔다. 화담학파의 이구李球(?~1573)는 체용의 체體는 실재하는 것을 지칭하는 것이 아니라, 형체가 없는 것을 형체가 있는 것처럼 비유해서 설명하는 가설적 개념이라고 주장했다. 이것은 형체가 없는 이理를 체라고 말하여 마치 형체를 지닌 것이 실재하는 것처럼 비유하여 표현하지만, 이理는 기의 조리일 뿐 별도로 실재하는 것이 아니라는 주장을 담고 있다.

이황은 「마음은 체와 용이 없다는 주장에 대한 변론」(1564)과 「이와 기가 하나라는 주장에 대한 비판」(1568)을 지어 화담학파의 설을 반박했다. 이황은 체와 용의 관계로 이理와 기의 관계를 설명할 때, 체는 형이하자인 기를 주재하는 형이상자로서의 이를 의미한다고 설명했다. 이황은 체가 형체가 없지만 실재하는 것을 지칭하는 개념임을 태극을 들어 설명했다. 태극에 대하여 설명할 때, 형체도 없고 조짐도 없지만 만상萬象이 이미 빠짐없이 갖추어져 있다고 말하는데, 그 의미는 구체적인 형상으로 전개되기 전에 그 형상의 이치가 이미 갖추어져 있다는 뜻이라고 밝혔다. 이황은 이理가 기의 여러 형상이 있기 이전에 기에 본래 갖추어져 있고, 정情으로 발현되기 이전에 성性으로 마음에 이미 갖추어져 실재하는 것이라고 설명했다.

이구의 글은 전하지 않아 이황의 반론을 통해 그 입장을 간접적으로 파악할 수밖에 없다. 다시 말해 16세기 중반, 체용이 존재하고 인식할 수 있는 대상이 아니라, 여러 대상을 분류하고 배치하기 위한 메타 개념이며 가설적 장치라는 생각이 이구에 의해 이미 제기되었고, 이황은 이理 실재론의 입장에서 반론하면서 이학의 세계상에 대한 전체적 자기 이해를 구축해갔다.

사칠논변 이후 이황은 이理 개념으로부터 주재자의 의미를 적극적으로 읽어내는 방향으로 성찰을 줄곧 전진시켜갔다. 이理는 형이상자로서의 체體(본체)이면서 사물에서 발현할 때는 용用(발용)이 된다고 하여, 이理 자체에 체와 용이 있음을 주장했다. 기 또는 사물이 동정動靜이 있는 것은 이理

에 동정이 있어서, 곧 이에 용用이 있기 때문에 그렇다고 주장했다. 이황은 이가 기에 들어 있고 기의 활동을 통해서 발현되는 수동적인 이치라고 설명하는 서경덕의 견해를 나흠순의 견해와 마찬가지라고 비판했다. 이황은 나아가 이와 기를 왕과 신하의 관계로 비유하면서 이理는 맞설 상대가 없는 지존한 위상에 있다고 주장했다.

이理에 주재의 의미를 어떻게 부여해서 인륜의 세계상을 설명할 것인가를 궁구하면서 이학자들은 이황의 발언들을 주요한 전거로 삼아 다양한 성찰을 선보였다. 조선 후기에는 영남학파를 중심으로, 근대 이행기에는 위정척사 계열을 중심으로 이理의 위상을 적극적으로 천명하는 흐름이 지속되었다.

이학의 체계와 관련하여 본서에서는 「정존재잠」을 비롯하여 마음의 주재主宰, 주정主靜, 거경(居敬)에 대한 이황의 견해를 엿볼 수 있는 편지 글을 일부 뽑아 수록했다. 또한 「이와 기가 하나가 아니라는 반론」과 더불어 이理에 대한 성찰을 담은 글을 일부 뽑아서 수록했다. 사칠논변과 관련해서는 이황의 견해가 응집되어 있는 제1서의 수정본과 제2서를 발췌하여 수록했다.

출처와 학문 생활의 경계

선비가 출사하는 것은 작게는 부모를 봉양하기 위해서다. 그러나 근본적인 이유는 백성과 사직을 안정시키기 위해서다. 맹자는 선비가 뜻을 얻어 출사하면 혜택이 백성에게 미치게 하여, 자신뿐 아니라 세상을 함께 선하게 이끌지만, 뜻을 얻지 못하여 집에 머물면 자신을 향상시켜 그 향상시킨 모습이 세상에 드러난다고 말했다. 또한 국가가 존재하는 것은 백성의 생활을 안정시키기 위한 것이라고 했다. 성리학자들은 백성과 사직의 안정을 자신들의 책무로 삼았다. 그러나 스스로 생각하기에 세상을 선하게 이끌 능력이 안 되거나, 또는 선정으로 이끌 수 없는 시대 환경이라면 물러나 자신을 향상시키고 학문을 전승했다. 공자는 학문에 종사하다 여유가 있으면 출사하고, 벼슬하다 여유가 있으면 학문에 종사하라고 지침을 제시했다. 이황은 출사한 뒤에도 기개를 가지고 학문으로 자신을 단련시켜야 시세에 휩쓸리지 않는다는 맥락에서 공자의 말을 되새기며, 갓 출사한 기대승에게 조언했다.

그러나 출사하여 백성과 사직을 안정시키다 보면 때로 자신의 목숨을 바쳐야 하는 어려운 상황에 부딪치기도 한다. 1402년 영락제가 왕위를 찬탈하자 방효유方孝孺(1357~1402)가 저항하다가 먼 일족까지 모두 무참하게 멸족당했다. 1455년 세조가 왕위를 찬탈하자, 성삼문 등 사육신이 주축이 되어 단종의 복위를 도모하다 실패하고 그 일족까지 극형을 당했다. 청말기 태평천국의 난에 이르기까지 명과 청에서 군주의 폭정에 맞서 저항한 지식인은 없었다. 방효유가 복권된 것은 만주족에 쫓겨 소멸 직전이었던 남명 홍광제 때였다. 이와 관련하여 호적胡適은 방효유 이후 독서종자讀書種子(성현의 학문을 전승하고 실천하는 선비)가 끊어져 중국의 정치사상이 후퇴했다고 말한 바 있다.

세조 때 출사한 김종직金宗直은 성종에게 성삼문은 충신이라고 간언하고, 성종이 어려움에 처할 경우 자신도 성삼문이 될 것이라고 말했다. 성삼문은 숙종 때 신원伸寃되었고, 영조 때 이조판서에 추증되었으며, 정조 때 단종의 충신으로 배향되었다. 1519년 기묘사화로 조광조를 비롯한 70여 명의 기묘명현己卯名賢(중종반정 이후 개혁을 주도하다 기묘사화로 화를 당한 정치 세력)이 희생된 뒤, 김안국과 김인후가 중종에게 기묘사화의 처리가 잘못되었음을 말했고, 인종은 조광조의 관작을 회복시켰다. 이황 역시 기대승 등과 함께 막 즉위한 선조에게 조광조를 추숭할 것을 요청했다. 이후 선조는 조광조를 영의정에 추증했고, 광해군은 문묘에 종사시켰다. 조선에서 국왕의 악정과 맞서는 독서종자가 끊어지지 않고 나왔던 것은 한편으로 공론을 형성해 이전의 잘못을 교정해가는 정치 체제가 작동했기 때문이지만, 또 한편으로 죽음을 무릅쓰고 간언하는 유자의 문화가 꺾이지 않고 지속되었기 때문이다.

이황은 1549년 풍기군수를 사직한 뒤 줄곧 학문에 전념했다. 이황은 자신이 벼슬에 맞지 않다고 여겼다. 더구나 넷째 형 이해李瀣(1496~1550)가 소윤의 득세 속에서 탄핵을 받아 1550년 갑산으로 유배 가는 도중에 장독으로 사망하자, 이황은 조정의 부름에 나아가는 것을 더욱 꺼려했다. 명종이 승하한 1567년, 그리고 다음해에 새로 즉위한 선조의 부름에 응하여 잠시 상경했지만, 그때마다 자신의 처지를 들어 곧바로 사직하고 귀향했다. 자신에게 고질화된 병과, 관직이 자신의 성품에 맞지 않는다는 자기 판단에 따른 귀향이었다.

반면 제자들의 출처에 대하여 이황은 학문에만 전념하는 길을 권장하지 않았다. 언제나 과거 공부와 학문에 대한 탐구를 병행하기를 권했다. 특히 출사해놓고 자신의 뜻과 맞지 않는다고 사직하려는 제자에 대해서는 명분에 맞지 않는 처신을 경계하고, 학문에 종사하는 것과 관직에 복무하는 것을 상호보완적으로 행할 것을 권유했다.

이황은 토론을 좋아했고, 자신의 주장에 대하여 남의 평론을 즐겨 들었다. 이황은 학문에서 자신하는 태도가 지식의 확장을 가로막는 장애가 된다고 이를 누누이 경계했다. 항상 신중했던 이황 자신도 기대승과의 논변을 통해 칠정에 대한 자신의 견해를 수정했고, 황준량黃俊良과 조목趙穆을 통해 정민정의 학문적 관점을 알고 난 뒤『심경부주』에 대한 자신의 견해를 수정하여「심경후론」을 지었다.

후일 기호학파의 기둥이 된 이이는 1558년 2월 도산으로 찾아와 사흘 동안 머물고 돌아갔다. 이이가 불교에 관심을 가지고 금강산에 들어가 수도하다 하산한 지 4년 뒤였다. 이이는 뒷날 이황이 "마음가짐은 자신을 속이지 않는 것이 귀하고, 조정에서는 일 만들기를 좋아함을 경계해야 한다"라고 조언해주었음을 밝혔다. 이후 이이가 편지로 질문해온 문목에 답하면서 이황은 이이가 지난날 불교에 발을 들여놓았다가 되돌아온 것을 다행으로 여기면서 학문에 정진하여 대성할 것을 격려했다. 이황의 격려와 문답은 이이에게 큰 힘이 되었고, 이황 서거 이후 「유사遺事」를 통해 밝혔듯이 이이는 그를 한 시대의 스승으로 존중했다.

1554년경부터 「숙흥야매잠夙興夜寐箴」을 두고 편지로 토론했던 노수신과 이황은 서울에서 같은 동네에 살았다. 이황은 노수신의 주석에 선학적 요소가 담겼다고 생각했고, 노수신이 도심道心을 미발未發로 인심人心을 이발已發로 구분하는 나흠순의 견해를 수용한 것에 대하여 비판했다. 그러나 이황은 노수신을 당대 지식인으로 존중했다. 이황은 노수신이 오랜 기간 유배 생활을 겪으면서 권력자들에게 비방을 당했음을 잘 알고 있었다. 이황은 노수신에게 보내는 한 답신에서 선을 실천하다가 당하는 비방은 감수해야 한다고 말하면서 자신의 명성에 부끄럽지 않게 처신하기를 당부했다. 사회적 책임을 다하기 위해 때로 비방을 감당해야 한다는 것은 조선의 사림이 불의에 침묵하지 않고 맞서는 주요한 전통을 계승하는 것이었다.

이황의 만년 제자 이함형李咸亨은 1569년 5월 서울에서 내려와 9월까지 도산에 머물면서 『심경』과 『주자서절요』 등에 대해서 가르침을 받았다. 후일 이함형은 이황에게 들었던 강의를 모아 『심경강록心經講錄』과 『주자서강록朱子書講錄』으로 묶었다. 이황이 만년에 강의한 내용을 우리가 알 수 있는 것은 이덕홍, 이함형, 김륭 등의 만년 제자들이 묶은 강의록 덕분이다. 이황은 이함형이 아내와 금슬이 좋지 않다는 소식을 듣고, 그가 돌아간 뒤 편지를 보내 간곡하게 부인을 정성스럽게 대하도록 권고했다. 이황은 이미 사별했지만 둘째 부인과 함께 지냈던 시절에 겪었던 자신의 어려운 경험을 들어 설득했다. 이 편지를 받고 이함형의 생활이 달라졌다고 전한다.

본서에서는 이황의 처신, 그리고 학문 생활의 경계와 관련하여 선조 즉위시 원상院相(왕이 죽은 뒤, 어린 임금을 보좌한 임시 벼슬)으로 국정을 이끌었던 홍섬에게 답한 「상국相國 홍퇴지洪退之에게 답함」과, 출사한 뒤 곧이어 은 거할 마음을 품고 출처에 대하여 물어온 기대승에게 답한 「기명언奇明彦에게 답함」, 『심경부주』와 관련하여 문제를 제기한 조목에게 보낸 편지, 이 담의 요청으로 지어준 「정존재잠靜存齋箴」, 이이와 주고받은 문답, 노수신과 이함형 등에게 보낸 편지들을 발췌하여 수록했다.

선현에 대한 평가와 전승

이황은 기묘사화(1519)로 이학에 기반한 신진 세력의 개혁이 좌절된 뒤에, 학문의 진보적인 기풍이 후퇴할 것에 대하여 우려했다. 1558년 11월 기대승이 문과에 급제하고 찾아오자, 이황은 한편으로 「천명도」에 대한 학술적 토론과 사칠논변을 전개했지만, 다른 한편으로 조광조에 대한 신원을 함께 추진했다. 이황은 1564년 조광조의 행장을 지었고, 1566년 이언적의 문집을 교정하고 행장을 썼다. 1567년 명나라 사신의 요청으로 조선의 기자 유적과 심학에 대하여 답변한 「조사에게 회답하여 보이는 글回示詔使書」에서 이황은 우탁, 정몽주, 윤상尹祥, 김굉필, 정여창, 조광조, 이언적, 서경덕 등 선대 학자들을 더 추가하여 답변했다. 1568년 선조가 즉위하자 이황은 경연에서 조광조를 추숭하고, 남곤과 심정의 관작을 추탈할 것을 동료들과 함께 청했다. 1610년 광해군 재위 때 김굉필, 정여창, 조광조, 이언적과 함께 이황도 문묘에 종사되었다.

이학의 시야에서 학문의 계통을 세워 전대 학문을 평가하고 의의를 부여하는 일은 16세기에 시작되었다. 1517년 김안국의 문인 이여李畬 (1503~1544)와 유생들의 상소로 정몽주가 문묘에 종사되었고, 그 뒤 기묘사화로 사림의 활동이 위축되었지만 이후 이학이 확산되면서 기묘명현의 이념을 잇는 사림의 학풍이 선조 대에 재확립되었다. 이황은 서원 창설을 주도하고, 조광조와 이언적 등 선대의 학문과 이념을 현창하고 전승하기 위해 힘쓰면서 사림의 방향을 선도했다. 본서에서는 1551년에 지은 「한거차조사경·구경서·김순거·권경수제인창수운14수閒居次趙士敬·具景瑞·金舜擧·權景受諸人唱酬韻十四首」와, 조광조와 이언적의 행장 일부를 발췌하여 수록했다. 시에서는 전대의 학문 전통에 대한 이황의 생각 일반을 엿볼 수 있고, 두 행장에서는 기풍과 학문을 전승하려는 의지를 살펴볼 수 있다.

문치의 방략

이익은, 이황이 윤리의 실천에 모범이 되었다면 이이는 당장 시행할 수 있는 경세의 정책을 제시했다고 대비하여 평가한 적이 있다.[9] 그러나 유학 이념을 반영하는 기본 정책과 관련해서 보면, 이황은 몇 가지 주요한 방략을 건의했다. 1545년 7월 이황은 갓 즉위한 명종에게 「왜사를 끊지 말기를 건의하는 소〔乞勿絶倭使疏〕」를 올려 왜인의 무역 요청을 윤허할 것을 청했다. 이황은 이적夷狄(오랑캐)이 회개하고 순응해 오면 포용하는 왕도의 정책으로 대응해야 한다는 기본 입장과 더불어 남북으로 발생할 수 있는 비상시를 대비하기 위해서 외교적 소통이 필요하다는 현실적 이유를 제시했다. 1568년 8월 이황은 선조에게 신정新政에 필요한 사항을 6가지 조목으로 나누어 진술한 「무진육조소戊辰六條疏」를 올렸다. 12월에는 성학과 관련하여 『성학십도』와 차자를 올리고 병풍과 첩자로 만들어 항상 가까이할 것을 권유했다. 전자에서 이황은 새로 즉위한 선조가 당면한 문제에 대하

---

9   星湖集 권1「變法」과 권46「論吏張」; 星湖僿說類選 10, 上 361면.

여 기본적으로 힘써야 할 일을 건의했고, 후자에서는 유학의 심법을 익혀 성군이 되는 지침을 제시했다.

「무진육조소」의 첫 두 조목에서 이황은 왕실의 계통에서 선조가 처한 상황을 이해시키고 실천해야 할 도리를 건의했다. 선조의 선친은 덕흥군으로 명종의 이복형이다. 혈연으로 보면, 인종, 덕흥군, 명종이 형제 사이이지만, 왕통으로는 중종-인종-명종-선조로 이어진다. 왕위를 이으면 실제의 혈연적 관계와 상관없이 부자 관계가 되는 것이 종법의 원칙이다. 이황은 첫째 조항에서 이 왕통을 정통으로 삼아 처신해야 함을 강조했다. 선조는 뒤에 사친私親인 덕흥군을 왕으로 추숭하는 일을 시도했지만 실패했다. 이황은 이를 예상하고 선조가 사통私統이 아닌 왕통王統을 정통으로 삼아야 한다고 주장한 것이다. 또한 인종비 인성왕후는 왕통으로 보면 대왕대비가 되어야 하지만, 인종을 이은 명종의 비인 인순왕후가 도리어 대왕대비가 되어 하성군 선조를 왕위에 오르게 하고 수렴청정했다. 이에 이황은 선조가 인종비 인성왕후에게도 친애의 도리를 다할 것을 주장했다. 이것은 왕실 내부의 갈등을 사전에 예방하기 위한 건의였다. 이황이 건의한 네 조목은 성학 공부, 인륜의 실천, 재상의 임용, 국왕의 수기修己이다. 이황은 국왕이 한편으로 재상을 통해 국정 수행의 도움을 받으면서, 다른 한편으로 간관의 규찰을 통해 교정을 받을 수 있기를 바랐다. 이러한 방향은 『맹자』를 계승한 이학의 정치론에 기반한 것이었다.

이황은 「무진육조소」에서 건의했던 성학聖學의 학습과 관련하여 그 주요 내용과 방법을 『성학십도』로 제작하여 별도로 제시했다. 『성학십도』는 「태극도太極圖」 「서명도西銘圖」 「소학도小學圖」 「대학도大學圖」 「백록동규도白鹿洞規圖」 「심통성정도心統性情圖」 「인설도仁說圖」 「심학도心學圖」 「경재잠도敬齋箴圖」 「숙흥야매잠도夙興夜寐箴圖」[10] 등 10개의 도설로 구성했다.

---

10 「태극도」에서는 주돈이(周敦頤)의 「태극도설(太極圖說)」에 주희의 해설과 이황 자신의 설명을 부가했다. 「서명도」는 장재(張載)의 「서명(西銘)」을 정복심이 그림으로 제시한 것에,

이황은 이 도설들을 이용하여 국왕이 정신을 전일하게 해서 함양과 궁리 공부를 통해 인仁, 곧 백성을 친애하는 마음을 확충해가는 원리와 실질적 요령을 제시했다. 조선 후기 내내 『성학십도』는 이이의 『성학집요』와 더불어 성학 공부의 대표적 지침으로 국왕과 학인들에게 활용되었다.

본서에서는 「왜사를 끊지 말기를 건의하는 소〔乞勿絶倭使疏〕」(1545), 「무진육조소戊辰六條疏」(1568), 「진성학십도차進聖學十圖箚」(1568)를 수록했다.

서원과 향약의 선도

이황은 1549년 12월, 풍기군수로 재직하면서 경상도 관찰사 심통원沈通源(1499~?)을 통해 백운동서원에 편액과 서적을 내려줄 것을 조정에 건의했다. 심통원이 이를 조정에 보고하자 조정에서는 소수서원紹修書院이라는 편액과 사서오경, 『성리대전』 등의 서적을 내려주었다. 이황의 건의와 조정의 지원은 조선에서 서원 교육이 확산되는 출발점이 되었다. 이후 이황은 18곳의 서원 창설을 주도하고 지원했다.[11] 1559년 지은 「이산서원학

주희, 양시(楊時), 요로(饒魯)의 관련된 해설과 이황 자신의 설명을 부가한 것이다. 「소학도」에서는 주희의 『소학』 목차를 이황이 그림으로 제시하고, 주희의 「소학제사(小學題辭)」와 『대학혹문』의 관련된 구절, 그리고 이황 자신의 설명을 부가했다. 「대학도」는 주희의 『대학장구』를 권근(權近)이 그림으로 제시한 것에 『대학』 경문, 『대학혹문』의 관련된 구절과 이황 자신의 설명을 부가한 것이다. 「백록동규도」에서는 주희의 「백록동규(白鹿洞規)」를 이황이 그림으로 제시하고, 주희의 「백록동규후서」와 이황 자신의 설명을 부가했다. 「심통성정도」는 이학의 심통성정설을 정복심이 그림(상도)으로 제시하고 설명을 부가한 것에 이황이 다시 두개의 그림(중도와 하도)을 추가하여 제시하고 설명을 부가했다. 또한 「인설도」는 『주자어류』, 『성리대전』 등에 수록된 그림에 주희의 「인설」과 이황의 설명을 부가한 것이다. 「심학도」에서는 이학의 심설을 정복심이 그림으로 제시한 것에 이황 자신의 설명을 부가했다. 「경재잠도」에서는 주희의 「경재잠」을 왕백(王柏)이 그림으로 제시한 것에 주희, 오징, 진덕수의 해설과 이황 자신의 설명을 부가했다. 「숙흥야매잠도」는 진백(陳柏)의 「숙흥야매잠」을 이황이 그림으로 제시하고 「숙흥야매잠」과 이황 자신의 설명을 부가한 것이다.

11   이우성 「퇴계선생과 서원창설운동: 이조성리학의 토착화와 아카데미즘」, 『퇴계학보』 19-1,

규伊山書院學規」를 보면 그 입문 과정에 『소학』과 『주자가례』를 먼저 익히게 했는데, 이 학규는 조선 후기 서원의 기본적인 규정이 되었다.

『가례』는 조선 초기 이미 왕실에서부터 사대부에 이르기까지 널리 확산되어 있었다. 그러나 『가례』의 규정을 주희의 문집에 산재된 논의들과 비교하여 주희의 정설을 세우고, 또 조선의 시속과 차이가 나는 의절에 대하여 근거를 세워 대안을 제시하는 학문적 연구는 이황에게서 본격화되었다. 이황이 제시한 설들은 『상제례답문』 조진 편, 『이선생예설』 이익 편 등으로 편성되어 조선 후기 내내 주요한 전거로 활용되면서, 조선 후기 예학의 성행에 주요한 기반이 되었다.

이황은 1556년 예안현에서 행할 향약의 조례를 작성하여 제시했다. 이는 당시 조정의 정책에 부응한 것이기도 하지만, 이황은 선배 이현보가 미처 이루지 못한 과업을 계승한 것이었다. 특히 이황은 조례에서 잘못을 저지른 경우에 대한 처벌 조항, 곧 과실상규過失相規의 항목만 제시했다. 이것은 나머지 규정의 경우 주희가 수정한 『주자증손여씨향약』을 활용하면 되기 때문이다.

예안의 사족들은 이황이 제시한 향약조례를 수용하지 않았다. 그 이유는 이황이 향회에서 서열을 따질 때에 관작이나 신분이 아닌 연령을 최우선의 기준으로 세웠기 때문이다. 이황은 『주례』와 『예기』 등 고례의 규정에 근거하여 제시했지만, 이황의 제자들조차 당시 사회적 관행과 맞지 않는다는 이유로 반대했다. 그러나 이황의 견해는 조선 후기 향회에서 자리를 정할 때 주요한 원칙으로 활용되었다.

본서에서는 서원과 향약에 관련한 이황의 글 가운데, 그가 백록동서원의 사액을 요청했던 글과 이산서원의 학규, 역동서원의 건립을 기념하여 쓴 글, 향약조례, 그리고 향회에서 나이를 기준으로 자리를 정해야 한다고

퇴계학연구원 1978.

제자 조진에게 밝힌 글들을 뽑아 수록했다.

군자의 길

1550년 이황은 죽동竹洞에서 계상溪上으로 옮겨 서당을 짓고 그곳을 찾는 학생들을 가르쳤다. 이 계상서당은 1557년 비바람에 무너졌다. 이황은 다시 도산에 터를 잡아 1561년 9월경에 서당을 완성했다. 자신이 거처하는 도산서당은 3칸으로 마루를 암서헌巖栖軒, 방을 완락재玩樂齋로 명명했다. 학생들이 거처하는 농운정사隴雲精舍는 8칸으로 동쪽 마루를 시습재時習齋, 서쪽 마루를 관란헌觀瀾軒, 방을 지숙료止宿寮라고 명명했다. 뒤에 정사성 등 제자들이 출연하여 학생들이 머무를 서재를 세우자 역락서재亦樂書齋(줄여서 역락재로 불렸음)라고 명명했다. 이황은 추울 때와 더울 때를 제외하고 이곳에서, 그를 찾아오는 학생들을 가르쳤다. 이황이 별세한 뒤 조목 등 제자들이 서당 뒤로 사당을 건립하고 서원을 세우자, 1575년 조정에서 도산서원으로 사액했다. 도산서원은 이후 조선 후기 내내 조선 유학의 주요한 학문적 본산이었다. 스승과 제자들이 강학했던 서당과 서원은 현재에도 옛 모습을 잃지 않고 그곳을 찾아오는 이들을 맞고 있다.

예악禮樂의 실천과 자연自然의 방임은 유학儒學과 현학玄學이 추구하는 서로 상반된 두 경계를 상징한다. 그러나 현학이 성행했던 위진시대 이래 동아시아 지식인들은 문장과 학문을 통해, 또는 생활 속에서 두 경계를 함께 교직하여 실현하는 방향에서 학문을 추구했다. 특히 송대 이래 유학자들은 쇄락하고 평순한 마음으로 인륜을 자연스럽게 실천하는 방법을 이학으로 제시하고 실천했다. 이황은 그렇게 살았던 전형을 도잠陶潛(약 365~427)과 주희에게서 발견했다.

이황은 서당이 완성된 1561년 11월 서당의 건축 과정과 주변의 풍광, 그리고 산림에 은거하는 자신의 포부를 「도산기陶山記」와 「도산잡영陶山雜詠」을 지어 밝혔다. 두 글에는 도잠이 벼슬에서 물러나 살면서 보였던 초연하고 평순한 경계와, 주희가 건양建陽의 고정考亭에 은거하면서 「명당실기明堂實記」에서 밝혔던 포부가 함께 녹아들어 있다. 주희는 젊은 시절 벼슬살이에 분주하다 잊었던 자신의 성숙을 위해 거처하는 방에 회당晦堂이라는 편액을 달았다. 이황은 그러한 고인의 뜻을 잇고자 한 칸 방에 완락재玩樂齋라는 편액을 달고, 천고에 관통하는 즐거움에 동참했다. 또한 삼경三徑을 두고 초연하게 처신했던 도잠을 따라 절우사節友社를 축조하여 개결한 풍취가 도산에서 사철 우러나게 했다.

이황은 별세 뒤 자신에 대한 과장된 평가를 막기 위해 스스로 자신의 일생을 정리한 간략한 명銘을 미리 작성해두었다. 이는 이황 자신의 생애에 대한 진솔하고 간명한 정리였지만, 그 속에 담긴 수신의 경계는 이후 조선의 지식인들에게 공명을 낳으며 내내 공유되었다. 「자명自銘」이 세상의 풍파를 감내하는 유학적 지평을 보여준다면, 제자 이덕홍이 기록한 이황의 고종考終 과정과, 이황이 조카 교㝮에게 구술하여 남긴 유언은 죽음을 맞이했던 실제의 모습을 직접 보듯 엿볼 수 있게 해준다. 본서에서는 만년 도산서당 시절 이황의 경계를 보여주는 「도산기」와 「도산잡영」을 비롯하여 「자명」「고종기」「유계」를 수록했다.

조선의 에토스

이황이 별세한 뒤 장례는 유언과 달리 선조의 명에 따라 국장으로 거행되었다. 묘비는 작은 비석에 "퇴도만은진성이공지묘退陶晚隱眞城李公之墓(도산에 물러나 늦게 은거한 사람 진성 이공의 묘)"라는 묘비명과 기대승이 쓴 「묘갈문」, 그리고 「자명」을 새겼다. 이황의 유언에 따른 것이다.

이황은 「자명」에서 "근심하는 가운데도 즐거움 있었고, 즐거워하는 가운데도 근심이 있었다(憂中有樂樂中有憂)"라고 자신의 생애를 정리했다. 이 표현은 본래 소식蘇軾이 유종원의 시를 평한 말에서 나왔다. 이는 가을날 숲속의 풍광에 심취했다가 자신이 좌천된 처지임을 문득 깨닫고 근심하는 심정을 노래했던 유종원의 「남간중제南澗中題」에 대하여, 모두 다 한 줌 흙으로 돌아가는 신세인데 근심함이 심하다고 탓하면서 소식이 평한 말이다.[12]

이황은 「자명」의 마지막 구절처럼, 자신의 처지를 받아들였고 공명을 탐하지 않았다. 자신에게 맞지 않는 벼슬로 비방만 샀다고 후회하면서, 늦게나마 도산에 은거하여 학문에 종사했던 것을 다행으로 여겼다. 한편으로 누추한 시골 생활 속에서도 예악에 종사하고 성정을 회양晦養하면서 안연과 주희의 즐거움을 시종 실천했고, 다른 한편으로 산야에 맞는 성정대로 세사에서 초연히 벗어나 도산의 풍광을 노래하면서 도잠 같은 은인의 개결한 경계에 동참했다. 그것은 어려운 현실을 감내하면서 학문을 즐기고 성정을 즐기는 삶이었다. 이황이 남긴 그 경계는 학파를 넘어 시대를 지나 계속 공감을 불러일으켰고, 어느덧 조선 유학의 한 에토스가 되었다. 본서에서는 마지막 장에 이이가 이황의 평생을 간결하게 정리한 「유사遺事」「자명」의 경계에 공명한 권상하와 오희상의 발언, 그리고 『이자수어』로 이황의 학문과 경계를 수렴하면서 전한 이익의 서문을 수록했다. 이를 통해 독자들은 이황 별세 뒤 후대의 반향을 조금이나마 엿볼 수 있을 것이다.

이황이 남긴 시문은 1600년 조목의 주도로 도산서원에서 『퇴계선생문집退溪先生文集』으로 처음 간행되었다. 이후 간행된 중간본, 필사본, 가서家書 등을 모두 포함하여 현재 16종의 판본이 전한다.[13] 그러나 이들 판본 가

---

12   『詩人玉屑』 권15 「南澗中題詩絶妙古今」.

13   이봉규 외 「퇴계문집의 원전정리와 번역성과 검토 및 그 개선방안 연구」, 한국고전번역원 2021. 한국고전번역원(https://www.itkc.or.kr) 연구보고서 사이트 참조.

운데 전체를 교감, 교정한 대표 판본은 없다. 따라서 판본 전체와 사료들을 집대성하여 교감하고 교정하는 사업을 문석윤 교수가 주도하여 2002년부터 2008년까지, 그리고 2015년부터 2021년까지 두 차례에 걸쳐 퇴계학연구원에서 교육부의 지원을 받아 진행했고, 그 결과 2021년 완료되었다. 이황의 별세 뒤 가장 정밀하고 가장 방대한 집성본이다. 본 역주는 퇴계학연구원의 협조를 받아 이 정본을 대본으로 사용했다. 판본에 대한 상세한 내용은 『정본 퇴계전서』의 해제를 함께 살펴보기 바란다. 역문에는 원문을 참고할 수 있도록, 글마다 계묘교정본『퇴계집』의 해당 권수와 『정본퇴계전서』의 해당 페이지를 밝혀두었다.

이황

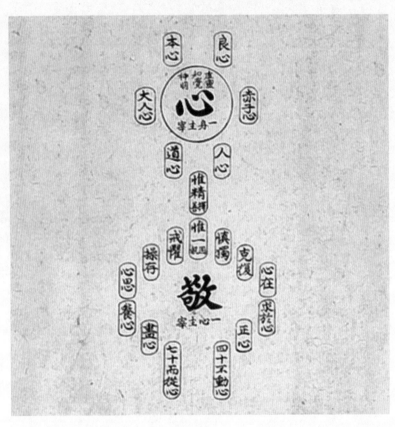

이황 『성학십도』의 「제칠심학도」(국립중앙박물관 소장)

1장
이학의 전승과 확산

심법의 전승:「『연평답문』발문」[1]

    연평 이선생[2]은 탁월한 자질을 타고나 성학의 깊은 내용을 탐구하여, 위로 이정二程이 전한 학문을 이어받아 아래로 주자에게 단서를 열어주었다. 그 공로가 성대하지만, 스스로 저술하지는 않았다. 따라서 그가 도를 논하고 학문을 강설한 말은 후세에 알 수 있는 것이 드물다. 나는 지난번 서울에 왔을 때 천령 박희정[3]의 처소에서 처음 이 책을 얻어 보았다. 책은 전체

---

1   「延平答問跋」, 1554년(명종 9, 54세) 9월 16일.『퇴계집』권43;『정본』15, 83~85. (『정본퇴계 전서』제15책 83~85면을 뜻함. 이하 동일.)

2   이통(李侗). 1093~1163. 자는 원중(愿中), 시호는 문정(文靖)이다. 1116년 나종언(羅從彦) 의 문하에 들어가 이정(二程) → 양시(楊時) → 나종언(羅從彦)으로 이어지는 학통을 이었 다. 주희는 1153년부터 여러 차례 찾아가 이통에게 배웠다. 이통은 저술을 남기지 않았다. 주 희가 이통과 주고받은 문답을『연평답문』으로 엮어서 전했는데, 원명대에 계속 보완되어 이 학자들에게 크게 영향을 미쳤다. 1617년 공자묘정에 종사되었다.

3   박민헌(朴民獻). 1516~1586. 자는 희정(希正)이고, 호는 정암(正菴), 슬한재(瑟僩齋) 등이 있다. 1546년 문과에 급제하여 형조참판, 함경도병마절도사, 전라도관찰사 등을 역임했다. 서경덕(徐敬德)의 문인으로, 저서에『슬한재집(瑟僩齋集)』이 전한다.

3편이다. 「사제자답문師弟子答問」은 회암 선생이 손수 스승 연평의 설을 편정한 것이다. 「후록後錄」은 뒷 시대 사람이 주자가 스승 연평의 설이라고 말한 것, 유전되는 연평의 문장과 사적을 추가하여 수록한 것이다. 「보록補錄」은 금천 주목[4]이 편차한 것으로 「후록」에 미비한 점을 보충한 것이다.

나는 박희정에게 일러서 이 책의 간행을 도모하게 했는데, 마침 청주목사 이강이[5]가 일로 서울에 오자 박희정이 서둘러 이 일을 부탁했다. 이강이도 또한 전부터 가졌던 생각이라 기뻐하면서 청주에 돌아간 지 몇 달 만에 판각이 끝나 완료되었다고 알려왔다. 그리고 편지를 보내서 나에게 발문을 요청해왔다. 스스로 생각할 때 나는 무지하고 비루하거늘 어떻게 대현이 도를 전한 책에 감히 사족을 달겠는가? 그러나 이 책이 간행된 전말에 대하여 나도 함께 참여하여 알고 있는 것이 있기에 거듭 사양하지 못했고, 또한 이 책의 간행과 관련하여 또한 느끼는 바가 있었다.

회암 선생은 연평 선생을 만나기 전에는 여전히 불교와 도교에 드나들고 있었다. 뒤에 연평 선생을 만나면서부터 공부가 비로소 평순하고 착실해져, 종국에는 천년 동안 단절되었던 도통의 전수를 얻었다. 따라서 회암 선생이 여러 문헌을 절충하여 천하에 유교의 도를 크게 밝힌 것은 모두 연평 선생이 단서를 열어준 데서 시작되었던 것으로, 그 전수한 심법의 이치가 이 책에 갖추어져 있다. 이제 그 말들은 얼른 볼 때 평담하고 착실하여 특별히 다른 점이 없는 듯하지만, 그 뜻은 정밀하고 깊은데다 넓고 넓어서 경계를 한정할 수 없다. 궁극의 도리를 파악하는 곳은 분명함이 해와 달과

---

4   주목(周木), 1447~?. 자는 근인(近仁)이다. 1475년 진사에 급제하여 이부낭중(吏部郎中), 절강참정(浙江參政) 등을 역임했다. 이통(李侗)을 공묘(孔廟)에 종사할 것을 건의한 적이 있고, 「보록(補錄)」을 추가하여 『연평답문』을 간행했다.

5   이정(李楨), 1512~1571. 자는 강이(剛而), 호는 구암(龜巖)이다. 1536년 문과에 급제하여 형조참의, 좌부승지, 대사간, 청주목사, 경주부윤, 순천부사 등을 역임했다. 『이정선생전도수언(二程先生傳道粹言)』(1562), 『연평답문(延平答問)』(1554, 1566) 등 여러 성리서를 중간했고, 서악서원 등 서원을 창설했다.

나란하고 심오함이 천지의 조화에 참여한다고 할 만하다. 그러나 힘써 노력하는 곳은 비근하고 절실하여 항상 일상에서 교제하고 처신하는 사이에서 벗어나지 않는다. 이것이 정좌를 통해 중中(치우침이 없는 중정한 마음)을 추구하는 연평 선생의 설이 탁월하게도 선학에 빠지지 않으면서 대본大本(본래의 중정한 마음)과 달도達道(천하에 통용되는 도리)에 두루 관통하지 않음이 없는 이유이다.

아, 주렴계와 이정이 떠나간 뒤 한두 세대를 전승하면서 대의가 이미 어긋났었다. 연평 선생이 아니었으면 누가 바른 데로 되돌릴 수 있었겠는가? 성인의 깊은 도리를 밝혀 역사에 영구히 가르침을 준 분이 안자顔子(안연)인데, 연평 선생이 거의 그에 가깝다. 그렇다면 이 책의 간행이 후학에게 혜택을 줌이 의당 어떠하겠는가? 연평 선생의 높은 덕을 사모함이 비록 빙호추월冰壺秋月[6] 같은 선생의 고결한 기상을 알지 못하더라도, 만고 역사에 동일한 마음은 서림감개西林感慨의 시에서처럼 분발하는 마음이 어찌 일어나지 않겠는가?[7] 가정嘉靖 33년 갑인년(1554) 9월 16일 진성 이황이 삼가 쓴다.

내가 또 살펴보건대, 이 책 구본에서 「후록」이 「사제자답문」 앞에 배치되어 있었다. 내가 생각건대, 두 편 모두 연평 선생의 핵심적인 가르침이어서 중심이 되는 것과 부차적인 것으로 구별할 수 없지만, 「사제자답문」은

---

6 흰 옥의 병 속 물에 가을의 밝은 달이 비친 모습을 뜻한다. 사욕이 없는 깨끗한 인품을 형용한 말이다. 등적(鄧迪)이 이통(李侗)에 대하여 "빙호추월과 같이 티없이 맑고 깨끗한 분이니 우리가 미칠 바가 아니다"라고 칭송한 말이 『연평답문』에 전한다.

7 주희가 1162년 서림사에 머물며 이통에게 배울 때 지은 시 「제서림가사달관헌(題西林可師達觀軒: 서림사 유가 스님 달관헌에 붙임)」(『회암집晦庵集』 권2)에서 "이전의 신묘한 경계 이제 회한으로 남고, 만고토록 장구한 하늘에 한 조각 마음이네(向來妙處今遺恨, 萬古長空一片心)"라고 했다. 신묘한 경계는 불교에서 추구하는 깨달음을, 한 조각 마음은 요순 이래 유교에서 전수해온 심법을 가리킨다. 주희는 이통을 만나 수학하면서 불교에서 유교로 전환했다. 이황은 독자가 『연평답문』을 읽고 주희처럼 분발하는 마음을 내기를 바란 것이다.

당시 주고받은 말 또는 편지이고, 「후록」은 뒤에 추가하여 수록한 것이어서 그 선후의 순서는 결코 바뀔 수 없다. 그런데도 그렇게 편차된 것은 중국본이 원래 그렇게 된 것이 아니라, 책방에서 책을 제작하는 이가 잘못하여 거꾸로 바꾸어놓은 것이다. 이전의 책을 고쳐 재배치하는 것은 쉽게 말할 수 없지만, 이제 이 책을 간행하면서 어떻게 그 잘못을 계속 답습하고 바로잡지 않을 수 있겠는가? 내가 일찍이 이런 사실을 박희정과 이강이에게 알렸더니 모두 안 된다고 하지 않았다. 의견을 따라 개정했으니 간단히 여기에 적어놓아 후대의 군자가 상고하기를 기다리겠다. 이황 삼가 쓴다.

주자 학문의 본령으로 가는 길: 「주자서절요서」[8]

회암 주선생은 성인에 버금가는 자질을 타고나 하락河洛의 도통[9]을 이어, 도와 덕이 높고 사업과 업적이 방대하다. 경전의 뜻을 밝혀 드러내서 천하 후세에 가르침을 준 내용들은 귀신에게 질정해도 의심할 것이 없고, 백세 뒤의 성인을 기다려도 의문을 가지지 않을 것이다. 선생께서 돌아간 이후 두 왕씨와 여씨[10]가 선생이 평소 지었던 시문의 부류를 모아서 하나의 책으로 엮고 『주자대전』이라고 이름을 붙이니, 전체가 어느 정도 규모를 이루었다. 그 가운데 공경대부, 문인 및 친구와 주고받은 서신이 48권에 이를 정도로 많다. 그러나 이 책이 우리나라에서 유통된 것은 전혀 없거나 희소하여 구해서 읽은 선비가 대개 적었다.

가정 계묘년(1543) 우리 중종 대왕께서 교서관에 명하여 간행하여 배포

8　「朱子書節要序」. 1558년(명종 13, 58세) 4월. 『퇴계집』 권42; 『정본』 15, 4~7면.

9　하락은 낙양을 가리킨다. 정호(程顥)와 정이(程頤) 형제가 낙양에서 활동했기 때문에 좁은 의미로는 이정 형제를 가리키지만, 넓게는 북송의 주돈이, 소옹, 장재 등 도학 계열 학자들을 포괄하여 지칭한다.

10　『회암집』의 문집(100권)을 간행한 왕야(王埜)와 속집(10권)을 간행한 왕수(王遂), 그리고 별집(10권)을 간행한 여사로(余師魯)를 가리킨다.

하게 했다. 신 이황은 이때 이런 책이 있음을 처음 알고 구입했지만, 어떤 종류의 책인지는 미처 알지 못했다. 병으로 사직하고 계상의 집에 내려오자 날마다 문을 닫고 들어앉아 읽을 수 있었다. 이로부터 점차 그 언설이 맛이 있고 그 의미가 무궁함을 느꼈는데, 서신에서 특히 감발感發되는 바가 있었다.

책 전체에 대하여 논하면, 만물을 실은 대지 같고 온갖 강물을 포함하는 바다 같아 없는 것이 없었지만 탐구해도 그 핵심을 얻기가 어려웠다. 그러나 서신에 이르면, 상대방의 재주와 학문 수준에 맞추어, 증세를 자세히 파악하여 처방을 주고 상대에 호응하여 제련을 가하면서, 억누르기도 하고 고양시키기도 하고, 유도하기도 하고 구제하기도 하고, 격발시켜 진보하게 하거나 지적하여 경계시키기도 했다. 심술의 은미한 사이에 조그만 악함도 허용하는 법이 없었고, 의리를 탐구할 때 처음에 미세하게 어긋나는 곳에서 홀로 먼저 비추어 밝혔다. 체제는 광대하면서도 심법은 엄밀했다. 깊은 강을 가까이 대하고 얇은 얼음을 걷듯이 조심하기를 잠시도 멈추지 않았고, 분노를 경계하고 사욕을 막으며 잘못을 고치고 선으로 옮겨가기를 오직 빨리 미치지 못할까 염려했다. 강건하고 독실하여 빛나서 날마다 자신의 덕을 새롭게 했고, 열심히 그리고 순서에 따라 노력하여 멈추지 않음이 자신에게나 남에게나 차이가 없었다. 그러므로 남에게 일러주면, 상대가 감발하여 능히 분발할 수 있게 했다. 당시 문하에 들어온 선비만 그런 것이 아니다. 백세나 먼 시대에도 가르침을 들으면 귀를 붙잡고 얼굴을 마주하여 일러주는 것과 다름이 없으니, 아, 지극하다.

다만 『주자대전』은 그 분량이 너무 많아서 탐구하여 면모를 보기가 쉽지 않은데다, 아울러 싣고 있는 제자의 문목問目은 더러 득실得失(합당성 여부)의 문제에서 자유롭지 못하다. 나는 자신의 역량을 헤아리지 못하고, 특히 공부에 관건이 되면서 활용에 절실한 것을 찾아내 표출했는데, 분량에 한정을 두지 않고 오직 핵심적인 것을 간취하려고 힘썼다. 그리고 나서 붕우 가운데 글씨를 잘 쓰는 이들과 내 자식과 조카에게 부탁하여 권을 나누어서 다 베끼게 하니, 전체 14권 7책이 되었다. 대체로 본 편지와 비교하면 줄인 것이 거의 3분의 2나 되어, 분수에 어긋나게 함부로 손댄 죄를 면할 길이 없다.

그렇지만 일찍이 『송학사집宋學士集』[11]을 보았더니, 노재 왕선생[12]은 자신이 지은 『주자서朱子書』를 북산 하선생[13]에게 교정해달라고 청했다. 옛사람에게도 이미 그렇게 한 일이 있었다. 왕선생이 선집하고 하선생이 교정했으니 당연히 정밀하여 후세에 전할 만했을 것이다. 그러나 당시 송공도 오히려 『주자서』를 구해볼 수 없었다고 탄식했다. 하물며 오늘날 바다 멀리 동쪽에서 수백년 뒤에 태어났으니, 또한 어떻게 저 책을 보고자 바라기만 하고, 줄이고 요약하는 손질을 조금 가하여 힘쓰는 터전으로 삼지 않을 수 있겠는가?

어떤 사람은 말한다. 성인의 경經과 현인의 전傳(경을 풀이한 글) 어느 것인들 실질적인 학문이 아니겠는가? 또한 이제 주자의 『집주』에 나온 여러 설을 집마다 전하고 사람마다 암송하는 것은 모두 지극한 가르침이기 때문이다. 당신은 유독 주자의 서신에만 마음을 기울여 중시하는데 숭상하는 것이 한쪽으로 치우쳐 넓지 못한 것은 아닌가?

나는 대답한다. 당신의 말은 맞는 듯하지만 그렇지 않다. 사람이 학문을 할 때는 반드시 단서를 열어주고 고무시키는 곳이 있어, 이를 통해 진보해 갈 수 있다. 게다가 천하의 영재가 많지 않은 것 아니고, 성현의 책을 독서하고 주자의 언설을 암송하기를 부지런히 하지 않는 것 아니지만, 끝내 이

---

11 명 초기 주자학자 송렴(宋濂)의 시문집이다.

12 왕백(王柏). 1197~1274. 자는 회지(會之), 호는 노재(魯齋)이다. 저서에 『노재집(魯齋集)』이 있다.

13 하기(何基). 1188~1268. 자는 자공(子恭), 호는 북산(北山), 시호는 문정(文定)이다. 무주(婺州) 금화(金華) 사람으로 왕백(王柏), 김이상(金履祥), 허겸(許謙)과 더불어 '금화사선생(金華四先生)' 또는 '북산사선생(北山四先生)'으로 일컬어졌다.

학문에 힘써 종사하는 이가 없는 것에는 다른 이유가 없다. 이제껏 단서를 열어주고 마음을 고무시키는 것이 없었기 때문이다. 이제 서신의 말은 한때 스승과 붕우 사이에 강마하여 밝혔던 핵심 논지요, 학문에 힘쓰도록 격려하던 과정이어서, 저렇게 범범하게 논하는 언설과 같은 부류가 아니다. 어느 것인들 사람의 생각을 열어주고 마음을 고무시키는 말이 아님이 없다. 예전 성인의 가르침에 『시경』, 『서경』, 예, 악이 모두 해당하지만, 이정二程과 주자가 일컬어 설명할 때 『논어』를 학문에 가장 절실한 가르침으로 여겼던 것도 그 의도가 또한 그와 같다. 아, 『논어』 한 책으로도 도에 들어가기에 충분하다. 그런데 오늘날 사람들이 이 책을 암송하기에만 힘쓸 뿐, 도를 찾는 데 마음을 두지 않는 것은 마음이 이익에 현혹되고 빼앗겼기 때문이다.[14]

　　이 서신은 『논어』의 취지를 담고 있지만, 사람의 마음을 이익에 현혹시켜 빼앗는 해로움이 없다. 따라서 공부하는 이가 감동하여 마음을 일으켜서 참되게 알고 실천하는 일에 매진하게 시키려 할 때, 이 서신을 놔두고 무엇을 가지고 하겠는가? 주자는 "공부하는 사람이 진보하지 못하는 것은 시작해 들어갈 곳을 얻지 못해 그 맛이 좋아할 만하다는 것을 모르기 때문이다. 시작해 들어갈 곳을 얻지 못한 이유는 마음을 비우고 생각을 겸손하게 낮추어 번거로움을 감내하면서 이해하려 하지 않기 때문이다"라고 했다. 오늘날 이 서신을 읽는 이가 주자의 가르침대로 마음을 비우고 뜻을 겸손하게 낮추어 번거로움을 참아내면서 이해해간다면, 저절로 학문에 들어가는 곳을 알게 되고, 들어가는 곳을 얻은 뒤에는 그 맛이 좋아할 만하여 고기가 입을 즐겁게 하는 정도가 아님을 알 것이다. 그리하여 이른바 광대한 체제와 엄밀한 심법이라고 하는 것에 거의 힘을 쓸 수 있을 것이다. 이로부터 두루 통하여 곧바로 거슬러 올라가면, 이락伊洛(이정의 학문)에서 거

14　성인의 가르침을 실천하기 위해서가 아니라, 과거에 급제하여 출세하는 등 이익의 수단이 되기 때문에 『논어』를 암송한다는 뜻이다.

슬러 올라가 수사洙泗(공자의 학문)에 이르면서 어디를 가도 통하지 않음이 없어, 이전에 성인의 경과 현인의 전이라고 한 것이 실로 모두 나의 학문이 될 것이다. 어찌 치우쳐서 이 서신들만 숭상함을 뜻하겠는가?

내가 노년이 다 되어서야 궁벽한 곳에 병든 몸으로 지내면서 이전에 공부할 시기를 놓친 것을 슬퍼하고, 전해진 성현의 가르침이 이해하기 어려움을 한탄했다. 그러나 미미한 내가 공부할 단서를 찾은 데에는 실로 이 서신에 힘을 얻은 바가 있다. 그러므로 남들이 뭐라 하든 내 생각을 숨기지 않고 즐겁게 동지들에게 말하고, 또한 무궁한 후세에 뒤에 올 군자의 판단을 기다린다. 가정 무오년(1558) 여름 4월 후학 진성 이황이 삼가 쓴다.

주자 이후의 이학사: 「『송계원명이학통록』 서문」[15]

고정考亭(주희)이 도를 창도하자 문하에 제자가 매우 성대했다. 그러나 그 학문과 사적이 망실되어 전하지 않는 경우가 많다. 이제 모아서 편성하여 수록해놓았다. 의거하고 신뢰할 만한 자료로는 『송사』 열전에 전傳이 있는 경우 외에 『주자실기朱子實紀』와 『주자어류朱子語類』 『주자대전』 『원일통지元一統志』[16]가 있을 뿐이다. 그러나 『주자실기』와 『일통지』는 서술이 본래 소략하고, 『주자어류』와 『주자대전』은 애초 사적을 기록한 서적이 아니다. 기타 묘지명 등 글은 알려진 것이 더욱 드물다. 따라서 여러 학자의 학문과 활동, 경향과 사업을 장차 어디에 근거하여 얻어 볼 수 있겠는가?

15　「理學通錄序」, 1561년(명종 16, 61세) 이후, 『퇴계집』 속집 권8; 『정본』 15, 18~19면.

16　원대에 각 지역의 연력과 현황을 적은 지방지를 종합한 『대일통지』가 있었다. 원 조정에서 이 『대일통지』를 바탕으로 1291년 다시 증보하여 1349년 『원일통지』를 간행했다. 명에서 1461년 『명일통지』를 간행한 뒤 1505년과 1559년 민간본이 출판되었고, 청에서는 1744년, 1790, 1842년 『청일통지』를 간행했다. 이황이 실제로 참고한 『일통지』는 『원일통지』를 보완한 『명일통지』이다. 『원일통지』를 거론한 것은 주희 사후 원대 유학자들의 행적이 이 자료에 들어 있음을 밝히기 위해서이다.

내가 생각건대, 공자와 맹자의 문인이 유학의 도를 이해한 수준과 득실의 차이는 더러 스승의 문하에서 가르치고 깨우쳐줄 때 억누르거나 칭찬하거나 물러나게 하거나 권장하는 말에서 얻는다. 그러므로 이제 여러 학자에 대해서도 또한 이것을 방법으로 삼아야 한다. 다행히 역사서의 전傳이나 묘지명 등이 있는 학자는 그 자료에 근거하여 사적을 서술하고,『주자어류』와『주자대전』에서 함께 채록하여 기록이 그대로 완비되었다【예컨대 제1권의 황면재黃勉齋(황간) 등 여러 학자의 열전, 하숙경何叔京(하호)의 묘갈명, 정정사程正思(정단몽)의 묘표가 그 사례이다. 역사서의 전이나 묘지명이 전하는 경우,『주자실기』에 보이더라도 생략한 것은 자세한 쪽을 채록하기 때문이다】. 전이나 묘지명이 전하지 않는 경우,『주자실기』에 수록된 기록으로 앞에 사적을 간략히 서술하고,『주자어류』와『주자대전』에 보이는 스승의 말에서 취하여 뒤이어 기술했다. 인품과 학문의 대체적 내용은 이를 통해 알 수 있을 것이다【예컨대 제1권의 보경원輔慶源(보광)에서 4권의 진언충陳彦忠(진사직)에 이르기까지 전이나 묘지명이 없는 학자들이 모두 그 사례이다】.

『주자어류』『주자대전』『주자실기』 등 이 세 책 가운데 두 책에서 보이고 한 책에 빠져 있는 경우【예컨대 제5권의 김경직金敬直(김거위) 이하 정신지鄭信之(정성지)까지는『주자실기』와『주자어류』에 보인다. 제6권 류운장劉雲莊(류약) 이하 제7권 이백간李伯諫(이종사)까지는『주자실기』와『주자대전』에 보인다. 채백정蔡伯靜 이하 감숙회甘叔懷까지는『주자어류』와『주자대전』에 보이는 것이 그 사례이다】 또는 한 책에만 보이고 다른 두 책에는 빠진 경우【예컨대 진복재陳復齋(진복) 이하 조남기趙南紀(조희)까지는『주자실기』에 보이고, 유연숙游連叔(유경중) 이하 주귀경周貴卿(주량)까지는『주자어류』에 보인다. 제8권 석자중石子重 이하 지종주池從周까지는『주자대전』에 보이는 것이 그 사례이다】는 각각 같은 유형끼리 묶어서 수록했다. 또한『주자실기』에 성명은 발견되지만, 다른 두 책에서 스승에 대한 언급이 없는 경우 생략해야 할 듯하지만, 선유先儒[17]가 문인의 반열에 수록했기 때문에 또한 함부로 생략할 수 없다【예컨대 정성숙鄭成叔(정문흘) 이하 류자진劉子晉까지가 그 사례이다】. 또한 다른 책에서 수집했지만 세 책에서는 보이지 않는 몇 명은 끝에 함께 수록했다【예컨대 장숙징張叔澄(장언청) 이하 오매경吳梅卿까지가 그 사례이다】.

어떤 이는 채록한 인물이 너무 많아 정선한 것이 아닐 수 있다고 의심한다. 그러나 이 말은 옳지 않다. 이『이학통록』을 편찬한 것은 그 인물을 알려고 한 것일 뿐만 아니라 도학의 핵심을 밝히고자 한 것이다. 더구나 당시 주자의 이학을 위학僞學(거짓 학문)으로 몰아 금지시킨 조치가 한 시대를 뒤덮고 있는 상황에서, 여기에 수록된 모든 인물은 뜻을 기꺼이 일으켜 도를 향하고 화복을 따지지 않았고, 문하에 들어가 학업을 청하거나 편지로 질의하여 스승이 전한 종지宗旨를 밝혔다. 비록 의문을 제기하고 질문한 것들이 각자 도달한 학문의 수준과 이해 정도에 따라 다르지만, 선생의 답에 억제하고 칭찬하고 권장하고 물러나게 한 말들은 지당한 가르침이 되지 않는 것이 없다. 따라서 소중한 가르침의 계발을 이들로부터 얻는다. 그들을 수록하여 세상에 전하면 어찌 이 유학의 도를 돕는 데로 함께 돌아가지 않겠는가? 맹자는 "양주楊朱와 묵적墨翟을 물리칠 것을 기꺼이 말하는 이는 성인을 따르는 무리이다"라고 했다. 나 또한 "주자의 도를 존숭할 수 있으면, 주자와 함께하는 무리이다"라고 말할 것이다. 뒤 시대에 옛일을 논하는 이들은 어떻게 생각할지 모르겠다.

---

17 여기서는『주자실기』의 저자 대선(戴銑, 1464~1506)을 가리킨다. 이후 선유가 누구인지를 정확히 이르지 않은 대목에서는 모두 선대의 유학자를 말한다.

심학의 지침: 「『심경』의 뒤에 붙여 논함」 후론」[18]

내가 젊어서 서울에 유학할 때, 이 책을 여관에서 처음 접하고 구입했다. 비록 중간에 병으로 공부를 폐했다가 학문의 성취가 어려움을 늦게야 깨달았다고 한탄한 적이 있었지만, 학문을 성취하는 일에 처음 자극을 받아 분발한 것은 이 책 덕이다. 그러므로 평소 이 책을 존중하고 신뢰한 것이 또한 사서와 『근사록』 못지않았다. 그러나 매번 이 책을 읽다가 끝부분에 이를 때마다, 또한 그 내용 중에 의문을 일으키지 않은 적이 없었다. '오씨가 이 주장을 한 것은 무슨 입장인가? 황돈篁墩[19]이 이 조목을 인용한 것은 어떤 의도인가? 천하 사람을 이끌고 육씨에게 귀의하려는 생각은 아닌가?' 하며 자문했다.

얼마 지나 또 스스로 해명하여, 주자의 학문은 크게 합당하고 지극히 바르기 때문에 한쪽으로 치우치는 폐단이 없다고 여겼다. 그러면서도 스스로 이렇게 생각했다. '부박하고 범범하게 공부하는 잘못이 있으면 선생은 문인에게 마음을 수렴하고 내실을 쌓는 공부를 할 것을 힘써 경계했다. 이제 거슬러 올라가 그 이유를 찾아보면, 선생을 따라 배운 선비나 사숙한 제자 가운데 간혹 이 뜻을 깊이 체회體會하지 못하고 달리 흘러 겉도는 공부를 한 이들이 적지 않았다. 초려草廬[20]와 황돈 두 공은 그 뒤에 나와 이 유

18　「心經後論」, 1566년(명종 21, 66세), 『퇴계집』 권41; 『정본』 14, 13~17면.

19　정민정(程敏政). 1446~1499. 자는 극근(克勤)이고 호는 황돈(篁墩)이다. 1466년 전시에 2등을 했고, 시강(侍講), 경연강관(經筵講官), 직경연(直經筵) 등을 역임했다. 1499년 회시의 주고관(主考官)이 되었을 때 시험문제를 유출했다고 피소되어 하옥되었다. 옥안의 진상이 가려지지 못한 채 강요를 받아 치사했고, 며칠 뒤 발병하여 사망했다. 학계에서는 예부좌시랑 부한(傅瀚)이 정민정을 타도하기 위해 급사중 화창(華昶)을 시켜 탄핵하게 한 것이라고 여긴다.

20　오징(吳澄). 1249~1333. 자는 유청(幼淸) 또는 백청(伯淸)이고 호는 초려(草廬)이다. 남송 말년에 향시에 합격했지만, 남송이 멸망한 뒤 은거했다. 허형과 명성을 나란히 하여 "북쪽의 허형과 남쪽의 오징"으로 일컬어졌다.

교의 도를 자임하여 학인들을 말류의 폐단에서 구제하려는 뜻이 절실했기에 부득이 이런 말을 했던 것이다. 이것 또한 주자의 생각이니, 어찌 해가 될 것 있겠는가?'라고 말이다.

의심스러운 점은 초려가 육씨의 학문을 했다는 것인데 당시에도 이미 논란이 있었고 후세의 공론도 그렇게 말한 경우가 많았다. 황돈의 사람됨과 학문이 필경 어떠했는지 또한 미처 몰랐다. 그러다가 지난번 횡성 조사경[21]이 『황명통기』[22]를 읽으면서 황돈에 관한 사실 세 조목을 초록하여 보여준 뒤에야 황돈의 사람됨과 학문이 곧 그러했음을 대략 알았다. 그러고 나서 분개하여 한탄스러웠고 우울하여 속상했던 마음이 몇 달이 지나도 풀리지 않았다.

그 세가지 가운데 첫째 조목은 과거 시험문제를 판 것이다. 이 일의 대강은 일찍이 『고수부담孤樹裒談』[23]에서 본 적이 있다. 공公(정민정)과 유건劉健[24]은 명망을 나란히 했다. 유건이 시를 잘 짓지 못한다고 공이 우연히 말한 적이 있었는데, 유건이 그 말에 앙심을 품었다. 이 옥안을 성사시킨 것은 유건이 한 짓이었다. 내가 생각하기에 뇌물을 받고 시험문제를 파는 짓은 조금이라도 자신을 아낄 줄 알고 염치가 있는 사람이라면 하지 않는다. 그런데 공같이 어진 사람으로서 고인의 심학을 추구하고 천하의 중망을

---

21 조목(趙穆). 1524~1606. 본관은 횡성(橫城). 자는 사경(士敬), 호는 월천(月川)이다. 이황의 문인이다. 1552년 생원시에 합격한 뒤 대과에 응시하지 않았다. 봉화현감을 지냈다. 이황 사후 『퇴계집』 간행과 도산서원 건립에 힘썼다. 도산서원 상덕사(尙德祠)의 유일한 배향자다.

22 본 이름은 『황명자치통기(皇明資治通紀)』 또는 『황명역조자치통기(皇明歷朝資治通紀)』이고, 줄여서 『황명통기(皇明通紀)』 또는 『통기(通紀)』라고 부른다. 1351년에서 1521년에 이르기까지 명나라 역사에 대한 편년체 역사서로, 진건(陳建, 1497~1567)이 1525년 완성한 사찬서이다.

23 명(明) 이묵(李默)이 지은 한문 소설로, 전체 10권이다.

24 유건(劉健). 1433~1526. 자는 희현(希賢), 호는 회암(晦菴)이다. 1498년 내각수보(內閣首輔)를 역임했고, 무종(武宗) 때 환관 유근(劉瑾) 세력을 탄핵했다가 관직을 삭탈당하고 평민이 되었다. 유근 세력이 축출된 뒤 복직되었고, 사후 태사(太師)에 추증되었다. 시호는 문정(文靖)이다.

짊어지고 있는데 그런 짓을 했다고 하겠는가? 더구나 당시는 유건이 내각에 들어와 정사를 주도할 때였다. 공을 무고하여 탄핵한 자가 유건의 은근한 뜻을 따라 그렇게 한 것이 아닌지 어떻게 알겠는가?

둘째 조목은 왕순汪洵이 공에 대하여 세리勢利(권세와 이익) 두 글자에서 자유롭지 못했다고 평가했는데, 이에 대해서는 가리키는 바가 어떤 일인지 모른다. 만일 정말로 지적할 만한 사실이 있다면, 상채上蔡가 앵무새라고 기롱했던 비판[25]으로부터 자연히 면치 못한다. 심학을 전수한 사실에서보면 그렇다고 논하기가 본래 어렵다. 황돈이 그러지 않았다면, 짐작건대왕순은 한갓 시험문제를 판 혐의에 황돈이 연루된 것만 보고, 그것을 기회로 권세와 이익을 좇았다고 지목한 듯하다. 그렇다면 그 사안의 사실 여부를 명확히 알지 못하는데 또 어떻게 왕순의 평가를 황돈에 대한 정론으로삼을 수 있겠는가?

셋째 조목은 진건이 황돈의 『도일편道一編』[26]에 대하여 논한 주장이다. 진건의 설명[27]은 이렇다. 황돈은 육상산의 학문을 미봉하기 위해 주자와 육상산 두 사람의 언설을 가져다 초기와 만년의 설 일체를 뒤집어서 변경하여 어지럽혀놓고, 주자가 초기에는 상산을 잘못 알고 의심했다가 만년에 이르러 비로소 후회하고 깨달아 상산과 합치했다고 속였다. 이렇게 후학을 오도시키는 것이 심했다. 그 때문에 『학부통변學蔀通辨』을 저술하여 연도에 따라 배치하고 고증하여 같고 다름과 옳고 그름의 귀결처를 철저

---

25 상채는 이정의 제자 사량좌(謝良佐, 1050~1103)의 자이다. 말로는 도의를 잘 설명하면서 실천하지 않는 학자들을 의미도 모르면서 말을 따라 하는 앵무새에 비유한 것이다. 관련 내용은 『학림옥로(鶴林玉露)』 권6에 나온다.

26 정민정의 저서이다. 존덕성(尊德性, 덕성을 먼저 확립하는 것)과 도문학(道問學, 학습을 통해 이치를 탐구하는 것), 두 학문 방법을 두고 주희가 초기에 육구연과 입장을 달리하여 도문학을 우선시했다가 만년에 이르러 존덕성을 우선시하는 육구연과 같은 입장을 취했다는 것을 고증을 통해 정당화했다. 왕수인의 『주자만년정론(朱子晚年定論)』을 비롯하여 명대 양명학자들에게 크게 영향을 미쳤다.

27 이하 진건의 설명은 『학부통변』의 자서(自序)에 나오는 내용을 요약한 것이다.

하게 밝혔다는 것이다. 아, 이 말대로라면, 황돈은 정말로 잘못한 것이고, 그 학문은 정말로 의심할 만한 점이 있는 것이다.

일찍이 생각해본 적이 있는데, 주자와 육상산 두 사람의 차이는 같지 않으려고 일부러 의도해서 그런 것이 아니다. 이쪽은 유교이고 저쪽은 선禪이다. 이쪽은 바르고 저쪽은 어긋나며, 이쪽은 공평하고 저쪽은 사사롭고 삐뚤어져 있다. 이와 같은데 어떻게 서로 같을 수 있겠는가? 공자는 "글을 널리 배우고 예로써 요약한다"[28]라고 했고, 자사子思[29]는 "덕성을 높이고 문학問學(묻고 배우는 학습)을 따른다"[30]라고 했다. 맹자는 "널리 배우면서 자세히 설명하는 것은 돌이켜서 핵심을 설명하려는 것이다"[31]라고 했다. 두 요소가 서로 의지해 있는 것은 수레의 두 바퀴와 같고 새의 양 날개와 같다. 한쪽을 없애고 갈 수 있고 날 수 있는 경우는 이제껏 없었다. 이것이 실로 주자의 주장이다. 우리 유가의 법도가 본래 이러하기에 주자는 평생 이 두가지에 종사했고, 한쪽으로 편중됨이 있음을 느끼면 즉시 맹렬히 성찰하고 통렬하게 고쳤다. 그러므로 주고받은 서신에 보이는 말들 사이에 서로 높이고 억누르는 조절이 있다. 곧 스스로 유교의 법도를 사용하여 스스로 서로 의지하고 바로잡으면서 크게 합당하고 지극히 바른 도에 나아갔다. 어찌 초년에 글의 뜻을 파악하는 말단의 일에 미혹해 있다가 상산을 만난 뒤에 비로소 깨닫고 생각을 거두어 본원으로 돌아갔겠는가?

나는 아직 『도일편』을 보지 못하여 그 주장이 어떠한지 모른다. 그러나 서명으로 그 내용을 헤아려보면, 도는 하나이고 둘이 없는데, 육상산은 단번에 깨달아 하나를 이루었고, 주자는 초기에 둘로 분열되었다가 만년에 하나가 되었다는 주장일 것이다. 만일 그렇다면, 육상산은 주자에게 의지

---

28   이 말은 『논어』 「옹야(雍也)」에 나온다.

29   공자의 손자로 『중용』을 지었다.

30   이 말은 『중용』에 나온다.

31   이 말은 『맹자』 「이루하(離婁下)」에 나온다.

하는 바가 없지만 주자는 반대로 육상산에게 의지함이 있다는 것이다. 이것은 또한 심한 오류가 아니겠는가? 예전에 정윤부程允夫(정순)[32]가 소식蘇軾의 설을 끌어와 이정의 설에 부회하려고 "소식과 정자의 방"[33]이라고 말했다. 주자는 배척하여 "그렇게 말하는 것은 향초와 누린내 나는 잡풀을, 얼음과 불을 한 그릇에 섞어놓고 그 향초가 깨끗하고 오염되지 않기를 바라는 것과 다르지 않으니, 또한 어려운 일이다"라고 했다. 내가 생각건대, 황돈이 주자와 육상산의 학문을 동일시하고자 하는 것 또한 아마도 똑같이 정윤부의 견해에 귀착할 것이다.

주자가 정말로 만년에 육상산의 학문과 같은 견해를 취한 사실이 있다면, 육상산이 세상을 떠난 뒤 다른 사람에게 보낸 편지에서 주자는 무슨 이유로 "육상산이 평소 대단한 기세로 헛소리를 외치더니, 갑자기 이렇게 되었는가" 하고 탄식한 것인가? 또 무슨 이유로 "육상산의 설이 재야에 상당히 유행하여 현명한 이들의 뜻을 손상시키고 어리석은 이들의 잘못을 증대시킨다"[34]라고 하며 걱정했겠는가? 또한 상산은 문인에게 이렇게 알려준 적이 있다. "주원회朱元晦[35]는 높은 태산과 같다. 다만 유감스럽게도 자신의 견해만 옳다고 여기고 남의 주장을 들으려 하지 않는다."[36]【본래의 말을 다 기억할 수 없지만 대의는 이렇다.】이 말에 따르면, 두 사람은 평소 한마디라도 도가 같다고 서로 인정한 적이 없다. 그런데도 후대 사람들은 견강부회하여 억지로 두 사람을 일치시키니, 어찌 가능하겠는가?

---

32 정순(程洵). 자는 윤부(允夫)로 주희의 제자이다. 무원(婺源) 출신으로 1184년 형양(衡陽)현 주부(主簿)를, 1186년에는 석고서원(石鼓書院)의 산장이 되어 주희와 장식의 학문을 선양했다.

33 이 말은 『회암집(晦菴集)』 권41 「답정윤부(答程允夫)」에 나온다. 정순(程洵)이 소식의 학문을 정자의 학문과 동류로 설명하면서 한 말이다. 방은 학문 또는 학문의 경계를 상징적으로 표현한 것이다.

34 이 두 인용문은 『회암집(晦菴集)』 권46 「답첨원선(答詹元善)」에 나온다.

35 원회(元晦)는 주희의 자이다.

36 이 말은 『상산어록(象山語錄)』 권2에 나온다.

견해가 잘못되면 그 마음이 구차해진다. 그 잘못된 견해를 책으로 엮어 드러내 천하 후세의 사람들을 그릇된 길로 들어서게 하는 데 이르면, 이것은 이미 지나간 자취는 정해져 있어 바꾸기 어렵고 시비의 명확한 사실은 어느 때고 속일 수 없어 힘들게 애써서 겨우 도달한 경계가 자기 마음의 허점만 드러내 천하의 비판을 초래하기에 딱 맞을 뿐임을 전혀 모르는 것이다.

이로써 보면, 뇌물을 받고 시험문제를 판 옥사가 비록 무고라고 해도, 권세와 이익을 좇았다는 비판은 아마도 스스로 초래한 것일 수도 있다. 이것이 내가 여러 달 한탄하고 속상해하면서 여전히 풀어지지 않았던 이유이다. 어떤 이는 묻는다. 당신 말대로라면, 『심경』은 존중하고 신뢰하기에 부족한 것인가? 나는 대답한다. 이것은 그렇지 않다. 내가 이 책을 살펴보건대, 경문은 『시경』『서경』『주역』으로부터 정자와 주자의 설에 이르는데, 모두 성현의 중요한 가르침이다. 그 주석은 주렴계, 이정, 장횡거와 주자의 말로부터 취하고 후세 여러 유현儒賢의 설까지 아울러 뽑았으니, 지극히 합당한 언설이 아닌 것이 없다. 황돈이 잘못했다고 하여, 주요한 가르침과 지극히 합당한 언설까지 존중하고 신뢰하지 않는다면 어찌 옳겠는가?

어떤 이는 말한다. 다른 부분은 물론 그렇다. 그러나 마지막 장의 주석에 이르면, 주자의 설을 초기설과 만년설의 다른 것으로 나누고, 초려草廬의 설로 결론을 맺었다. 이것은 바로 『도일편』과 같은 체제의 주장이다. 당신은 어째서 『도일편』은 비판하면서 이 주석은 도리어 채택하는가?

나는 대답한다. 한갓 글을 널리 배우는 것만 힘쓰고 예로써 요약하는 것에 대해서는 조금 늦추면, 그 폐단은 반드시 입과 귀로만 겉도는 공부를 하는 데 이른다. 그러므로 주자가 당시에 절실히 걱정하고 경계한 것은 진실로 이 주석에서 인용한 12조목의 설과 같은 점이 있다.[37] 그 문인이 선생

---

37   정민정은 『심경부주』 마지막 장인 「존덕성재명(尊德性齋銘)」에서, 주희가 초기에 도문학과 존덕성 두 공부의 병행을 주장했고 중기에 도문학을 더 중시하다가 만년에 가서 존덕성 공

의 행적을 조술할 때도 "선생께서는 만년에 학생들이 글의 의미에 얽매여 있는 것을 보고 비로소 자못 본체를 가리켜 보여주셨다"[38]라고 했다. 따라서 덕성을 높이는 공부로 글의 뜻을 밝히는 데 치우친 폐단을 구제한 것은 황돈의 주장이 아니고, 주자의 의도가 본래 그러했다. 황돈은 그와 관련하여 초년설과 만년설로 구분하는 것에 집착하지 말았어야 했다. 황돈이 주자의 의도를 받들고 서산西山의 『심경心經』을 도와서 편의 끝에 이 말들을 주석으로 부가한 것은 말단에 치우친 학생들의 잘못을 바로잡으려 한 것이니, 실로 지당하여 바꿀 수 없다. 더구나 황돈은 주자의 설을 인용하고, 여러 유현들이 주자의 설을 밝힌 조목으로 보충했는데, 단 한마디도 『도일편』에서 말한 것처럼 주자가 만년에 후회하고 이 육상산의 설과 합치했다고 육상산의 학문에 연관해서 말하지 않았다. 그러므로 나는 개인적으로 오늘날 학인들이 글을 널리 배우는 공부와 예로 요약하는 공부를 양쪽으로 지극하게 했던 것이 주자가 성취한 비결이요, 양쪽으로 노력하여 양쪽이 서로 진보해가는 것이 우리 유자의 근본적인 법도임을 알아야 한다고 생각한다. 또한 그렇게 이 경문과 이 주석을 읽어나가면서 황돈이 『도일편』에서 보인 오류를 그 사이에 참여시켜 어지럽히지 않으면, 성인이 되고 현인이 되는 공부가 단적으로 여기에 있다고 생각한다. 존중하고 신뢰하기를 응당 어떻게 해야 하겠는가? 허노재許魯齋는 일찍이 "내가 『소학』을 신명처럼 공경하고 부모처럼 높이 받들었다"라고 했는데, 나는 『심경』에 대하여 또한 그렇게 말한다. 다만 초려의 주장[39]은 거듭 연구해보건대 끝내 불교의 기미가 있으니, 나정암羅整菴의 지적[40]이 맞다. 학인은 그 의

부를 우선시하는 입장으로 돌아섰다고 파악했다. 그리고 존덕성 공부를 중시한 사례 12조목을 『주자어류』와 문집에서 추출하여 논거로 제시했다.

38 이 말은 주희의 제자 이방자(李方子)가 한 말로, 『주자연보(朱子年譜)』에 나오고 『심경부주(心經附註)』에도 인용되었다.

39 글의 뜻을 정밀하게 파악하는 데 골몰하지 말고, 덕성이 밝게 주재하고 있음을 항상 자각하고 있어야 한다는 주장으로, 정민정이 『심경부주』 마지막 편에 인용해놓았다.

도를 수용하면서 그 언설을 가려서 같은 것은 취하고 다른 것은 버린다면, 또한 거의 문제가 없을 것이다.

가정 45년(1566) 병인년 9월 진성 이황이 삼가 쓴다.

---

40 정암(整菴)은 나흠순(羅欽順)의 자이다. 나흠순은 그의 저서 『곤지기([\u5000]知記)』에서 오징의 학문에 대하여 초기에는 주희의 설을 따랐지만, 만년에는 육구연의 설과 부합했다고 평가하고, 불교의 기미가 전혀 없다고 단정할 수 없다고 평가했다.

2장
이학 체계의 건축

마음의 구조와 수행의 요령

심성의 지도: 「천명도설」개정본【그림과 서문은 문집에 보인다】[1]

질문 천명의 뜻에 대하여 설명을 들을 수 있는가?

대답 하늘은 곧 이理이다. 그 덕은 네가지가 있다. 원元, 형亨, 이利, 정貞이 그것이다【사덕四德의 실질적 내용은 성誠(진실함)이다】. 원은 시작함의 이理이다. 형은 형통함의 이이다. 이는 완수함의 이이다. 정은 종결함의 이이다. 사덕이 순환하여 쉬지 않는 것은 진실하여 속임이 없는 것의 정묘함이 아님이 없다. 곧 이른바 성誠이다. 그러므로 음양오행이 유행할 때 이 사덕은 항상 그 안에 있어 사물에 부여하는 근원이 된다. 그러므로 무릇 사

---

1 「天命圖說」【圖與序, 見文集】. 1555년(명종 10, 55세) 봄 이후.『퇴계집』속집 권8;『정본』14, 70~80면.『퇴계집』권41(『정본』14, 1~12면)에 「천명도설후서(天命圖說後敍, 「천명도설」의 뒤에 기록함)」와 함께 정지운이 그린 「천명구도(天命舊圖)」와 이황이 개정한 「천명신도(天命新圖)」 두 그림이 나온다.

물이 음양오행의 기를 품수받아 형체를 이룬 것에 원형이정【성誠은 그 가운데 있다】의 이를 갖추어 성으로 삼지 않은 것이 없다. 그 성의 조목에 다섯가지가 있으니, 인仁, 의義, 예禮, 지智, 신信이라고 한다. 그러므로 사덕과 오상五常은 상하로 하나의 이理로서 하늘과 인간 사이에 간극이 있지 않다. 그런데 성인과 범인 사이에 그리고 사람과 사물 사이에, 사덕의 발현이 차이가 있는 것은 기氣가 그렇게 만든 것이지, 원형이정에 본래 차이가 있어서 그런 것이 아니다. 그러므로 자사는 곧바로 "하늘이 부여한 것을 일러 성性이라 한다"²라고 말했으니, 대체로 음양오행이 묘합하는 근원에 나아가 사덕을 지칭한 것이다.【이理는 본래 하나이다. 그런데 그 덕이 네가지에 이르는 것은 어째서인가? 이는 태극이다. 태극 자체는 본래 사물이 없으니, 애초에 사덕으로 이름을 붙일 수 있는 것이 어떻게 있겠는가? 단지 유행한 이후에서 보면, 반드시 시작함이 있고, 시작함이 있으면 반드시 형통함이 있다. 형통함이 있으면 반드시 완수함이 있고, 완수함이 있으면 반드시 종결함이 있다. 그러므로 시작하여 형통하고, 형통하여 완수하고, 완수하여 종결하면서 사덕의 이름이 성립한다. 그러므로 통합해서 말하면 하나의 이일 뿐이고, 세분해서 말하면 이 네가지 이가 있다. 그러므로 하늘이 동일한 이로 만물에 부여하여 만물이 각자 동일한 이를 지니는 것은 이 때문이다.】

이상 제1절이다. 하늘이 부여한 이를 논했다.

질문 하늘이 네 덕이 있어 만물에 부여했다면, 이른바 오행五行은 어떤 도리인가?

대답 천지 사이에 이理가 있고 기氣가 있다. 이가 있으면 곧 기가 형상으로 나타난다. 기가 있으면 곧 이가 거기에 있다. 이는 기를 주재하는 장수

---

2   『중용』의 첫 구절이다. 『중용』은 공자의 손자 자사가 지었다고 전한다.

가 되고, 기는 이의 명령을 따르는 병사가 되어, 천지의 일을 완수한다. 이른바 이는 사덕이 그것이고, 이른바 기는 오행이 그것이다. 유행하는 때에 원元은 만물을 시작하는 이가 되는데 이를 목木의 기가 이어받아서 만물을 낳고, 형亨은 형통하는 이가 되는데 이를 화火의 기가 이어받아서 성장시키고, 이利가 만물을 완수하는 이가 되는데 이를 금金의 기가 이어받아서 거두어들이고, 정貞이 만물을 종결하는 이가 되는데 이를 수水의 기가 이어받아서 저장한다【토土는 사계절에 함께 활동한다】. 이것이 하늘이 사덕과 오행을 갖추어 그 도리를 이루는 맥락이다.

이상은 제2절이다. 오행의 기를 논했다.

질문 하늘이 사덕과 오행으로 그 도리를 이룸은 당연하다. 그러나 「천명도」에서 사덕과 오행을 같은 자리에 합해서 써놓았는데, 오행을 음양 안에 동그라미를 그려 써놓고, 사덕을 다시 그 오행 안에 동그라미를 그려 써놓은 이유가 무엇인가?

대답 이와 별도로 기가 존재하지 않고, 기와 별도로 이가 존재하지 않아, 이와 기는 본래 잠시도 떨어져 있을 수 없다. 그러나 이와 기의 구분은 또한 서로 문란하여 분별함이 없으면 안 된다. 더구나 음양과 오행은 본래 두 가지가 아니다. 그러므로 오행을 음양 안에 배치하면서 반드시 사덕을 포함시켜, 오행이 하나의 음양이면서 각각 그 성을 하나씩 가지고 있음을 보였다. 사덕은 오행 안에 동그라미를 그려 써서 이가 끝에 기와 섞이지 않으면서 기와 떨어져 있지 않음을 보였다.

이상은 제3절로 이와 기의 구분을 논했다.

질문 당신은 원元이 만물을 시작하는 이理이고 이것을 목木의 기가 이어받아 만물을 낳는다고 했다. 그렇다면 만물을 낳는 근원은 목에 근본해야 옳은데 「천명도」에서는 반드시 수水에 근본한 것은 무슨 이유인가?

대답 원은 물론 만물을 시작하는 이이고, 목은 또한 만물을 낳는 기이다. 그러나 원으로 되는 이는 원에서 나오지 않고 정貞에서 나오고, 목으로 되는 기는 목에서 나오지 않고 수에서 나온다. 그러므로 정은 만물을 종결하는 이이면서 또한 시작함이 있는 이이다. 수는 만물을 저장하는 기이면서 또한 낳음이 있는 기이다. 이것이 수가 정의 덕을 이어받아 만물을 낳는 근원이 되는 이유이다. 그러므로 무릇 만물이 생겨남에 그 형체는 목의 기를 기다려서 이루어지지만, 그 형체를 부여하는 근원은 실로 수의 기에서 조짐이 시작된다. 어떻게 그러함을 아는가? 대체로 만물이 생겨나는 것은 처음에 수의 기를 먼저 품수받지 않음이 없고, 수의 기가 점점 응취되어 오래 경과한 뒤에 견고해져서 형체를 이룬다. 천지가 생겨나는 것에 이르러서도 또한 수의 기로 먼저 시작하여 이루지 않음이 없다. 이 이치는 선유의 논의에 이미 자세하여 여기서 사족을 덧붙이지 않겠다. 따라서 만물을 낳는 근원이 수의 기에 근본한다는 것에 대하여 어찌 의심할 것이 있겠는가?

이상은 제4절로 만물을 낳는 근원을 논했다.

질문 사람과 사물이 생겨날 때, 품수받은 성性은 똑같이 천지의 이理이고, 품수받은 기氣는 똑같이 천지의 기이다. 그렇다면 사람과 사물은 본래 차이가 없다. 이제 「천명도」에서 사람의 형체에 대해서 그 전체를 반드시 흰색으로 표기하여 오성五性이 두루 통함을 나타냈고, 금수에 대해서는 성의 동그라미 위와 아래에 한 가닥 노선을 흰색으로 표기하여 간혹 한 노선으로 통함을 나타냈다. 초목에 대해서는 그 성의 동그라미를 흰색으로 표기하면서 전체를 검은 색으로 표기하여 전체가 막히고 통하지 않음을 나타냈다. 이렇게 표기한 것은 무슨 뜻인가?

대답 천지 사이에 이는 하나로 동일하지만 기는 각양으로 같지 않다. 그러므로 그 이를 궁구하면 만물을 모두 합해도 똑같은 하나의 성이지만, 그 기를 논하면 만물로 나누어서 제각기 다른 하나의 기이다. 왜 그런가? 이가 이로 되는 것은 그 본체가 본래 비어 있기 때문이다. 비어 있기에 상대가 없고, 상대가 없기에 사람과 사물에서 본래부터 더 많거나 더 적은 것이 없이 똑같은 하나가 된다. 기에 이르면, 처음부터 음과 양이 대립하는 상象이 있어 서로 그 뿌리가 된다. 그러므로 음 가운데 양이 없을 수 없고 양 가운데 음이 없을 수 없다. 음 속의 양 가운데 또 음이 없을 수 없고, 양 속의 음 가운데 양이 없을 수 없다. 그 변화는 수십수백에서 수천수만에 이르는데 제각기 상대가 없을 수 없다. 따라서 무릇 사물이 이 이와 기를 품수받을 때 그 성은 차이가 없지만 그 기는 치우친 것과 바른 것의 차이가 없을 수 없다. 그러므로 사람과 사물이 생겨날 때, 음양이 바른 기를 얻으면 사람이 되고, 음양이 치우친 기를 얻으면 사물이 된다. 사람은 음양이 바른 기를 얻어 그 기질이 통하고 밝음을 알 수 있고, 사물은 음의 치우친 기를 얻어 그 기질이 막히고 어두움을 알 수 있다.

그러나 사람과 사물에 나아가서 보면, 사람은 바르고 사물은 치우쳐 있다. 금수와 초목에 나아가서 보면, 금수는 치우친 가운데도 바른 경우가 되고 초목은 치우친 가운데도 치우친 경우가 된다. 그러므로 금수는 그 기질 가운데 더러 한 노선에서 통함이 있지만, 초목은 그 이만 갖추고 있을 뿐 전부 막혀 통하지 않는다. 따라서 「천명도」에서 성이 통하는 것으로 또는 막힌 것으로 표기한 것은 기에 치우침과 바름의 차이가 있는 것을 따른 것이다. 형체를 흰색으로 또는 검은색으로 표기한 것은 기에 밝음과 어두움의 차이가 있음을 나타낸 것이다. 그 안에 어찌 다른 뜻이 있겠는가?【질문: 「천명도」에서 사람과 금수, 초목의 형체가 동그랗고 네모나고 가로로 눕고 거꾸로 서는 등 같지 않은 것은 왜인가? 대답: 사람과 사물의 형체가 다른 것은 음과 양 두 기가 그렇게 만든 것이다. 대체로 양의 성은 순행하고 평탄하지만, 음의 성은 역행하고 거꾸로 향한다. 그러므로 사람은 천지 가운데 뛰어난 존재가 되어 양이 된다. 그러므로 머리는 반드시 하늘과 같고 발은 반드시 땅과 같으면서 평탄하게 바르고 곧게 선다. 사물은 천지 가운데 치우치거나 막힌 존재가 되어 음이 된다. 그러므로 형체가 사람과 같지 않고 가로로 가거나 거꾸로 향한다. 그러나 금수는 음 중의 양이 된다. 그러므로 완전히 거꾸로 향하지 않고 가로로 간다. 초목은 음 중의 음이 된다. 그러므로 생장이 반드시 거슬러 올라가 거꾸로 향해 자란다. 이것은 모두 기를 품수받음이 달라서, 기에 순행하고 역행하는 차이가 있는 것이 그렇게 만든 것이다.】

이상은 제5절로 사람과 사물의 차이를 논했다.

질문 사람의 마음이 갖추고 있는 것에 대하여 세분해서 설명해줄 수 있는가?

대답 하늘이 사람에게 내려서 부여해줄 때, 기가 아니면 이를 담아낼 방도가 없고, 마음이 아니면 이와 기를 담아낼 방도가 없다. 그러므로 우리 사람의 마음은 비어 있으면서【이理이다】 영활하여【기氣이다】, 이와 기의 집이 된다. 그러므로 그 이는 곧 사덕의 이로 오상이 되고, 그 기는 음양오행의 기로 기질이 된다. 사람의 마음이 갖추고 있는 것은 모두 하늘에 근본한 것이다. 그런데 이른바 오상은 순수하게 선하여 악함이 없기 때문에 발현하는 사단 또한 선하지 않음이 없다. 이른바 기질은 본래의 성이 아니기 때문에 발현하는 칠정은 악함에 쉽게 빠진다.[3] 따라서 성性과 정情이라는 명칭은 하나이지만, 성과 정의 발현은 다르지 않을 수 없다. 성이라 하고 정이라 하는 것이 작용함을 두루 갖추는 것은 이 마음의 신묘함 때문이 아닌 것이 없다. 그러므로 마음은 주재자가 되어 그 성과 정을 항상 통섭한

---

3   사단(四端): 인의예지 네 가지 덕목이 마음에서 드러나는 단서. 『맹자』에서 측은하게 여기는 마음은 인(仁)의 단서이고, 불의를 부끄럽게 여기고 미워하는 마음은 의(義)의 단서이고, 사양하는 마음은 예(禮)의 단서이고, 옳고 그름을 따지는 마음은 지(智)의 단서라고 했다.
      칠정(七情): 기뻐하고, 분노하고, 슬퍼하고, 즐거워하고, 사랑하고, 미워하고, 욕구하는 또는 두려워하는 일곱 가지 마음을 뜻한다. 칠정은 정으로 드러난 마음 전체를 의미하기도 한다. 『예기』의 「예운(禮運)」과 「중용(中庸)」에 나온다.

다. 이것이 사람의 마음이 가지는 대체적 내용이다.

질문 그렇다면 「천명도」에서 정이 마음의 동그라미 밖에 배치된 것은 어째서인가?

대답 오행은 본래 음양의 동그라미 안에 있어야 하지만 염계의 「태극도」에서 음양의 동그라미 밖에 배치했다. 대개 그림을 그려서 구별한 것으로 어쩔 수 없어서 그렇게 한 것일 뿐이다.

이상은 제6절로 사람의 마음이 갖추고 있는 것을 논했다.

질문 「천명도」에서 성과 정의 조목을 반드시 사덕, 오행과 상응시켜 배치한 것은 어째서인가?

대답 사람의 오성과 사단은 본래 하늘의 사덕(원형이정)과 상응하여 각각 소속되는 바가 있다. 칠정의 구분에서만 일정하지 않음이 있는 듯하다. 그러나 유추해보면, 또한 각각 부합하는 것이 있다. 이를테면, 희喜(기뻐함)와 애愛(사랑함)가 목에, 락樂(즐거움)이 화에, 노怒(분노함)와 오惡(미워함)가 금에, 애哀(슬퍼함)가 수에, 욕欲(하고자 함)이 토에 배속되어 오행 가운데 있지 않음이 없는 것이 그것이다. 이것이 하늘과 사람이 일체가 되는 이유이다.

이상은 제7절로 성과 정의 조목에 대하여 논했다.

질문 「천명도」에서 의意(헤아림) 아래 선의 기미와 악의 기미가 구분되어 있는 것은 어째서인가?

대답 의意는 마음이 발용한 것이고 마음은 성과 정의 주재자이다. 그러므로 이 마음이 발용하기 이전은 태극이 동정動靜의 이理를 갖추고 있으면서 아직 음과 양으로 나뉘지 않은 상태와 같다. 한 마음 안에서는 혼연한 하나의 성으로 순수하게 선하고 악함이 없다. 이 마음이 발용하는 때는 태극이 나뉘어 움직여서 양이 되고 고요하여 음이 되는 것과 같은 상태이다.

이때 기가 비로소 작용한다. 그러므로 그 정의 발현에 선하고 악한 차이가 없을 수 없다. 그러나 그 단서는 매우 미세하다. 이때 의는 마음이 발용하여 그 정을 가지고 이리저리 헤아려, 공정한 천리를 따르기도 하고 사사로운 인욕을 따르기도 하여 선함과 악함의 구분이 이로부터 결정된다. 이것이 이른바 의가 선함과 악함의 기미가 된다는 것이다. 그렇지만 선함의 발현은 본래 가지고 있는 성에 근본하기 때문에 곧게 이루어 순조롭다. 악이 나오는 것은 본래 없는 것에서 나오기 때문에 옆으로 비껴나서 어긋난다. 이것이 조치도[4]가 「성기도誠幾圖」를 지은 취지로, 이 「천명도」에서 취하여 설로 삼은 것이다.

이상은 제8절로 의가 선함과 악함이 나누어지는 기미가 됨을 논했다.

질문 사람과 사물 사이에 통하고 막힌 차이가 나는 것은 기에서 바름과 치우침의 차이가 있기 때문임을 잘 알았다. 우리 인간은 모두 기의 바른 것을 얻었다. 그러나 사람 사이에 또한 상지, 중인, 하우의 세 등급으로 차이가 나는 것은 어째서인가?

대답 사람의 기가 바르기는 하지만, 그 기에 음과 양이 있다. 그렇다면 기질을 품수받을 때 맑고 탁하고 순수하고 잡박한 것을 또한 어떻게 말할 수 없겠는가? 그러므로 사람이 태어날 때, 하늘에서 기를 품수받는데 하늘의 기에 맑고 탁함이 있고, 땅에서 질質을 품수받는데 땅의 질에 순수하고 잡박함이 있다. 따라서 맑고 순수한 기질을 품수받으면 상지上智가 된다. 상지는 천리에 대하여 밝게 알고 실천 또한 다하여 하늘과 자연히 부합한

---

4   조사하(趙師夏). 자는 치도(致道), 호는 원암(遠庵)이다. 1190년 진사에 급제하여 조봉대부
     (朝奉大夫)를 역임했다. 주희의 제자로, 주돈이가 『통서(通書)』에서 "성은 무위이고, 기미에
     서 선함과 악함이 달라진다(誠無爲, 幾善惡)"고 말한 취지를 밝히고 그림으로 그려서 주희
     에게 문의했다. 이 그림을 「성기도(誠幾圖)」「성기선악도(誠幾善惡圖)」 등으로 부른다. 주
     희는 조사하의 견해를 인정하고 그림을 일부 수정한다는 답서를 보냈다. 「성기도」는 주희의
     답서에 수록되어 있고, 『회암집(晦菴集)』 권59 「답조치도(答趙致道)」(2)에 나온다.

다. 맑지만 잡박하거나, 탁하지만 순수한 기질을 품수받으면 중인이 된다. 중인은 천리에 대하여, 어떤 경우는 앎은 넉넉하지만 실천함이 부족하고, 어떤 경우는 앎이 부족하지만 실천함은 넉넉하여, 비로소 하늘과 부합하기도 하고 어긋나기도 한다. 탁하고 잡박한 기질을 품수받으면 하우下愚가 된다. 하우는 천리에 대하여 앎도 어둡고 실천도 사욕을 따라서 행하기 때문에, 하늘과 한참 어긋난다. 이것이 사람이 기를 품수받음에 대략 세 등급의 차이가 있는 맥락이다.

그렇지만 이와 기는 서로 의지해 있어 없는 곳이 없다. 비록 상지의 마음에도 형기形器(형이하자)에서 발용하는 것이 없을 수 없다. 이理가 있는 곳은 지혜롭다고 더 풍부해지지 않고 어리석다고 더 인색해지지 않기에, 하우의 마음에도 천리의 본 면목이 없을 수 없다. 그러므로 기질이 빼어난 것을 상지는 함부로 자신하지 않고, 천리의 근본을 하우라도 자신의 노력을 다해야 하는 것이다. 그러므로 우임금이 위대한 성인이었지만 순임금은 우임금에게 마음을 정밀하게 살피고 전일하게 하라고 꼭 격려했고, 안자가 위대한 현인이었지만 공자는 글로써 식견을 넓혀주면서 예로써 자신을 단속하게 지도했다. 『대학』은 배우는 사람의 일인데, 증자는 반드시 격물치지格物致知와 성의정심誠意正心을 지행의 가르침으로 제시했다. 『중용』은 가르치는 사람의 일인데, 자사는 반드시 선을 택하여 단단히 견지하는 것을 지행의 도리로 제시했다.[5] 그렇다면 학문하는 도리는 기질이 빼어나

---

5   영락대전본 『중용장구』 1장 "도를 닦는 것을 가르침이라고 한다(修道之謂敎)"의 소주에 번양이씨(番陽李氏)가 "『대학』은 덕에 들어가는 책으로 배우는 사람의 일이다. 그러므로 첫머리에 '대학의 도'라고 말했지만 가르침이 그 안에 있다. 『중용』은 도를 밝히는 책으로 가르치는 사람의 일이다. 그러므로 '도를 닦는 것을 가르침이라 한다'라고 말했지만 배움이 그 안에 있다(『大學』, 入德之書學者事也, 故首曰'大學之道', 而敎在其中; 『中庸』, 明道之書, 敎者事也, 故首曰'修道之謂敎', 而學在其中)"라고 했다. 이황은 「조카 교의 문목에 답함」(『퇴계집』 권40)에서 "대학은 몸을 닦는 근본이자 덕에 들어가는 문이기에 배우는 사람의 일이라고 한다. 『중용』은 도를 밝히는 책이자 마음을 전하는 법이기에 가르치는 사람의 일이라고 한다. 그러나 몸을 닦고 덕에 들어가는 공부가 아니면, 도를 밝히고 마음을 전하는 가르침

거나 못한 것과 상관이 없고, 오직 천리에 대한 이해를 분명하게 했는지 여부와 천리의 실천을 마음을 다해 했는지 여부에 달려 있다.

이상은 제9절로 기질의 품수를 논했다.

질문 「천명도」에서, 마음속에 경敬이 존양存養과 함께 배치되고, 정情과 의意에 성찰이 경과 함께 배치된 것은 무엇을 의미하는가?

대답 사람이 하늘로부터 부여받아 사덕의 이를 갖추고 한 몸의 주재자가 되는 것이 마음이다. 사물이 마음에 감촉하면 그에 따라 선함과 악함의 기미가 되어 마음의 발용이 되는 것이 정情과 의意이다. 그러므로 군자는 이 마음이 외물과 감촉하기 이전에 고요할 때 반드시 존양하여 그 본체를 보전하고, 정과 의가 발현할 때 반드시 성찰하여 그 발용을 바르게 한다. 그러나 이 마음의 이는 넓고 넓어 움켜쥘 수 없고, 혼합되어 있어 경계가 없다. 경으로 마음을 전일하게 하지 않으면 어떻게 성을 보전하여 그 본체를 확립할 수 있겠는가? 이 마음의 발용은 은미해서 살피기 어렵게 미세하고, 위태로워 악함에 빠지기 쉬운 함정이 된다. 경으로 마음을 전일하게 하지 않으면, 어떻게 그 기미를 바르게 하여 그 발용이 통하게 할 수 있겠는가? 그러므로 군자의 학문은 이 마음이 아직 발용하지 않을 때 반드시 경을 위주로 하면서 존양 공부를 가하고, 이 마음이 발용할 때 또한 반드시 경을 위주로 하면서 성찰 공부를 가한다. 이 경은 공부가 시작과 끝을 이루고 체와 용에 관통하게 하는 방법이 된다. 그러므로 「천명도」의 절실하고 긴요한 뜻이 특히 여기에 있다.

이상은 제10절로 존양과 성찰의 핵심을 논했다.【이상 그림과 해설은 계

을 시행할 수 없다. 도를 밝히고 마음을 전하는 가르침이 아니면, 몸을 닦고 덕에 들어가는 학문을 궁구할 수 없다. 이것이 『대학』과 『중용』이 서로 표리가 되는 이유이다(『大學』, 修身之本入德之門, 故曰學者事; 『中庸』, 明道之書傳心之法, 故曰教者事也. 然非修身入德之學, 無以施明道傳心之教; 非明道傳心之教, 無以究修身入德之學. 此庸學之相爲表裏也)"라고 했다.

축년(1553) 선생이 서울에 머무르실 때, 정공 정지운과 상의하여 완성한 것이다. 그 정묘한 대목은 모두 선생이 제시한 것이다. 을묘년(1555) 봄에 집에 내려와 정치하게 숙고하며 수정한 곳이 상당히 많다. 그러므로 초본과 차이가 있다. 삼가 수정본을 따라 이상과 같이 옮겨 적었다. 선생께서 "그 뜻이 그림과 해설 속에 이미 갖추어져 있다. 제10절은 있어도 되고 없어도 된다"라고 말씀하신 적이 있다. 무오년(1558) 봄, 조목 사경이 쓴다.】

체용으로 본 마음: 「마음은 체와 용이 없다는 주장에 대한 변론」[6]

내 공부가 얕고 고루하여 선유의 전거가 있고 확정된 설을 삼가 고수할 줄만 알면서 곧이곧대로 노력해왔지만, 아직도 두루 이해하지는 못했다. 이것 이외에 심오하고 현묘한 주장에 관해서는 내 공부가 거기까지 미칠 여유가 실로 아직 없다. 그러므로 앞서 벗 중에 "마음은 체와 용이 없다"는 한 구절을 가지고 와서 질문한 이가 있었지만, 이것을 가지고 깊이 생각해본 적이 없었다. 이제 김이정[7]이 보여준 연방[8]의 글을 얻어 보니, 오로지 이 구절을 가지고 설명을 부가하여 설을 만들어서 서로 변론하고 질정하기를 요구했다. 논지를 세운 뜻이 깊어 파악하기가 쉽지 않아서, 우선 내가 알고 있는 '마음은 체와 용이 있다'는 선유[9]의 설로 밝히니, 그 설들은 모두 전거가 있다.

이를테면, 적寂(조용하여 움직이지 않음)과 감感(감응하여 통함)으로 체와 용을 삼은 설은 『주역』에 근본했고,[10] 동動(움직임)과 정靜(고요함)으로 체와 용을

---

6   「心無體用辯」. 1564년(명종 19, 64세) 10월 이후. 『退溪集』 권41; 『정본』 14, 18~22면.

7   김취려(金就礪). 1526~?. 자는 이정(而精), 호는 잠재(潛齋)·정암(靜庵)으로 이황의 제자이다.

8   이구(李球). 1488~1550. 자는 숙옥(叔玉), 호는 연방(蓮坊)이다. 서경덕의 문인이다. 원문은 "연로(蓮老)"로 되어 있는데, 연방 선배 정도의 뜻이 된다. 그가 주장했던 심무체용설의 전체 내용은 전하지 않고, 이황의 「심무체용변」을 통해 일부만 간접적으로 살필 수 있다.

9   선대의 유학자라는 뜻으로 여기서는 주희를 가리킨다.

삼은 설은 『예기』에 근본했고,[11] 미발未發과 이발己發로 체와 용을 삼은 설은 자사子思에 근본했고,[12] 성과 정으로 체와 용을 삼은 설은 맹자에 근본했다.[13] 이 예들은 모두 마음의 체와 용이다.

대체로 사람의 마음은 비록 천지사방을 포괄하고 고금에 한결같으며 귀신과 인간에 관통하고 모든 변화의 조짐에 통해 있지만, 그 골자는 이 두 글자, 체와 용을 벗어나지 않는다. 그러므로 체용이라는 용어는 비록 진秦 이전의 문헌에서 보이지 않지만, 이정과 주자 이래 유학자가 도와 마음을 논할 때, 모두 이 체용을 중심으로 삼아 강론하고 변석하면서 오직 그 내용을 명확히 드러내지 못할까 염려했다. 특히 진북계의 마음에 대한 설[14]은 체용을 더욱 철저하게 논했다. 마음은 체와 용이 없다고 논한 이가 언제 있었던가?

이제 연방의 말에 "물론 마음에 체용이 있지만, 그 근본을 탐구해보면 체용이 없다"라고 했다. 내가 듣건대, 정자는 "마음은 하나이지만, 체를 가리켜 말하는 경우가 있고, 용을 가리켜 말하는 경우가 있다"라고 했다. 이제 그 체와 용이 있는 것을 지칭하여 마음이라고 하면, 마음을 설명함에 이

---

10 정이(程頤)는 『역전(易傳)』「계사상(繫辭上)」에서 적연부동(寂然不動, 조용하여 움직이지 않음)과 감이수통(感而遂通, 감응하여 통함)을 심의 체와 용으로 설명했고, 주희는 『역본의(易本義)』「계사상(繫辭上)」에서 적연(寂然)을 감(感)의 체로, 감통(感通)을 적(寂)의 용으로 풀이했다.

11 주희는 「악기동정설(樂記動靜說)」을 지었고, 『회암집(晦菴集)』권33 「답여백공(答呂伯恭)」에서 「악기(樂記)」와 관련하여 음양(陰陽), 동정(動靜), 체용(體用), 빈주(賓主)의 관계로 설명하고, "체용이 명칭으로 성립하는 것은 서로 마주 대하면서도 떨어져 있지 않기 때문이다(體用之所以名政以其對待而不相離也)"라고 했다.

12 주희는 『중용장구(中庸章句)』에서 미발의 중(中)을 도의 체로, 이발의 화(和)를 도의 용으로 설명했다.

13 주희는 『맹자집주(孟子集註)』「공손추상(公孫丑上)」 사단장에서 인의예지와 사단을 성과 정, 체와 용으로 설명하고, 심통성정(心統性情, 마음이 성과 정을 통섭하고 주재함)의 구조로 작동한다고 설명했다.

14 북계(北溪)는 주희의 만년 제자 진순(陳淳, 1159~1223)의 호이다. 진순은 『북계자의(北溪字義)』에서 성정(性情) 등 심성에 관한 주요 개념을 심의 체와 용으로 설명했다.

미 미진함이 없다. 그런데 또 어떻게 체와 용이 없는 마음이 별도로 있어서 그 근본이 되어 마음 이전에 존재할 수 있겠는가?

연방은 또 말했다. "동정은 실제로 있는 이리理이지만, 체용은 실제로는 존재하지 않고 설명을 위해 도입된 개념〔虛說〕이다. 도리道理는 본래 체용이 없고 동정으로 체용을 삼는다." 내가 생각건대, 도리에 동과 정이 있기 때문에, 그 정의 측면을 체로 지칭하고 동의 측면을 용으로 지칭한다. 그렇다면 도리에서 동정의 실상이 곧 체용의 실상이다. 또 어떻게 체용이 없는 별도의 도리가 있어 그 근본이 되고 동정 이전에 존재할 수 있겠는가?

연방은 또 말했다. "체라는 말은 형상〔象〕에서 나왔고, 용이란 말은 작용〔動〕에서 나왔다. 작용하기 이전에 어찌 용이 있었던가? 형상이 있기 이전에 어찌 체가 있었던가?" 연방은 또 본래 체가 없다는 소자邵子의 설[15]을 인용하여 "체가 존재하지 않는 것이니 용도 존재하지 않음을 알 수 있다"라고 했다. 내가 생각건대, 체용은 두 종류가 있다. 도리에 나아가서 말하는 경우가 있으니, 예컨대 "형체도 없고 조짐도 없지만 모든 형상이 이미 빠짐없이 갖추어져 있다"[16]는 말이 그것이다. 사물에 나아가서 말하는 경우가 있으니, 배는 물에서 갈 수 있고 수레는 육지에서 갈 수 있어서 배가 물에서 운항하고 수레가 육지에서 운행함이 그것이다. 주자가 여자약呂子約에게 답한 편지에서 "형이상자形而上者(형체를 가지기 이전)의 측면에서 말하면, 형체도 없고 조짐도 없는 것이 본래 체가 되고 사물 사이에서 발현

---

[15] 소자(邵子)는 북송의 이학자 소옹(邵雍)을 가리킨다. 저서로 『황극경세서(皇極經世書)』 『이천격양집(伊川擊壤集)』이 있다. 소옹은 『황극경세서』 권6 「관물외편하(觀物外篇下)」에서 "『주역』에 체가 있지만 체는 형상이다. 형상을 빌려서 체를 드러내지만 본래 체는 없다(易雖有體, 體者, 象也, 假象以見體, 而本無體也)"라고 했다. 「관물내편」(1)에서는 "체는 일정한 용이 없고, 변(變, 눈에 보이는 변화)을 용으로 삼는다. 용은 일정한 체가 없고 화(化, 눈에 보이지 않는 변화)를 체로 삼는다(體無定用, 惟變是用; 用無定體, 惟化是體)"라고도 했다.

[16] 이 말은 『이정유서(二程遺書)』 권15 「입관어록(入關語錄)」에 나온다. 정호(程顥)가 한 말로 전해진다.

되는 것이 용이 된다. 형이하자形而下者(형체를 가진 이후)의 측면에서 말하면 사물이 또한 체가 되고 그 이가 발현되는 것이 용이 된다. 형이상자가 도의 체이고 천하에 보편적으로 통용되는 도 다섯가지[17]가 도의 용이라고 개괄해서 말하면 안 된다"[18]라고 했다. 이제 배와 수레의 형상을 체로, 물에서 가고 육지에서 가는 것을 용으로 삼는 형이하자의 측면에서 말하면, 형상이 있기 이전에는 체가 없고, 작용하기 이전에는 용이 없다고 말해도 된다. 그러나 형체도 조짐도 없는 것을 체로 삼는 형이상자의 측면에서 말하면, 이 체는 형상이 있기 이전에 존재하지 않는가? 모든 형상이 이 체 속에 갖추어져 있는 것을 용으로 삼는 측면에서 말하면, 이 용은 작용하기 이전에 있지 않는가?

이런 관점에서 보면, 연방이 말한 체가 형상이 있는 데서 나오고 용은 작용이 있는 데서 나온다는 말은 단지 형이하자인 사물의 체용만 설명하여 한쪽으로 기울어 있고, 실로 형이상자인 형상도 조짐도 없는 것에서 체와 용이 근원을 같이하는 정묘한 측면은 빠뜨렸다. 형상이라는 말단에서 체용을 이해하는 데 국한되어 있기 때문에 형상 이전에는 체가 없다고 하면서 소자邵子의 설을 인용하여 논증했다. 그러나 이것은 소자가 말한 체가 형체가 없다는 뜻으로 말한 것이고 형체도 조짐도 없는 체의 뜻으로 말한 것이 아님을 전혀 모르는 것이다.

아, 형체도 없고 조짐도 없는 것은, 건곤乾坤에서는 무극이면서 태극인 체이지만 모든 형상이 이미 거기에 갖추어져 있고, 사람의 마음에서는 지극히 비어 있고 지극히 고요한 체이지만 모든 용이 다 갖추어져 있고, 사물에서는 발현하고 유행하는 용이 되어 때와 장소에 따라 작용하지 않음이 없다.【여자약은 사람이 응당 행해야 하는 이理(도리)가 달도達道(천하에 통용되는 도)이고, 형적도 없고 조짐도 없는 것은 도의 본원이라고 설명했고, 주

---

17   부자, 군신, 부부, 장유, 붕우 사이의 인륜을 뜻한다. 이 말은 『중용』에 나온다.
18   이 말은 『晦菴集』 권48 「답여자약(答呂子約)」(40)에 나온다.

자가 비판하여 "응당 그렇게 해야 하는 이 이理 자체가 형체도 없고 조짐 없는 것이지, 이 이理 이외에 형체도 조짐도 없는 별도의 한 존재가 따로 있는 것이 아님을 알아야 한다"[19]라고 했다.】

그러므로 정자는 "체와 용은 근원이 하나"라고 말하고, 또 "발현하여 드러난 것과 발현하지 않아 드러나지 않은 것 사이에 간극이 없다"[20]는 말을 또한 반드시 했던 것이다. 체와 용 두 글자는 생동하여 고정된 법이 아니고, 원래부터 해당하지 않는 것이 없고, 신묘하여 다할 수 없는 것이 그와 같기 때문이다.

이것으로 헤아려보건대, 체라는 말이 한갓 형상에서 나오고 형상이 있기 이전에는 체가 있은 적이 없다고 주장하는 것이 어떻게 옳겠는가? 용이 작용하는 것에서 나오고 작용하기 이전에는 용이 없다고 곧장 말하는 것이 어떻게 옳겠는가?【주자는 「태극도해太極圖解」에서 체와 용 두 글자를 반복해서 밝혔다.】더구나 "사람의 마음은 어디로 향하는지 아무도 모른다"[21]는 말은 두루 변화하면서 고정되지 않게 활동하는 마음의 신묘함이 잃기는 쉽고 보전하기는 어려움을 맹자가 그렇게 이것은 바로 마음의 용이 사물 사이에서 발현하는 측면을 말한 것이다. 이 맹자의 말을 근거로 마음은 체용이 없다고 하면, 모르건대 어디에서 이런 용이 나오는가?

그러므로 나는 항상 이렇게 생각한다. 성현의 글은 읽기 쉽지 않고, 의리의 정미精微함은 궁구하기 쉽지 않다. 서로 전수한 종지를 함부로 고쳐서는 안 되고, 새로운 주장을 세워 남을 깨우치기를 경솔하게 해서는 안 된다. 공부할 때 높고 기묘하고 현묘한 경계에 대한 상상을 해서는 안 된다. 자신에게 주어진 본분에 따라 명분과 도리상으로 절실하고 명백한 공부를 진행하면서 철저히 궁구하고 자기 몸에서 징험해야 한다. 그렇게 오래

19　이 말은 『晦菴集』권48 「답여자약(答呂子約)」(41)에 나온다.

20　이 말은 정이(程頤)의 『역전(易傳)』「역전서(易傳序)」에 나온다.

21　이 말은 『맹자』「고자상(告子上)」에 나온다.

축적하면 높고 깊고 원대하여 궁구할 수 없는 곳도 자연히 날마다 알 것이다. 이것이 곧 공부를 통해 얻은 것이 된다. 이제 연방은 이 논의로 본래 그 고원하고 정묘한 경계를 다 궁구하여 마음을 설명하고 싶었지만, 도리어 체용을 형기에 국한하는 바람에 심성의 개념을 모호하게 만들어버렸다. 이것은 자신의 공부에 지장을 줄 뿐 아니라 후학도 경쟁적으로 똑같이 모방하여 헛된 주장을 펴는 것을 배우게 할 것이다. 우리 유교에 끼치는 폐단이 적지 않기 때문에 내 생각을 다 말하지 않을 수 없다. 연방이 보고 어떻게 생각할지 모르겠다.

【일찍이 들었는데, 예전 유현儒賢 가운데 주장을 펴는 것이 지나치게 고원했던 이도 또한 이런 병통에서 자유롭지 못했다. 예를 들면, 양구산[22]은 도가 고원하고 신묘함을 극언하다가 "인의로는 도를 다 담아내기 부족하다"[23]라고 말했다. 이것은 장자와 열자가 인의를 협소하게 여기고, 심원하고 모호한 것을 도라고 주장했던 설이다. 호오봉[24]은 성이 고원하고 신묘함을 극언하여 "선으로는 성을 담아내기 부족하다"[25]라고 주장했다. 이것은 선이 비근하여 성에 지장을 줄까 염려한 것이지만, 도리어 사람의 본성은 동쪽으로도 서쪽으로도 흐르게 할 수 있는 여울물과 같아 선하다고 국한할 수 없다고 한 고자의 주장에 떨어진다. 호광중[26]은 동정의 신묘함을 극언하다가 "상대적인 동정 이외에 동에 상대되지 않는 정靜과, 정에 상대되지 않는 동動이 별도로 있다"[27]라고 주장했다. 이것은 이제 연방이 주장

22　양시(楊時). 1053~1135. 자는 중립(中立), 호는 구산(龜山)이다. 이정의 제자로, 양시의 학문은 나종언(羅從彦), 이통(李侗)을 거쳐 주희에게 전해져, 도남(道南)학파를 형성했다.

23　이 말은 『구산집(龜山集)』 권17 「답오중감(答吳仲敢)」에 나온다.

24　호굉(胡宏). 1105~1161. 자는 인중(仁仲), 호는 오봉(五峯)이다. 호안국(胡安國)의 아들로 장식(張栻)과 여조겸(呂祖謙) 등 여러 제자를 배출하여 호상학파(湖湘學派)을 이루었다.

25　이 말은 호굉의 심설이 지닌 취지를 주희가 해석하여 말한 것이다. 『회암집(晦菴集)』 권42 「답호광중(答胡廣仲)」(3)과 『주자어류(朱子語類)』 101권 180번째 조목에 나온다.

26　호실(胡實). 생졸년 미상. 자는 광중(廣仲)이고 호굉의 종제(從弟)이다.

27　이 말은 『회암집(晦菴集)』 권42 「답호광중(答胡廣仲)」(2)에 나온다.

한 형상이 있기 이전에 무슨 체가 있었으며, 작용이 있기 이전에 무슨 용이 있었냐고 주장하는 설과 말은 달라도 주장하는 의도는 같다. 왜냐하면 호 광중은 동정의 개념이 소략하다고 생각했기 때문에 동정과 상대되기 이전을 동정의 신묘한 경계로 여겼던 것이고, 연방은 체용의 개념이 소략하다고 생각했기 때문에 그 형상과 작용이 없는 그 이전을 도의 신묘한 경계이 자 마음의 신묘한 경계로 여겼던 것이다. 이것은 신묘한 경계라고 하는 것이 단지 한번 체가 되고 한번 용이 되며 한번 움직이고 한번 고요한 사이에 있을 뿐 그 외에 신묘한 경계가 따로 없음을 전혀 모르는 것이다. 훌륭하게도 주자는 호오봉의 설을 논파하여 "동과 상대되지 않으면 정이라고 명칭을 부를 수 없고, 정과 상대되지 않으면 동이라고 명칭을 부를 수 없다"[28]라고 했다. 나 또한 정을 체라고 한 이상 체가 없는 경계라고 가리킬 만한 곳이 더 이상 없고, 동을 가리켜 용이라고 한 이상 용이 없는 경계라고 가리킬 만한 곳이 없다고 말하겠다. 그러므로 세 유현의 주장을 합해서 그 병통처를 살피면 연방의 주장의 병통처도 알 수 있다.】

정심正心(마음을 바르게 함)의 맥락: 「그 바름을 얻는 것과 그 마음을 바르게 하는 것을 체와 용으로 나누는 설, 그리고 "마음이 거기에 있지 않다"고 할 때 몸에 있는지 아니면 보고 듣는 것에 있는지에 대한 변론」[29]

살피건대, 주공천朱公遷[30]은 말했다. "맏형 극리克履가 『대학』 경經에서 〈마음을 바르게 한다(正心)〉고 말한 것은 체와 용을 겸해서 이른 것이다. 전傳에서 〈마음을 바르게 하는 방법〉이라고 말한 것은 오직 용으로 이른

---

28   이 말은 『회암집(晦菴集)』 권42 「답호광중(答胡廣仲)」(3)에 나온다.

29   「得其正・正其心分體用之說, 心不在焉在軀殼・在視聽之辯」. 작성 시기 미상. 『퇴계집』 권41; 『정본』 14, 39~42면.

30   원(元) 시기 유학자. 자는 극승(克升)이고, 명소(明所) 선생으로 불리었다. 순제(順帝) 때 한림직학사(翰林直學士)가 되었다가 좌천되어 금화(金華) 학정(學政)을 지냈다.

것으로, 대체로 밖에서 제어하여 그 안을 기르는 것이다'라고 했다."[31]

운봉호씨雲峯胡氏는 말했다. "'그 마음을 바르게 함에 달려 있다'에서 '바르게 한다(正)'는 바르게 하는 공부를 의미한다. 마음의 용用(발용)에 더러 바르지 않을 때가 있어 바르게 하지 않을 수 없다는 것을 뜻한다. '그 바름을 얻지 못한다'는 마음의 체體(본체)가 본래 바르지 않음이 없지만 사람이 스스로 잃음을 말한다."

나정암羅整菴은 『곤지기困知記』에서 또 말했다. "이 장에서 말한 '그 바름을 얻지 못한다'는 마음의 본체를 가리켜 말한 듯하다. 『대학장구』에서 '마음의 발용이 행해질 때 그 바름을 잃지 않을 수 없다'라고 한 말은 곧 부차적인 일로 마음의 본체 측면에서 몇 마디 설명을 빠뜨린 것 같다. 왜냐하면 '마음이 거기에 있지 않다'는 말 이하에서 비로소 응대하는 발용에서의 잘못을 설명하고 있기 때문이다."

운봉호씨와 나정암 두 설이 주자의 설과 다른 점이 이와 같다.

또 살펴보건대, 휘암정씨는 말했다. "『대학장구』에 '마음이 발용하여 행해질 때 더러 그 바름을 잃는다'라고 했고, 『대학혹문』에 '이 마음의 발용에 그 바름을 얻지 못한다'라고 했다. 체가 바르지 못하다는 것을 말한 적이 없다. 다만 『대학』 경經 1장에 대한 『대학혹문』에 '그 본래의 바름을 얻지 못한다'라고 했고, 또 '마음의 본체는 외물이 움직일 수 없어 바르지 않음이 없다'라고 했다. 혹자는 그 말에 집착하여 정심正心, 마음을 바르게 하는 것은 마음이 발용하지 않은 고요한 때 행하는 공부라고 여긴다. 예컨대 『중용』에서 말한 마음이 아직 발용하지 않았을 때의 중中(치우침이 없음), 「태극도太極圖」의 주정主靜(고요함을 중심으로 삼아 수행함)과 같고, 『대학』 경經에서 말한 정定(마음이 정해짐), 정靜(마음이 고요함), 안安(마음이 편안함)이나 『대학』 전傳에서 말한 "마음이 거기에 있지 않다"는 곧 마음이 몸에 있지 않을

---

31   주공천의 말은 『사서통지(四書通旨)』 권2 '大學傳七章'의 주에 나온다.

때라고 주장한다. 이것은 성인이 사람들을 가르칠 때 마음이 활동하는 곳에서 노력하게 한 것이 많아서, 격물, 치지, 성의, 정심, 수신이 모두 마음이 활동할 때 노력하게 하는 것이고, 정, 정, 안 또한 마음이 고요한 점만 의미하는 것이 아님을 전혀 모르는 것이다. 고요할 때의 공부는 계신戒愼(경계하고 조심함)과 공구恐懼(염려하고 두려워함)뿐으로, 바르지 않은 것을 바르게 하는 과정을 기다리지 않는다. 성현의 활동은 본래 고요함을 중심으로 삼는다. '원元(시작함)과 형亨(형통함)은 성誠(진실함)이 만물에서 통하여 드러나는 것'인데, 본래 '이利(이로움)와 정貞(곧음)은 성誠이 자신에게 돌아와 수렴하는 것'임을 중심으로 삼는다.32 성의誠意(생각을 진실하게 함), 정심正心(마음을 바르게 함), 수신修身(몸을 닦음)은 바로 성誠이 만물에 통하여 발현할 때의 일이다. 성의와 정심을 행하여 수신이 이루어지면 비로소 성誠이 자신에게 돌아오는 밝음이 있게 된다【'밝음〔明〕'은 오자이다】. 만일 활동을 싫어하여 고요함을 추구하고 보고 듣는 것을 거두어들이면서 '나는 장차 정심正心 공부를 행하겠다'라고 하면 이것은 이단의 일이지 우리 유가의 일이 아니다. 더구나 "마음이 거기에 있지 않다"에서 또한 "마음이 보는 것에 가 있지 않으면 보아도 보지 못하고, 마음이 듣는 것에 가 있지 않으면 들어도 듣지 못한다"라고 했다. 어찌 고요함이 몸 속에 있는 것을 말하겠는가?

---

32 원(元, 시작함), 형(亨, 형통함), 이(利, 이로움), 정(貞, 곧음)은 건괘가 지닌 네가지 덕이다. 주돈이(周敦頤)는 『통서(通書)』에서 원과 형을 성(誠, 진실함)의 통(通, 만물에 통하여 드러남)으로, 이와 정을 성의 복(復, 자신에게 돌아가 수렴함)으로 구분하여 설명했다. 주희는 「태극설(太極説)」에서 다시 동(動, 마음이 발용하여 활동함)과 정(靜, 발용하기 전의 고요함)으로 나누어 설명했다. 곧 원과 형은 성(誠)이 만물에 통해서 선(善)으로 발현되는 활동할 때의 덕이고, 이와 정은 성이 각자 자신에게 돌아와 성(性)을 이루는 고요할 때의 덕이 된다. 주희는 네 덕의 관계에 대하여 "한번 활동하고 한번 고요함이 끝없이 순환하지만 정(貞)이 만물이 끝을 이루고 시작을 이루는 것이 된다. 그러므로 사람은 비록 활동하지 않을 수 없지만, 인간의 표준을 세울 때 반드시 정(靜, 고요함)을 중심으로 삼는다. 오직 정(靜)을 중심으로 삼으면 동(動)으로 드러나는 것이 절도에 맞지 않음이 없어 그 본래의 정(靜)을 잃지 않는다(一動一靜, 循環無窮, 而貞也者萬物之所以成終而成始者也. 故人雖不能不動, 而立人極者必主乎靜. 惟主乎靜, 則其著乎動也, 無不中節, 而不失其本然之靜矣)"라고 했다.

『대학혹문』에서 말한 본연과 본체는 또한 이 마음의 의리를 가리켜 말한 것이다. 맹자가 본심本心이라고 말할 때도 또한 인의의 마음을 가리켜 말한 것이다. 어찌 하나같이 고요함을 말하는 것이겠는가?"

내가 생각하건대, 사람의 마음이 발용하기 이전에 본체는 치우침이 없으니 본래 바르다고 할 수 있다. 마음이 발용한 뒤에 그 발용이 각각 합당할 때 바르다고 말하면 유독 안 되겠는가? 그러므로 『대학장구』에서 용用(발용)의 측면에서 "그 바름을 얻지 못한다"의 바름[正]을 설명했다. 주극리가 "전적으로 용으로 말한 것이다"라고 한 말은 바로 그 뜻을 얻은 것이다. 휘암정씨가 비판했던 혹자의 설은 곧 운봉호씨와 나정암의 생각이다. 그 가운데 운봉호씨의 설은 비록 정밀한 부분이 있어 사람을 경각시켜주는 점이 있지만, 『대학』 전傳의 의도가 반드시 그렇지는 않다. 휘암정씨가 혹자의 설을 힘써 비판한 것은 옳다. 따라서 운봉호씨와 나정암의 설이 모두 잘못이다. 다만 내 소견으로 볼 때, 휘암정씨의 설도 병통이 없을 수 없다고 개인적으로 생각한다. 왜냐하면, 성誠의 통通과 복復을 가져와 논증한 것은 부당하기 때문이다. 또한 혹자가 "마음이 몸에 있지 않다"고 한 설을 틀렸다고 여기면서 반드시 "마음이 보고 듣는 것에 가 있지 않으면 보지 못하고 듣지 못한다"라고 했는데, 이 말 또한 치우친 듯하다. 왜냐하면, 마음이 몸에 있지 않으면서 보고 듣는 것에 있을 이치는 없기 때문이다. 이 혹자의 견해는 마음이 고요할 때 몸에 있다고만 생각했을 뿐, 마음이 안에서 주재하여 외물에 응대하는 이치를 통괄해서 볼 줄 몰랐으니, 정말로 잘못이다.

"마음이 거기에 있다"라는 것은 어떤 때는 몸 안에 있음을 말하고, 어떤 때는 보고 듣는 것에 있음을 말하기 때문에 내 생각에는 통괄해서 이해해야 한다. 왜냐하면, 마음이 몸에 있어야 비로소 보고 듣는 것에 있을 수 있다. 곧 안에서 주재하여 외물에 응대하는 것이지, 양쪽으로 있는 것이 아니다. 만일 마음이 몸에 있지 않으면 보고 듣는 것에 있을 수 있는 이치가 없다. 마음이 이미 외물을 좇아 주재할 수 없기 때문이다. 그러므로 명도선생(정호)은 "안의 것을 옳게 여기고 외물을 그릇되게 여기는 것은 안의 것과 외물을 모두 잊는 것만 못하다"라고 말했다.

"마음이 거기에 있지 않다"라는 『대학』 본문의 의도와 『대학장구』에서 주자가 "마음에 본연의 바름을 보존하지 못하는 경우가 있다"고 한 설을 자세하게 음미해보면, 이 말들은 마음이 주재함을 잃었을 때를 직접 가리켜 그 병통을 말한 것이다. 사람이 마음을 보존하지 못하면 이런 병통을 초래한다고 경계시킨 것이 애시당초 아니었다. 그러므로 『대학장구』에서 "마음에 본연의 바름을 보존하지 못하면 몸을 검속할 방도가 없다"는 말로 바름의 뜻을 직접 풀이했다. 이어서 "그러므로 군자는 여기서 반드시 살펴 경敬(마음을 전일하게 함)으로 곧게 한다. 그런 뒤에 (…)"라고 말했는데, 이 말에 이르러 비로소 『대학』 본문의 행간의 뜻을 미루어 사람들에게 성찰과 존양 공부를 더해서 마음이 주재함을 잃는 병통에서 벗어나도록 추구하게 했다. 『대학장구』가 정밀하고 자세한 것이 이와 같다. 경솔하게 존양의 설을 부가하여 풀이해서는 안 된다.

마음이 몸에 있다는 설에 대하여 다시 살피건대, 『통고通考』[33]에서 오계자吳季子[34]가 말했다. "금을 훔치면서 시장 사람들을 보지 못한 것은 마음이 시장 사람들에게 있지 않기 때문이다. 옛 음악을 듣고 오직 누울까 염려함은 마음이 옛 음악에 있지 않기 때문이다. 음식을 보고 수저와 젓가락을 떨어뜨리는 것은 마음이 수저와 젓가락에 있지 않기 때문이다. 이로 보건

33　미상. 『퇴계선생문집고증(退溪先生文集攷證)』 권7에 『통고(通考)』가 『대학통고(大學通考)』를 가리킨다고 했다. 고헌성(顧憲成, 1550~1612)의 『대학통고』를 가리키는데, 「자서(自序)」(『경의고經義考』 권160)에 1592년에 완성했다고 했으므로, 이황이 생존해 있을 때는 없었던 책이다. 현재 전하는 『대학통고』에는 인용한 문장이 없다.

34　『퇴계선생문집고증』 권7에 주희의 문인 오영(吳英)을 가리킨다고 했다. 오영은 1148년에 진사에 급제했고, 『회암집(晦菴集)』에 주희의 답서 2통이 전한다. 진영첩(陳榮捷), 『주자문인(朱子門人)』, 臺灣: 學生書局 1982, 94면.

대, 수신을 하려는 이가 이 마음을 수렴하여 내 심흉에 있게 하지 않을 수 있겠는가. (…)" 이 말로 논증하건대, 위에서 말한 안에서 주재하여 외물에 응대한다는 설이 더욱 신뢰가 간다.

인仁은 안과 밖이 없지만, 내 몸에 가득 찬 어진 마음으로부터 확장하여 만물에 두루 미친다: 「황중거에게 답함」[35]

몸 밖은 무엇인가? 또한 이것(인仁)일 뿐입니다. 이것은 무엇이겠습니까? 곧 몸에 가득한 인입니다.

질문 그렇다면 측은하게 여기는 마음은 또한 밖에도 있습니까?

대답 이 하나의 몸으로부터 천지만물을 통틀어 단지 이 하나의 이理입니다. 이가 하나이기에 기氣 또한 둘이 아닙니다. 그러므로 "한 사람의 마음이 곧 천지의 마음이다"[36]라고 했습니다【정이의 말이다】. 몸 밖에 다시 달리 무엇이 있겠습니까? 단지 이것일 뿐으로, 지칭할 만한 장소나 형체도 없고, 구분할 만한 안과 밖도 없습니다. 이 인仁은 천지만물과 일체가 되는 것입니다. 측은하게 여기는 마음은 사해에 두루 미치고 천지사방을 가득 채울 수 있습니다. 그러나 이것은 또한 허상의 가공물이 아닙니다. 사람은 몸이 있어 곧 그 중심이자 두뇌가 되는 것입니다. 그러므로 이 인은 이 몸에 충만하여 천하의 큰 근본이 됩니다. 장소도 형체도 안과 밖도 없기 때문에, 이 안에 가득찬 마음이 곧 만물을 한 몸으로 여기고 사해에 두루 미치는 마음입니다. 몸 밖에 만물을 한 몸으로 여기고 사해에 두루 미치는 마음이 따로 있는 것이 아닙니다. 그러므로 몸 밖에 또한 이 인이 있다고 말해

---

35 「答黃仲擧」己未年 (명종 14, 1559년, 59세) 8월~9월 추정. 『퇴계집』권19; 『정본』7, 85~88면.

36 『이정유서(二程遺書)』권2상에 정이(程頤)의 말로 "한 사람의 마음이 곧 천지의 마음이고, 한 개체의 이가 곧 만물의 이이고, 하루의 운행이 곧 일년의 운행이다(一人之心卽天地之心, 一物之理卽萬物之理, 一日之運卽一歲之運)"라고 했다.

도 됩니다. 밖에 있는 것이 곧 안에 있는 것이기 때문입니다. 측은하게 여기는 마음이 밖에 있다고 하면 안 됩니다. 마음은 밖에 있는 것이 아니기 때문입니다.

【마음은 본래 안과 밖의 구분이 없다. 그러나 선유가 마음을 논한 것에 더러 안과 밖을 구분하여 설명한 경우가 있다. 대개 안과 밖 각각에 합당한 것이 있기 때문이다. 정자는 "마음에 어찌 출입이 있겠는가? 또한 견지하고 방치하는 것을 가지고 말할 뿐이다"라고 했다. 주자는 남헌南軒(장식)에게 답한 편지에서 "미발의 때에 안에 있고 이발의 때에 밖에 있는 것"의 이치를 설명하면서 그 끝에서 "그러나 그 맥락에 자세하게 살펴보아야 하는 부분이 있다. 이 마음은 광활하니 애시당초 어떻게 안과 밖의 구분이 있겠는가? 단지 미발과 이발로 구분하면 그렇게 해야 하니, 또한 견지하고 방치함, 존속하고 잃어버림, 나가고 들어옴 등으로 말하는 것과 같을 뿐이다"라고 했다. 이 두 설명에서 마음은 안과 밖이 없지만, 안과 밖으로 구분할 수 있는 경우가 있음을 알 수 있다. 이제 내가 몸 밖에서 그 존재를 논한 것은 미발과 이발을 논하는 맥락과 같은 것이 아니기에 안과 밖이 없는 것으로 말했을 뿐이다.】

질문 이미 "몸 밖에서도 또한 단지 이것뿐이다"라고 했으니, 어디를 가도 이것이 아님이 없는데, 정자는 무슨 이유로 "남이 배부르면, 그대는 배고픔을 느끼지 않는가?"라고 반문했습니까? 주자 또한 "몸 밖에서 찾으면 아득해서 접촉할 곳이 없다"라고 했습니다.

대답 이理의 측면에서 말하면 본래 일체이지만, 구분해서 말하면 다르지 않을 수 없습니다. 나에게 있으면 나에게 있는 것이 큰 근본이 되고, 그대에게 있으면 그대에게 있는 것이 도리어 큰 근본이 됩니다. 진경정陳經正[37]

---

37   자는 귀일(貴一). 이정의 문인으로 『이락연원록』 권14에 수록되어 있다.

이 "나는 천지만물이 모두 나의 본성임을 안다. 더 이상 내 몸이 내가 되는 것을 알지 못한다"라고 했습니다. 이것은 이가 하나임을 알고 구분됨이 다른 점은 모르는 것입니다. 이것은 나를 중심에 두는 것이 큰 근본을 세우는 도리임을 모르는 것입니다. 따라서 정자가 그렇게 "남이 배부르면 그대는 배고픔을 느끼지 않는가?"라고 말하여 깨우쳐준 것입니다. 주자는 황의연黃毅然[38]에게 "천명의 성은 이 몸에만 있는 것이 아니라 어디에나 있다. 다만 찾아 탐구하기를 자신으로부터 시작한다"라고 말해주었습니다. 사람이 자신의 몸에서 찾지 않고 도리어 몸 밖에서 찾으면, 이것은 중심의 큰 근본이 있는 곳을 버려두고 다른 곳으로 달려가 찾는 것입니다. 그렇게 되면 나의 본성이 무슨 관련을 가지겠습니까?

마음의 미발과 이발: 「황중거에게 답함」[39]

사람의 마음은 체와 용을 구비하여 감응하기 이전과 이후에 두루 해당하고 움직임과 고요함에 관통되어 있습니다. 그러므로 사물과 감촉하기 전에는 고요하여 동요하지 않아 모든 이치가 전부 갖추어져 있어 마음의 온전한 체(全體)가 존재하지 않음이 없습니다. 사물이 다가와 감촉하여 통하면 상황마다 절도에 맞아 어긋나지 않아서 마음의 큰 용(大用)이 행해지지 않음이 없습니다. 고요함(靜)은 적연하여 아직 정이 발동하지 않는 때를 말합니다. 움직임(動)은 감응하여 정이 발동한 때를 말합니다. 사람이 만물을 교화하고 양육하는 천지의 활동에 같이 참여하여 삼재三才가 되고 인류의 기준을 세우는 것은 이 두가지에 지나지 않습니다.

그러므로 보내온 편지에서 "사물에 접촉하기 전 일어나지도 소멸하지도 않은 때"라고 한 것은 이른바 "비어 있으면서 영활한 때에 환하여 어둡

---

38 주자의 문인. 이름은 의강(義剛)이다.

39 「황중거에게 답함」: 앞의 편지.

지 않음"을, 이른바 "희노애락의 정이 아직 감응하지 않아, 생각하고 말하고 행동하는 것이 흔들리지 않음"을 의미합니다. 모두 적연하여 고요한 상태에 속하니 곧 미발입니다. 이른바 "생각하자마자" "생각하고 탐색할 때" "궁구할 때" "사려가 분잡할 때" "사물과 응접할 때"라고 한 것들은 모두 사물과 감응하여 통해서 마음이 움직이고 있는 상태에 속하니, 곧 이른바 이발입니다. 이른바 "지극히 고요한 가운데 움직임의 단서가 있는 것은 또한 이미 움직였음을 의미하지 않고 움직임의 이理가 있다"고 말하는 것일 뿐입니다. 그러므로 이 또한 미발에 소속시켜야 합니다. 미발은 경계하고 조심하고 염려하고 두려워하는 지점입니다. 이발은 자신에서 살피고 정밀하게 살피는 때입니다. 그러나 각성해 있고 들어서 비추어보는 공부는 미발과 이발의 사이에 관통해 있어 중단할 수 없으니 곧 이른바 경敬(마음을 전일한 상태로 견지함)입니다.

　보내온 편지를 자세히 살펴보니, 마음이 아직 사물과 접촉하기 전을 적연하여 움직이지 않는 때로, 생각하여 찾고 궁구하고 사물과 응접하는 때를 관찰할 수 있는 이발로 여기면서, 이 둘 사이에 고요하면서 은미하게 움직이고 생각하면서 아직 드러나지 않은 때를 미발의 때로 간주했습니다. 그 뜻이 정밀해 보이지만 그러나 주요한 부분에서 문제가 있습니다. 고요하면 움직이지 않습니다. 이것이 미발입니다. 어떻게 은미하게 움직이는 고요함을 미발이라고 부를 수 있겠습니까? 생각했으면 이미 드러난 것입니다. 이것이 이발입니다. 어떻게 아직 드러나지 않은 생각을 미발이라고 부를 수 있겠습니까?

　전에 윤언구尹彦久(윤춘년)가 마음에 돌파해야 할 세 관문이 있다는 주장을 제시했는데, 지금 이 주장이 정말 서로 비슷합니다. 다만 윤언구의 설을 완전하게 기억하지 못합니다만, 대개 심에는 외관外關, 중관中關, 내관內關이 있다고 말했는데, 그 주장에 더 병통이 있습니다. 공의 주장은 그렇지는 않습니다. 다만 마음의 움직임과 고요함, 은미함과 드러남을 가지고 세 층

위로 나누어 본 것은 윤언구의 병통과 같은 정도에 이르지는 않았지만, 그 내용은 마찬가지입니다. 정자가 마음은 이발이라고 말했던 것은 우연한 발언으로 곧장 스스로 그 말이 잘못이라고 해명했습니다. 이제 그 말을 인용하여 증거로 삼는 것은 부당합니다. "생각하면 곧 이발이다"라고 한 말이 실로 바꿀 수 없는 지론입니다. 주자가 「여자약呂子約, 여조겸에게 답하는 편지」에서 그 점을 분명하게 설명했으니 참고할 만합니다. '생각하자마자'라는 말로 주장을 만들어 생각함이 가벼우면 미발에 소속시킬 수 있다고 하는 것이 어떻게 가능하겠습니까?

고요한 가운데 전일한 마음을 견지해야 한다: 「정재기」(1556)[40]

태극太極에 움직이고 고요함의 신묘한 작용이 있지만, 그 움직임은 고요함에 뿌리를 둔다. 성인은 움직이고 고요함의 덕을 온전하게 하지만, 그 움직임은 고요함을 중심으로 삼는다. 일반 대중은 움직이고 고요함의 이理를 갖추고 있지만, 고요함의 이가 항상 움직임에 침몰해 있다. 태극이 사람의 마음에 있는 것은 처음부터 성인과 범인 사이에 차이가 없다. 그러나 대중이 움직임 속에 침몰하는 것은 왜 그런가? 움직이고 고요한 것은 기氣이다. 움직이고 고요하게 하는 것은 이理이다. 성인은 이를 순일하게 따르기 때문에, 고요하여 움직임을 통어하고 기가 이의 명령을 듣는다. 대중은 기를 따르기 때문에, 움직이면서 억지로 고요하려고 하여 이가 기에 빼앗긴다. 그러므로 성인은 천지와 더불어 덕이 부합하고 인극人極(인사의 기준)이 확립되지만, 대중은 하늘을 어기고 스스로 방자하여 천하의 근본을 본래 확립할 수 없다. 그런데 어떻게 천하의 일에 호응하겠는가?

그러므로 옛날 성현들은 이것에 마음을 다하지 않은 이가 없었다. 공자

40　「靜齋記」, 1556년(명종 11, 56세). 『퇴계집』 권42; 『정본』 15, 30~34면. 1553년에 작성하고, 1556년에 다시 수정했다.

가 『주역』을 도와 고요하고 감응함[41]에 대한 논의를 제시한 것, 자사子思가 도를 전하여 중中(치우침이 없음)과 화和(모자라거나 지나침이 없음)의 뜻[42]을 제시한 것, 그리고 『대학』의 정정定靜(안정되어 동요되지 않음)[43]과 「태극도설太極圖說」의 주정主靜(고요함을 중심으로 삼음)[44]에 이르기까지가 모두 그 사례이다. 이로부터 주돈이周敦頤에서 정호程顥와 정이程頤 형제로 이어지고, 다시 양시楊時, 나종언羅從彦, 이통李侗을 거쳐 주자에게 이르렀다. 그 전수해 간 연원과 종지는 한마디 말로 다 설명할 수 있는 것이 아니지만, 그 큰 근본의 소재를 찾으면 아마도 이것에서 벗어나지 않는다. 아, 가볍게 말할 수 있겠는가?

나의 벗 남시보南時甫[45] 군이 어느 날 찾아와 소매에서 글씨를 한장 꺼내

---

41 공자는 『주역』의 십익(十翼)을 지었다고 한다. 십익(十翼)은 『주역』 경문에 대한 해석 부분으로, 「단전(彖傳)」 상하, 「상전(象傳)」 상하, 「계사전(繫辭傳)」 상하, 「문언전(文言傳)」 「서괘전(序卦傳)」 「설괘전(說卦傳)」 「잡괘전(雜卦傳)」을 가리킨다. 「계사전」 상에 "고요히 움직이지 않다가 감응하여 드디어 천하의 일에 통한다(寂然不動, 感而遂通天下之故)"라고 했다.

42 『중용』 제1장에 "기뻐하고, 분노하고, 슬퍼하고, 즐거워함이 아직 일어나지 않은 것을 중(中)이라고 한다. 일어나서 모두 절도에 맞은 것을 화(和)라고 한다. 중(中)은 세상의 큰 근본이다. 화(和)는 세상에서 통용되는 도이다(喜怒哀樂之未發謂之中, 發而皆中節謂之和. 中也者, 天下之大本也; 和也者, 天下之達道也)"라고 했다. 이학(理學)에서 중(中)은 마음이 외물과 응대하기 이전 본래의 상태로 일체 치우침이 없는 것을 뜻한다. 화(和)는 마음이 외물과 응대하여 모자라거나 지나침이 없는 상태를 뜻한다.

43 『대학』에 "머무를 바를 안 이후에 정해짐이 있고, 정해진 뒤에 동요되지 않을 수 있고, 동요되지 않은 뒤에 편안할 수 있고, 편안한 뒤에 일을 자세히 헤아려 대처할 수 있고, 자세히 헤아려 대처한 뒤에 머무를 곳을 얻을 수 있다(知止而後有定, 定而後能靜, 靜而後能安, 安而後能慮, 慮而後能得)"라고 했다.

44 주돈이는 「태극도설」에서 "오직 사람이 오행의 뛰어난 것을 얻어 가장 지혜롭다. 몸이 생기면 정신이 앎을 발휘하고, 다섯가지 본성이 외부와 감응하여 움직여서 선과 악이 나뉘고 모든 일이 일어난다. 성인은 치우침이 없이 바른 마음과 인의(仁義)로 마음을 안정시키고 고요함을 중심으로 삼아 인사의 기준을 세운다(惟人也, 得其秀而最靈, 形旣生矣, 神發知矣. 五性感動而善惡分, 萬事出矣. 聖人定之以中正仁義, 而主靜立人極焉)"라고 했다. 주정(主靜)은 외물과 응대할 때 치우침이 없는 본래의 마음을 중심으로 삼는 것이다.

45 남언경(南彦經). 1528~1594. 자는 시보(時甫), 호는 동강(東岡)으로 서경덕(徐敬德)의 제자이다. 이황은 남언경, 홍인우, 박민헌 등 서경덕의 제자들과 교류하면서, 『연평답문(延平答

놓고, 정靜(고요함)으로 그 서재의 이름을 붙이면서 내 말로 기문記文(기념하는 글)을 삼고자 했다. 나는 공부가 아직 미숙하다고 사양했지만, 시보의 뜻이 더욱 간절하여 어쩔 수 없이 그를 위해 글을 시험 삼아 다음과 같이 지었다.

산이 정지해 있지 않으면 만물을 낳을 수 없다. 물이 정지해 있지 않으면 외물을 비출 수 없다. 사람의 마음이 고요하지 않으면 또한 어떻게 온갖 이치를 포괄하고 온갖 일을 주재하겠는가? 성인이 고요함을 중심으로 삼는 것은 천하의 움직임을 통일하기 위함이다. 전혀 아무 발용도 없는 것을 뜻하지 않는다. 배우는 이가 고요하기를 추구하는 것은 온갖 발용의 근본을 세우기 위함이지, 전혀 응대하지 않으려는 것이 아니다. 그러므로 고요함을 중심으로 삼아서 활동을 능히 통어하는 것은 성현이 중과 화를 이루는 방법이다. 고요함을 탐하여 외물을 끊어버리는 것은 불교와 도교가 치우치게 되는 이유이다. 중과 화를 지극하게 이루면 천지를 제자리에 있게 하고 만물을 화육한다. 치우친 것이 극단에 이르면 천리를 멸하고 인륜을 없앤다. 그러므로 이정과 주자의 문하에서는 여러번 이것을 학인들에게 경계시켰지만, 문인 중 현철한 이도 종종 허무虛無와 적멸寂滅[46]에 빠져들어 돌아오지 못했다. 왜 그런가? 고요함이 움직임 때문에 침몰하는 것을 알아 드디어 움직임을 싫어하고 고요하기만을 추구하면, 드러난 것을 빠뜨린 채 정미한 것을 찾고, 기器(형이하의 세계)를 버리고 도道(형이상의 세계)를 탐구하면서 자신도 모르는 사이에 빠져들어 그 지경에 이름을 면치 못한다. 이른바 미세한 어긋남이 나중에는 천리나 크게 어긋난다는 것이니,

---

問)』에 대한 독서 등 주자학에 대한 이해를 심화하고 양명학에 대한 비판을 강화했다. 반면, 남언경은 이(理)의 기에 대한 주재를 부인하고 조리(條理)로만 인정했던 서경덕의 설을 지지하고 양명학도 수용했다.

46   허무는 마음을 비워 외물에 연루되지 않으려는 도교의 주장을, 적멸은 업을 낳는 마음의 활동을 종식시켜 생사유전에서 벗어나려는 불교의 주장을 가리킨다.

매우 두려워할 만하다.

시보는 사람됨이 담백하고 고요하면서도 바르고 성실하고, 공부도 번잡하지 않고 절실하여, 그런 우려가 없음을 안다. 그러나 그 생각이 고요함을 우선시하는 데 마음을 쏟으면, 의미맥락이 정미한 곳에서 세밀하게 변별할 때 어긋남이 반드시 없으리라고 어떻게 보장하겠는가? 생각건대, 고요할 때 존양하고 움직일 때 성찰함[47]은 본래 학인들이 누구나 아는 것이라고 하겠지만, 그러나 내가 말하는 고요함은 저들의 허무, 적멸과는 완전히 다르다. 이 점은 사람마다 능히 잘 알 수 있는 바가 아니다. 따라서 사람들은 힘써 노력하지만, 매번 선禪에서 행하는 적멸에 빠진다. 만약 혹시라도 이 점을 우려했다면 옳지만, 그렇다고 고요할 때 존양하는 공부를 버려두고 움직일 때 성찰하는 공부에만 힘쓴다면 그것 또한 전체대용全體大用의 학문[48]을 하는 방법이 아니다. 그러므로 공부는 치우치지 않는 것을 소중히 여긴다.

이정 이래 이 이치를 논한 글이 많지만, 주자가 장식張栻[49]과 더불어 중

---

47 존양(存養)은 외물과 접촉하지 않을 때 마음에 본래부터 갖추어져 있는 치우침이 없는 상태〔中〕를 계속 견지하는 노력을 뜻한다. 그 주요한 방법은 미리 단정하지도, 단념하지도, 조장하지도 않으면서 마음이 산만해지지 않게 노력하는 것이다. 성찰(省察)은 성이 사단과 칠정 등 정(情)으로 발현될 때 인욕에 연루되어 모자라거나 넘치는 것을 살펴서 적절하고 바르게 발현되도록〔和〕 하는 노력을 뜻한다. 그 주요한 방법은 이치를 궁구하여 이치에 대한 지식을 확대하고〔致知〕, 정이 처음 발현되어 남은 아직 모르지만 자신에게 자각될 때 주의하는 것〔愼獨〕이다. 존양하고 성찰하기 위해서는 먼저 마음이 산만하지 않고 전일한 상태에 있어야 하는데, 마음을 항상 전일하게 견지하는 것을 거경((居敬))이라고 한다.

48 전체(全體)는 본체가 온전하게 구비되어 있는 것을 뜻한다. 본체는 인의예지(仁義禮智)의 성(性)을 가리킨다. 대용(大用)은 본체의 발용이 모든 대상을 포괄하여 관통함을 뜻하며, 인의예지의 성이 세계의 모든 곳에 발현되는 것을 말한다. 전체대용의 학문은 본래 온전하게 주어진 인의예지의 본성을 세계에서 충분히 발현하는 학문을 뜻한다. 주희는 이 용어를 사용하여 『대학장구』에서 격물치지(格物致知, 사물의 이치를 탐구하여 앎을 지극하게 하는 것)의 의미를 설명했다.

49 1133~1180. 자는 경부(敬夫), 호는 남헌(南軒)으로 호굉(胡宏)의 제자이다. 주희는 장식과 중화(中和) 개념에 관해 토론하면서 마음이 외물과 응대하기 이전의 상태에 대한 자신의 견해를 발전시켰다.

화中和에 대하여 논한 서신들만큼 잘 갖추어진 것은 없다. 그 편지[50]에 이렇게 말했다. "정靜(고요함)이라고 말하면 허무에 빠진다'라고 말씀했는데, 이것은 물론 응당 염려해야 합니다. 그러나 만일 천리의 층위에서 보면, 움직임 속에서 고요하지 않을 수 없는 것은 고요함 가운데 움직이지 않을 수 없는 것과 같습니다. 고요할 때 존양함이 없을 수 없는 것은 움직일 때 성찰함이 없을 수 없는 것과 같습니다. 한번 움직이고 한번 고요함이 서로 뿌리가 되어 끊어질 수 없다는 뜻을 알기만 한다면, 비록 정靜(고요함)이라고 규정해두어도 정이 본래 죽은 것이 아니어서 지극히 고요한 가운데에서도 자연스럽게 움직임의 단서를 지니니, 외물을 끊고 멀리하여 눈을 감고 정좌하면서 고요함 한쪽으로 치우침을 뜻하는 것이 되지 않습니다." 그리고 결론을 지어, "경敬(마음을 전일하게 함) 공부가 움직일 때와 고요할 때를 관통하면서 반드시 고요함으로 근본을 삼아야 합니다"라고 했다. 근세에 황돈篁墩 정민정程敏政이 야기夜氣(고요할 때 맑은 기운을 보전함)와 주정主靜(고요함을 중심으로 삼음)의 뜻을 논하면서 끝내 경敬을 중시하는 데로 돌아갔는데, 사람들에게 보인 뜻이 모두 깊고 절실하다고 말할 만하다. 오직 시보가 주자의 가르침을 성심으로 따르면서 정민정의 『심경부주』를 참고하여 공부를 날마다 진보시켜간다면, 정靜과 경敬이 서로 의지하여 본과 말이 함께 갖추어져서 고요함을 중심으로 삼아도 고요함에 치우치지 않을 것이다. 그러면 어찌 시보만 체득함이 있을 것인가? 나도 그 체득한 경지에 참여하여 알게 되기를 깊이 바란다.

가정嘉靖 병진년 5월 진성眞城 이황

내가 전에 남시보를 위해 「정재기」를 지은 것이 계축년(1553) 가을이었다. 당시에는 문제될 만한 곳이 없다고 스스로 생각했다. 을묘년(1555) 동

---

50   『회암집(晦菴集)』 권32 「답장흠부(答張欽夫)」(49)를 가리킨다.

쪽으로 돌아와 계상의 집에서 조용히 지냈는데, 그 이듬해 시보가 편지를 보내와 고요함(靜)에 대하여 물었다. 그 기회로 이 기문을 기억하고 옛 상자에서 꺼내 읽었는데, 이치를 설명한 것이 너무 번잡하고 용어 사용도 엉성한 곳이 한두곳이 아님을 비로소 깨달았다. 마음이 몹시 부끄럽고 두려웠다. 답장에서 그 사정을 말해주고, 한가할 때 삭제하고 다시 고쳐 지은 다음 정서하여 보관해두었다. 다른 날 인편이 있을 때 시보에게 부쳐서 전날 경솔하게 말한 것에 사죄할 작정이었다. 근래에 학문이 진보한 것은 아직 없지만, 그때 골몰하던 것과 비하면 더러 마음에 개발되는 것이 조금은 있기에 이전에 말한 것들의 병통을 스스로 안다. 따라서 다른 해에 오늘날 지은 것을 보면 또 어떨지 모르겠다. 호문정胡文定(호안국)은 "이치는 쉽게 파악되지 않고, 의리는 쉽게 정밀해지지 않고, 말은 쉽게 이해되지 않고, 마음은 쉽게 다 발휘되지 않으며, 유학을 지키는 일은 쉽게 완수되지 않는다"라고 했다. 참으로 일리 있는 말이다.

처음 「정재기」를 지어 보냈던 당시 남시보는 답장에서 말했다. "이전에 말씀하신 '기품이 아직 개입하지 않는 것'에 대하여, 개인적으로 다음과 같이 의문이 들었습니다. 〈그렇게 되면 기는 한계가 있어서 움직일 때만 유행하는 것이 된다. 움직이고 고요함이 계속 간단없이 순환함은 음과 양 두 기가 하는 바가 아님이 없다. 그러나 그 간단없이 순환할 수 있는 이치는 말로 설명되지 않는 점이 있다. 이것은 곧 이理다. 정자程子가 이른바 '말로 설명할 수 없다'[51]라고 한 것이다. 만일 '고요하여 기가 아직 개입하지 않는다'라고 말하면, 기는 고요할 때 없다가 움직일 때 있는 것이 되고, 이는 고요할 때 밝다가 움직일 때 어두워지는 것이 되니, 이와 기가 합일해 끝없이 유행流行하는 묘용妙用(막힘이 없는 작용)을 어떻게 알겠는가? 비어

---

51 『이정유서(二程遺書)』 권1 「단백전사설(端伯傳師說)」에 "사람이 태어나 고요한 상태 그 이전은 말로 설명할 수 없다. 성이라고 설명하면 곧 이미 성이 아니게 된다(人生而靜以上不容說, 才說性時, 便已不是性也)"라고 했다.

고요하면서도 은미하게 작용함은 기가 담일하고 고요하여 선천의 체體가 됨을 가리킨다. 생동하여 천지에 충만함은 기가 유행하여 후천의 용用이 됨을 가리킨다. 돌아보건대, 담일하고 고요하면서 유행할 수 있음이 어떻게 근본을 두는 것 없이 그러하겠는가? 그 근본이 되는 것에 억지로 이름을 붙여 이理라고 하는 것이다. 그렇다면 이른바 이는 단지 모습이 없고 비어 있어 드러나지 않은 채 묘용妙用하는 것이어서 파악하여 볼 수 있는 곳이 없는가? 그렇지 않다. 기가 합당한 곳에서 본다. 기가 담일湛一(안정되고 합일되어 있음)하고 고요하여 이가 기와 하나의 체體가 되는 것은 '천하의 큰 근본'[52]이라고 한 말이 그 경우이다. 기가 유행하여 합당하지 않은 곳이 없는 것은 '사물이 있으면 법도가 있다'[53]는 말이 그 경우이다. 담일하고 맑은 체와 유행하여 합당한 용 어느 것도 이와 기가 합일된 것이 아닌 경우가 없다. 공격하여 빼앗아 법도에 어긋난 기는 기의 본래 모습이 아니다. 이것이 본래 고요할 때는 기가 개입함이 없다가 움직일 때 기가 개입함이 있다는 것이다.〉 이전에 제가 의문을 가지고 생각했던 것이 이와 같았습니다. 그런데 선생님께서 별도의 편지로 말씀을 주시어, 근본으로 돌아가 생각하며 풀어보니 다시 더 의심할 것이 없음을 정말로 알았습니다."

내가 처음에 「정재기」를 지어 시보에게 부쳐주면서 별도로 짧은 편지에서 말했었다. "이전에 '고요할 때 기가 아직 개입하지 않기 때문에 이가 온전하게 있을 수 있다'라고 한 부분은 그 뜻이 맹자가 사람의 본성이 선함을 논했던 것과 같습니다. 곧 맹자의 의도와 마찬가지로 근본처를 궁구하

---

52 칠정이 일어나기 이전 마음이 본래 중정한 상태를 가리킨다. 『중용』 제1장에 "희노애락이 아직 일어나지 않았을 때를 중(中, 치우침이 없음)이라고 한다. 일어나 절에 맞을 때를 화(和, 과도하거나 모자람이 없이 적절함)라고 한다. 중은 천하의 큰 근본이요, 화는 천하에 통용되는 도이다(喜怒哀樂之未發謂之中, 發而皆中節謂之和. 中也者, 天下之大本也; 和也者, 天下之達道也)"라고 했다.

53 『모시(毛詩)』「증민(烝民)」에 "하늘이 백성을 낳았으니, 사물이 있으면 법도가 있다. 백성이 지닌 떳떳한 법도라. (백성의 마음이) 이 아름다운 덕을 좋아하네(天生烝民, 有物有則, 民之秉彛, 好是懿德)"라고 했다.

여 말한 것입니다. 기가 움직여 악함에 빠짐에 이르러서도, 이가 어찌 잠시라도 중단된 적이 있겠습니까? 단지 기에 가려지기에 이가 환히 명료하면서 주장하고 발휘할 수 없을 뿐입니다. 그렇다면 이는 고요할 때 있다가 움직일 때는 없는 것이 아니요, 기도 고요할 때 없다가 움직일 때 명확히 드러남이 있는 것이 아닙니다. (…)" 이에 대한 시보의 답장이 위와 같았다. 그의 말에 "다시 더 의심할 것이 없다"라고 했지만 사실 의문이 없을 수 없다. 그러므로 시보가 힘써 자신의 종전 생각을 들어서 말했던 것인데, 그 말에 명료하지 않은 부분이 많았다. 일단 양쪽의 견해를 기록해두고 나중에 가서 우리 두 사람의 견해가 어떻게 될지 기다려보겠다. 시보의 편지와 이 발문은 모두 이전의 「정제기」에 붙여두었었는데, 이제 스스로 참고하기 위해 그대로 남겨둔다.

고요함을 근본으로 세우고 경敬, 전일함으로 동정에 관통한다:「정존재잠靜存齋箴」[54]

하늘이 나에게 본성을 주었으니

근본이 참되고 고요한데,

어찌하여 말단에서 변하여

그 본성을 상하고 잃는다 하는가?

외물에 흔들려

날마다 마음이 밖으로 치달으면,

칠정과 인욕 거세게 동탕하고

온갖 사려 천만가지로 분열하여

부단히 미혹에 빠지고

---

54   「靜存齋箴」. 1563년(명종 18, 63세) 2월. 『퇴계집』 권44; 『정본』 15, 119~20면.

나이 더할수록 고착되니 가슴 아프다.

근본을 찾지 않으면

어떻게 보존할 수 있을까?

그 근본 어떠하던가,

고요함을 중심에 두는 것이 법도가 되네.

하늘의 도 관찰하면 선함(원元)이 바름(정貞)으로부터 나오고,

땅의 묘용妙用 살피면 여는 것이 닫는 힘이네.

자신에게 돌이켜 보이지 않는 곳에서 조심하여 머무니

동일한 이理임을 징험하네.

밖으로 함부로 응접하는 일 없어

엄숙하기가 군영과 같고,

안으로 망령된 생각 일어나지 않아

맑기가 고요한 물 같네.

맞이하고 보내는 선입견 없이

항상 보존하여 경계하고 두려워하니,

동일한 본체는 깊고 은미하지만

온갖 이치가 빼곡히 갖추어져 있지.

응대하여 작용함에 이르면

온갖 일들 여유롭게 처리하네.

안정됨으로 말미암아 밝으니

자세히 합당하고 때에 맞게 조처하고,

각기 그 머무를 곳에 머무르니

움직일 때도 또한 고요하네.

도교와 불교

고요함을 탐하고 움직임을 비루하게 여기며,

한쪽으로 치우쳐

인륜을 없애고 법도를 무너뜨리는 것과는 다르네.

아, 오직 이 의리가

성현이 남긴 자취이니

공자는 안정됨이 있고 나서 고요함을 말했고

맹자는 야기夜氣(본래의 선한 기운)를 논했고

주돈이와 이정이 더욱 밝히고

양시와 나종언은 깊이 완미했지.

연평에 이르러

주자에게 전해주자

주자가 처음 학문에 들어설 때

이들 문하를 따라 들어가

드디어 크게 경敬을 사용하여

집대성을 이루었으니

우리 후학이

어찌 본받지 않으리오.

고요함으로 근본을 세우고

경으로 근본에서 말단까지 관통하여,

번갈아 그 노력을 다하면

오래 지나 얻음이 있으리라.

정직하고 진실한 나의 벗

옛 학문에 힘쓰다

이 정존靜存에서 마음에 합치함이 있어

서재에 편액으로 달았네.

이 정존을 견지하며 저 성찰을 밝히고자 함이니

한쪽을 버려두는 것 아니네

나의 생각과 같고

나에게 서로 절차탁마하는 혜택을 주었으니

내가 잠箴을 지어

함께 힘쓰려 하네.

가정嘉靖 계해년 중춘에 진성眞城 이황이

구성駒城 이중구李仲久(이담)를 위해 짓는다.

경敬, 전일함을 견지하는 방법:「김돈서[55]에게 답함」계축[56]

보내온 편지[57]에서 "마음속에 한가지 일도 담아두어서는 안 된다"라고 한 말은 경敬(마음을 전일하게 함)을 견지하는 방법으로, 윤화정[58]이 전한 이정 문하의 핵심 비결입니다. 온갖 이치를 갖추고 만사에 응대하는 것이 마음인데, 이제 "한가지 일도 담아두어서는 안 된다"라고 하면, 그 말이 매우 이상해 보입니다. 공이 의문을 가지는 것은 당연합니다. 그러나 또 선한 일이라도 마음에 항상 담아두어서는 안 된다고 공이 의심했는데, 공부가 여기에 이르기는 더욱 쉽지 않습니다. 내 소견도 한가지 일이라도 담아두어서는 안 된다고 했으면, 일이 선하고 악한 여부를 어찌 가리겠는가 하고 생각합니다. 비록 선한 일이어도 조금이라도 계속 담아두어서는 물론 안 됩

---

55 김부륜(金富倫). 1531~1598. 자는 돈서(惇敍), 호는 설월당(雪月堂)이다. 이황의 제자로 1555년 사마시에 합격하고, 1572년(선조 5) 유일(遺逸)로 천거되었다. 1585년 동복현감(同福縣監)에 부임하여 향교를 중수하고, 사비를 내어 서적을 구입하고, 학령(學令)을 제정하여 시행하는 등 교육에 힘썼다. 김성일(金誠一), 이발(李潑) 등과 도의로 절차탁마했고, 저서로『설월당집(雪月堂集)』6권이 전한다.

56「答金惇敍」(癸丑). 1553년(명종 8, 53세) 2월.『퇴계집』28;『정본』9, 248~58면.

57 일부 내용은『설월당집』권3「상퇴계선생문목(上退溪先生問目)」에 보인다. 김부륜이 이황에게 질의한 편지는 두통이었으리라 생각되지만, 한통은 전하지 않는다.

58 윤돈(尹惇). 1071~1142. 자는 언명(彦明), 또는 덕충(德充)이다. 정자의 문인으로 마음을 수렴하여 한 사물도 허용하지 않는 상태로 있는 것이 경(敬)이라고 설명했다.

니다. 어떻게 그렇다는 것을 밝히겠습니까?

예전에 정 선생은 "자신을 허물하고 자책하는 일은 본래 없으면 안 된다. 그러나 항상 마음에 남겨두고 후회해서는 안 된다"라고 했습니다. 연평 선생은 이 말을 들어서 회암을 훈계하여 "항상 마음속에 남아 있으면, 도리어 한 덩어리 사의私意를 쌓는 것이 된다. 이 경우 본원처에 나아가 추구하고 함양하여 점차 밝아지게 하면 곧 이런 응체凝滯(지체)된 사의는 응당 점차 사라질 것이다【연평의 말은 여기까지이다】라고 했습니다. 자신을 허물하고 자책하는 것은 선의 단서가 발현하는 것이지 사의가 아닙니다. 그러나 이 한 일이 마음에 가로놓여 풀리지 않으면 역시 마찬가지로 사의와 인색한 습성이 됩니다. 반드시 천리로 융해하여 조금도 남지 않은 뒤에야 마음이 중정함을 얻게 됩니다. 따라서 보내오신 편지에서 말씀한 "도를 행하려고 한다"든가 "사물에 나아가 이치를 궁구하려고 한다"는 생각은 모두 나쁜 생각이 아니지만, 마음에 담아두어서는 안 되는 점에서 동일합니다.

그리고 일이 아직 다가오기 전에 미리 기대하는 마음을 가지고 있거나, 이미 응대했는데 일이 마음에 계속 남아 있어 잊지 못하는, 이 두가지는 이른바 흉중에 한가지 일도 담아두어서는 안 된다는 것과 동일한 심법입니다. 대체로 예상하지 않을 수 없는 것이 일입니다. 그러나 기대하는 마음을 가져서는 안 됩니다. 응대하지 않을 수 없는 것이 외물입니다. 그러나 마음에 남겨두고 잊지 못하면 안 됩니다. 공자 문하의 학문에서 심법의 요체는 바로 여기에 있습니다.

예전에 회암 선생이 연평 선생에게 이것에 대하여 질문한 적이 있습니다. 연평 선생은 이렇게 대답했습니다. "사상채(사량좌)가 '나는 항상 잊는 것을 익혀 양생합니다'라고 하자, 명도는 '양생에 적용하면 가능하지만, 도리를 공부하는 데 적용하면 해로움이 있다. 반드시 일삼음을 가지면서도 미리 단정하지 말라[59] 했으니 무엇을 뜻하겠는가? 출입하고 생활하는 동안에 어찌 일이 없겠는가? 마음속으로 미리 단정하여 응대하면 일이 다가오기 전에 미리 맞이하는 잘못이 되고, 응대한 뒤에 잊으면 생각을 놓아버리는 잘못에 걸려들며, 조장하면 사사로운 정을 두는 잘못에 가깝게 된다. 그러므로 성인은 마음이 거울과 같으니, 석씨釋氏(불교)의 마음과는 다른 이유이다【연평이 인용한 명도의 말은 여기까지이다】"60라고 했다. 대개 항상 일이 없는 때는 체인하는 것으로 공부를 하다가 외물과 응대하는 시끄러운 곳에 나아가면 공부가 지속되지 못하는 원인은 그렇게 미리 단정하거나 잊거나 조장하지 않으면서 일삼는 방식으로 노력한 적이 없기 때문이다. 원회元晦(주희)가 오직 일상에서 공부해나가면 점차 합일하여 공부가 자신의 것으로 되겠지만, 그렇게 하지 못하면 단지 언설에 불과해질 것이다."61

대체로 사람들은 마음이 외물에 연루되어 해를 당하는 것만 보고서 사물은 마음에 해가 된다고 생각합니다. 따라서 일삼음을 싫어하고 잊기를 추구하며, 활동하기를 싫어하고 조용히 지내기를 탐합니다. 도교와 불교의 무리만 이런 방식을 좇다가 자신의 마음을 잘못에 빠뜨리는 것이 아닙니다. 우리 유교의 학인이라 하더라도 아는 바에 미세한 어긋남을 조금이라도 가지면 이 수렁에 빠져들지 않은 이가 드뭅니다. 따라서 사상채 같은 현인도 오히려 그런 어긋남에서 벗어나지 못하자, 명도가 맹자의 양기설62을 가져와 존양의 방법으로 바꾸어서 가르쳤습니다. 이것은 경敬(마음을 전일하게 함)과 의義(사태에 합당하게 처신함)를 함께 견지하면서 곧바로 천덕天德

---

59   이 말은 『맹자』「공손추상(公孫丑上)」에 나온다. 호연지기를 기르는 방법으로 맹자가 말한 것이다.

60   이 말은 『이정외서』 권2에 나온다.

61   이 말은 『연평답문』「사제자답문」에 나온다.

62   호연지기를 기르는 법에 대한 맹자의 설명을 가리킨다. 맹자는 그 방법으로 미리 단정하지 않고, 잊지 않고, 조장하지 않으면서 일삼을 것을 제시했다. 『맹자』「공손추상」의 호연지기 장에 나온다.

(천리)에 이르는, 가장 긴요하고 절실하게 공부하는 대목입니다. 여기에서 종사하면서 참되게 쌓고 노력을 오래 하여 어느 날 마음에 얻는 바가 있게 되면, 마음은 사물에 대하여 아직 다가오지 않았을 때 미리 맞이하지 않고, 다가오면 사물을 낱낱이 비추어 응대하고, 응대한 뒤에는 마음에 남겨두지 않아, 본체는 맑아서 밝은 거울과 고요한 물 같을 것입니다. 비록 날마다 수많은 일과 응접하더라도 마음 안에 하나의 일도 담아둔 적이 없을 것이니 그런데도 어떻게 사물이 마음의 장애가 되는 일이 있겠습니까?

연평의 학문은 정靜(고요하여 본체가 온전히 갖추어져 있는 상태)을 근본으로 삼지만, 이제 회암에게 일러줄 때는 "고요한 때의 공부가 시끄러운 때에도 지속되게 하지 못한다"라고 말하면서 일상에서 공부하게 시켰습니다. 이것은 곧 활동할 때나 고요할 때나 일관하고 드러난 때나 은미한 때나 한결같게 하는 도리로, 비록 경敬을 말하지 않았지만 경이 그 가운데 있습니다. 그러니 또한 어떻게 사물을 놓아버리고 정靜 한쪽으로 치우친 적이 있겠습니까? 명도와 사상채, 연평과 주자, 이 스승과 제자 사이에 서로 전수한 심법이 이와 같습니다. 이제 공의 의문이 능히 여기에까지 미쳐서 강구하여 얻고자 하니, 크게 의문을 내면 반드시 크게 깨달음이 있는 법, 공이 노력하여 공부를 중단하지 않는 데에 달려 있습니다. 나는 이것과 관련하여 얻은 바도 없으면서 말을 이렇게 하니 매우 부끄럽습니다. 그러나 이것을 놔두고는 서로 절차탁마할 방법이 없기에, 세속의 비난을 피하려고 공에게 숨길 수는 없군요. (…)

주자도 뇌물을 받은 이에게 밖으로 성냄을 드러냈었으니,[63] 대현이라고 해도 어찌 치우침이 전혀 없겠습니까? 주자는 평소 자신의 성격이 지나치게 강경하다는 것을 스스로 알고 있었습니다. 주자는 황단명[64]에게 찾아가

---

63 1182년 주희는 직비각(直秘閣)에 부임하여 이전 지태주(知台州) 당중우(唐仲友)의 부정을 발각하고 여섯번에 걸쳐 상주하여 탄핵했고, 조정에서는 결국 당중우를 파직시켰다.

64 황중(黃中), 1096~1180, 자는 통노(通老)이고, 시호는 간숙(簡肅)이다. 당시 주화파 진회(秦

인사드리면서 스스로 이르기를, "화를 잘 내는 것에 치우쳐 있어 교정하는 노력을 힘써 행하고 있습니다"라고 말했습니다. 선생으로 말하면, 이런 결점이 자각되자마자 곧 융해하여 해소합니다. 그러나 그렇다고 해서 결점이 없다고 말해서는 안 됩니다. 이것이 군자가 염려하고 반성하여 잠시도 폐하지 않는 이유입니다. 하물며 우리들이야 응당 어떻게 해야 하겠습니까? (…)

사물에 나아가 이치를 탐구하는 것[格物]의 설은 혹문或問 조목[65]에 갖추어져 있습니다. 공은 여기에서 힘써 노력했으니 내가 배울 곳이 많습니다. 그러나 보내온 편지에 "일에 임해서 궁구한다"라고 한 말은 또한 내 생각과 같지 않은 점이 있습니다. 예를 들면, 혹문 조목 가운데 정자가 "사물에 응접하여 그 맞고 틀리는 것에 따라 대처한다"[66]라고 말한 것처럼 하면 괜찮습니다. 그러나 만일 장자소[67]가 "부모를 섬길 때는 곧 인仁을 체인해야

檜)에 맞서 주전파의 입장을 대변했다. 주희는 황중의 인품을 매우 공경했으며, 묘지명을 썼다.

65 『이정유서(二程遺書)』 권18의 다음 조목을 가리킨다: 어떤 이가 물었다. "덕을 진보시키고 사업을 이루는 방법에서, 무엇을 먼저 합니까?" 대답했다. "정심(正心, 마음의 지향을 바르게 함)과 성의(誠意, 생각을 진실하게 함)보다 앞서는 것이 없다. 성의는 치지(致知, 이치에 대한 파악을 지극하게 하는 것)에 있다. 치지는 격물(格物, 사물에 나아가 이치를 궁구하는 것)에 있다. 격물의 격(格)은 이른다는 뜻으로, 선조의 혼령이 와서 이른다고 할 때의 이른다는 뜻과 같다. 무릇 한 사물에는 하나의 이치가 있다. 그 이치를 지극하게 궁구해야 한다. 이치를 궁구하는 것은 또한 여러가지 방법이 있다. 독서를 통해 의미를 강구하여 밝히거나, 고금의 인물을 논하면서 그 시비를 변별하거나, 사물에 응접하면서 그 합당한 바에 따라 처신하는 것이 모두 이치를 궁구하는 것이다." 어떤 이가 물었다. "사물에 나아가 이치를 궁구하는 것은 사물마다 나아가 궁구해야 하는지요? 아니면, 하나의 사물을 궁구하면 온갖 이치를 모두 아는 것인지요?" 대답했다. "태어나자마자 어떻게 두루 통달할 수 있겠는가? 한 사물을 궁구해서 온갖 이치에 통하는 것은 안자(顔子)라도 이렇게 감히 말하지 못한다. 오늘 한 가지를 궁구하고 내일 또 한가지를 궁구하여 쌓인 학습이 많아진 뒤에 속박에서 벗어난 것처럼 저절로 관통하는 곳이 있게 된다."(或問: "進修之術, 何先?" 曰: "莫先於正心誠意. 誠意在致知, 致知在格物. 格, 至也, 如祖考來格之格. 凡一物上有一理, 須是窮致其理. 窮理亦多端, 或讀書講明義理, 或論古今人物別其是非, 或應事接物而處其當, 皆窮理也." 或問: "格物須物格之, 還只格一物而萬理皆知?" 曰: "怎生便會該通? 若只格一物, 便通衆理, 雖顔子, 亦不敢如此道. 須是今日格一件, 明日又格一件, 積習既多, 然後脫然自有貫通處.")

66 이 부분이 『퇴계집』에는 "應事接物而處其當否"로 되어 있으나 『이정유서』의 원문에는 "否"가 없다. 그러나 의미에는 변동이 없다. 앞의 주 참조.

하고, 형을 섬길 때는 의를 체인해야 한다"[68]라고 주장한 것처럼 하면 안 되니, 주자가 본래 이를 비판한 적이 있습니다. 보내온 편지에서 말한, 모두 궁구하기 어렵다는 것과 먼저 궁구해야 하는 것에 대한 설도 혹문 조목에 대략 갖추어져 있습니다. 여기에서 실제로 노력할 수 있으면, 공부의 선후에 대해서 모른다고 걱정하지 않을 것입니다. 미처 다 궁구하지 못한 것에 대해서도 또한 장차 차례로 궁구할 수 있고, 이치를 아는 것도 곧 지극해질 것입니다. 그렇지 않으면, 연평이 말한 대로 언설로 주장하는 것에 불과할 뿐이게 되니, 무슨 이익이 있겠습니까?

보내온 편지에서 또 "경을 견지하는 것은 쉬운 듯하지만 사물에 나아가 이치를 궁구함(格物)은 어렵다"라고 했는데, 이 말은 내 소견과 다릅니다. 사물에 나아가 이치를 궁구하는 일은 물론 쉽지 않습니다. 그러나 경을 견지하는 것 또한 어찌 쉬운 일이겠습니까? 대개 경은 처음부터 끝까지 관통해 있습니다. 경을 견지하는 방법을 능히 알기만 한다면, 이(理)는 밝게 드러나고 마음은 안정됩니다. 그렇게 하여 사물에 나아가 이치를 궁구하면, 사물은 나의 주재에서 도망갈 수 없습니다. 그렇게 하여 사물에 응대하면, 일은 마음에 장애가 되지 않습니다. 어찌 사물에 나아가 이치를 궁구함에 어려움이 있겠으며, 어찌 마음에 한가지 일도 담아두지 않는다는 것에 대하여 의심이 있겠습니까? 이제 사물에 나아가 이치를 궁구하는 일에 대하여 의심하고 어려워하는 데에서 자유롭지 못하면서 경을 견지하기는 쉽다고 말씀하니, 실제로는 경에 대하여 명확히 어떻게 힘을 써야 하는지 아직 모르고 있기 때문은 아닌지 염려됩니다. 어떻게 생각하는지요?

---

67 장구성(張九成), 1092~1159. 자는 자소(子韶)이고, 호는 무구(無垢), 시호는 문충(文忠)이다. 양시(楊時)의 제자였고, 불교와 결합하여 경전의 취지를 이해했다. "군자가 경계하고 염려함은 중용을 이루는 도를 발효하여 빚어낸다(君子戒愼恐懼, 醞釀成中庸之道)"라고 했는데, 주희는 중용의 도는 천리에 따라 자연적으로 이루어지는 것이지 술을 빚는 것처럼 빚어내는 것이 아니라고 비판했다.

68 이 말은 『주자어류』 권35, 119번째 조목에 나온다.

경敬의 맥락과 견지하는 방법: 「김이정에게 답함」[69]

경敬(마음을 전일하게 함)에 대한 선현의 해설이 일률적이지 않은 이유는 각자 알고 있는 것으로 형용하여 설명했기 때문입니다. 어찌 다른 이유가 있겠습니까? 이제 공께서는 경을 견지하는 공부를 하고자 하면서 반드시 자신의 병통에 맞는 약을 구하고 싶어 합니다. 이것은 정이, 사량좌, 윤돈 등 세 선생의 설명 중에서 자신에게 더욱 절실한 것을 택하여 실행하려는 생각인데요. 굳이 그렇게 할 필요는 없겠습니다. 병을 치료하는 것에 비유하면, 경敬은 모든 병에 효능이 있는 약이어서 한가지 증상에 하나의 처방을 내리는 것에 비할 바가 아닙니다. 어찌 꼭 병에 맞는 약을 찾을 필요가 있겠습니까?

게다가 세 선생이 말한 네가지 조목[70]은 해설이 다르지만, 주자가 "그 내용은 같다"라고 말한 적이 있고 또 "한 방법을 따라 들어가면, 세 방법으로 들어가는 길이 모두 그 안에 있다"라고 했습니다. 진서산眞西山(진덕수) 역시 "세 선생의 말을 합해서 힘쓴 뒤에 안과 밖이 번갈아 서로 길러주는 도리가 비로소 갖추어진다"라고 했습니다. 다만 이제 경 공부를 시작하는 방법을 찾을 때는 정자程子(정이)의 "용모를 단정하게 하고 엄숙하게 한다"는 지침을 우선으로 삼아야 합니다. 그러하게 하여 오래 지나도 몸이 해이해지지 않으면, 이른바 마음이 전일해져 잘못된 생각이 끼어들지 않는다는 말이 사실임을 경험할 수 있을 것입니다. 밖으로 용모를 엄숙하게 하여 안의 마음이 전일해지면, 이른바 "전일함을 위주로 하여 산만함이 없는 것"

---

69 「答金而精」. 1564년(명종 19, 64세) 10월.『퇴계집』권29;『정본』9, 391~96면.

70 관련 내용은『대학혹문』,『심경부주』제5장「경이직내(敬以直內, 경으로 안을 곧게 함)」등에 나온다. 경을 견지하는 방법으로 정이는 "전일함을 위주로 하여 산만함이 없는 것(主一無適)과 "용모를 단정히 하고 엄숙하게 하는 것(整齊嚴肅)" 두 조목을, 사량좌(謝良佐)는 "마음이 항상 깨어 있는 것(常惺惺)"을, 윤돈(尹焞)은 "마음을 수렴하게 하여 하나의 외물도 끼어들지 않는 것(收斂不容一物)"을 제시했다.

"그 마음을 수렴하여 하나의 외물도 끼어들지 않는 것" "항상 깨어 있는 것"이 모두 그 속에 있어 각각 조목에 대하여 따로 공부할 필요가 없을 것입니다. 그러므로 주자가 양자직楊子直(양방)[71]에게 "경을 견지하는 것에는 많은 말이 필요 없다. 단지 '몸을 단정하고 엄숙하게 함' '엄숙하고 위엄이 있고 엄정하고 공경함'[72] '용모를 움직임'[73] '생각을 가지런히 함' '복장을 바르게 하고 시선을 존엄하게 함' 등의 몇 마디 말들을 충분히 완미하여 구체적으로 힘쓰면 이른바 '안을 곧게 함' '전일함을 위주로 함' 등이 일부러 노력하지 않아도 저절로 되고 몸과 마음이 정숙해져 안팎으로 한결같을 것이다"[74]라고 깨우쳐주었습니다. 방경도方耕道[75] 등을 깨우쳐줄 때에도 뜻이 또한 그와 같았습니다. 우리가 서로 더불어 어찌 힘쓰지 않겠습니까?

주일主一의 일一은 둘로 하지 않고 섞지 않는다는 뜻의 일이요, 전일專一(오로지 하나가 됨)의 일입니다. 성誠(진실하여 속임이 없음)을 가리켜 말한 것이 아니지만, 전일할 수 있으면 성誠이 됩니다. 그러므로 『중용』에서 일一을 가지고 성誠을 말했습니다. 성誠은 진실하여 속임이 없다는 뜻으로 풀이해야 합니다. 자연의 조화에서는 실리實理가 되고, 사람에서는 실심實心이 되니, 선유에게 모두 확정된 설이 있습니다. 그런데 이제 "이理의 다른 명칭"이라고 말하면, 성誠에 대하여 친절하고 분명한 설명이 아니게 됩니다. 더구나 성性은 사람과 만물이 부여받은 이理를 뜻하여, 성誠이 의미하는 바와 다릅니다. 그렇게 연계하여 뭉뚱그려서 설명하면 의미가 더욱 혼란스러워지고 흐려짐만 보게 되어 결국 똑 떨어지는 명쾌한 견지에 이를 수 없습니

---

71 양자직(楊子直). 1134~1211. 이름은 방(方), 자는 자직(子直), 호는 담헌(澹軒)이다. 주희의 제자로 1163년 진사에 급제하여, 시우낭관(侍右郎官), 고공낭중(考功郎中) 등을 역임했다.

72 『예기』 「제의(祭義)」에 나온다.

73 『논어』 「태백(泰伯)」에 나온다.

74 『회암집(晦菴集)』 권45 「답양자직방(答楊子直方)」에 나온다.

75 방뢰(方耒). 자는 耕道, 호는 困齋이다. 장식(張栻)과 교분이 두터웠고, 주희와 교류했다.

다. 강학할 때 가장 피해야 하는 일입니다. (…)

념念(생각남), 려慮(숙고함), 사思(사고함), 지志(지향함), 의意(헤아림)의 의미에 대한 구별은 『성리대전』의 여러 선유의 설명에 상세합니다. 침잠해서 완미하기를 오래 하면 자연히 이해할 것입니다. 그 설명에 나아가 요약해서 말씀드리면 이렇습니다. 진안경陳安卿(진순)은 "사려思慮와 염려念慮는 모두 의意(생각함)의 유형이다"라고 했습니다. 이 설명은 맥락에 맞습니다. 이제 다른 서적을 참고하여 자세히 분석해보면, 념念은 『운회韻會』에서 "항상 생각함"으로 풀이했습니다. 옛 글자가 념念으로 되어 있는데, 대체로 순간순간 이 마음이 가 있기 때문에 념이라고 한 것입니다. 념은 금今(현재)과 심心(마음)으로 뜻을 이루고 있습니다. 그러므로 "일념의 짧은 순간"이라고 하거나, "순간순간 생각나 잊지 못한다"라고 합니다. 려慮는 『운회』에서 "생각에 도모함이 있는 것을 려慮라 한다"라고 풀이했습니다. 이것은 "대조하고 심사한다"는 설을 통해서 이해할 수 있습니다. "생각에 도모함이 있음"은 축자적으로 글자의 뜻을 풀이한 것이고, "대조하고 심사함"은 구체적으로 사안에 직면해서 살펴보는 것에 나아가 설명한 것입니다. 사思는 운회에서 "념念(생각하다)의 뜻이다"라고 풀이했지만, 념으로는 사의 의미를 다 드러내기에 부족합니다. 념은 생각함이 얕은 것이고 사는 생각함이 깊은 것입니다. 념은 생각함이 (추론이 들어가지 않아) 성긴 것이고 사는 (추론이 들어가) 주밀한 것입니다. 사는 대체로 마음으로 살펴보며 통하려고 추구함을 의미하며, 또한 사물이 마음에 들어와 있는 것[76]을 의미합니다. 지志와 의意에 대하여 주자는 "지는 (생각이 정해져) 마음이 줄곧 가는 것이고, 의는 (생각이 정해지지 않아) 마음이 가는 것[志]이 이리저리 기획하는 것이고, 또한 (실제로 그렇게 하지는 않고) 그렇게 할 것을 주장하는 것이다"[77]라고 했습니다.

---

76 어떤 대상을 잊지 못하고 그리워함을 뜻한다. 사(思)는 미루어 생각한다는 뜻과 더불어 무엇인가를 그리워한다는 뜻을 지니고 있다.

내가 생각하기에, 이 다섯가지는 모두 마음의 활동이며, 선악을 모두 말할 수 있습니다. 악함을 버리고 선함을 따르려고 한다면, 그 방법은 또한 경敬을 위주로 하는 것과 이理를 밝히는 것에 있을 뿐입니다. 이제 날마다 사용하고 늘 행하는 곳에서 다섯 글자의 개념과 내용이 가리키는 바를 알아야 합니다. 예를 들면, 공이 험난함을 개의치 않고 이렇게 멀리 찾아온 것은 지志입니다. 이 마음이 일에 임하여 발동할 때 어떻게 할지 순간 생각하는 것은 의意입니다. 자꾸자꾸 지금 순간적으로 떠오르는 마음이 념念입니다. 이어서 그 념에 도모하는 바가 들어가면 려慮입니다. 개념상의 의미를 끊임없이 찾아서 풀어내고, 외물과 응접할 때 이전의 것을 기억하고 새로 생각하는 것이 사思입니다.

이들 가운데 지志, 의意, 사思 세가지가 더욱 중요합니다. 지는 바르고 크고 진실하고 확실하여 변하지 않기를 바랍니다. 그러므로 공자는 "학문에 뜻을 둔다" "도에 뜻을 둔다" "인仁에 뜻을 둔다" 등으로 풀이했습니다. 맹자는 "뜻을 높인다" "뜻을 견지한다"는 가르침을 주었습니다. 의는 선함과 악함이 갈라지는 계기가 됩니다.

털끝만큼 미세한 차이가 나도 이미 구렁 속에 빠지기 때문에, 증자는 "자신은 자각하고 있지만 남에게 아직 드러나지 않은 때를 반드시 조심한다"라고 했습니다. 주자는 "의意를 방위하기를 성을 지키듯이 한다"라고 했습니다. 생각하면〔思〕 얻고 생각하지 않으면 얻지 못합니다. 그러므로 기자箕子는 "생각하면 자세하게 통하고, 자세하게 통하면 통달하지 않음이

---

77 『주자어류』 권5에 "지(志)는 (생각이 정해져) 마음이 줄곧 가는 것이고, 의(意)는 (정해지지 않아) 마음이 가는 것〔志〕을 기획하고 이렇게 저렇게 해보는 것으로, 지(志)의 다리이다. 무릇 기획하고, 도모하고, 이렇게 저렇게 해보는 것은 모두 의(意)이다(志是心之所之一直去底, 意又是志之經營往來底, 是那志底脚. 凡營為謀度往來皆意也)"라고 했다. 또 "정(情)은 그렇게 발동하는 것이고, 의(意)는 그렇게 할 것을 주장하는 것이다(情是發出恁地, 意是主張要恁地)"라고 했다.

없게 된다"[78]라고 했습니다. 공자는 "군자는 아홉가지 생각하는 것[九思]이 있다"[79]라고 했고, 또 "아직 그리워하지 않는 것이다. 어찌 먼 것이 이유가 되겠는가?"[80]라고 했습니다.

양명학 비판

본심의 확립을 우선시하는 견해에 대한 비판: 「『백사시교』와 『전습록』을 초록하여 전하고 이어서 그 뒤에 적음」[81]

황이 삼가 살피건대, 진백사[82]와 왕양명[83]의 학문은 모두 육상산[84]에게

---

78 『상서』「홍범(洪範)」 오사(五事) 조목에 나온다.

79 『논어』「계씨(季氏)」에 "군자는 아홉가지 생각하는 것이 있다. 볼 때는 분명하기를 생각하고, 들을 때는 명료하기를 생각하고, 안색은 온화하게 하기를 생각하고, 용모는 공손하기를 생각하고, 말할 때는 충직할 것을 생각하고, 일을 할 때는 공경하기를 생각하고, 의문이 들면 물을 것을 생각하고, 화가 날 때는 수습하기 어려움을 생각하고, 이익을 만나면 의롭기를 생각한다(君子有九思, 視思明, 聽思聰, 色思溫, 貌思恭, 言思忠, 事思敬, 疑思問, 忿思難, 見得思義)"라고 했다.

80 『논어』「자한(子罕)」에 "'당체나무 꽃 나부끼고 나부끼네. 어찌 그립지 않겠는가마는 집이 멀다네' 공자가 말했다. '아직 그리워하지 않는 것이다. 어찌 먼 것이 이유가 되겠는가?'"라고 했다.

81 「白沙詩教·傳習錄抄傳, 因書其後」, 1553년(명종 9, 53세). 『퇴계집』 권41; 『정본』 14, 34~36면. 이황은 1553년 겨울, 『의려선생집』을 초록하여 백사(白沙, 진헌장)와 양명(陽明, 왕수인)의 글을 초록한 것 뒤에 부가하고, 다시 그 끝에 적음(抄醫閭先生集, 附白沙陽明抄後, 復書其末)」(『퇴계집』 권41)을 지었다. 따라서 이 글은 그 이전에 작성했을 것으로 추정된다. 『퇴계집』에는 두 글이 앞뒤로 편차되어 있다.

82 진헌장(陳獻章). 1428~1500. 자는 공보(公甫), 호는 석재(石齋)로, 백사(白沙) 선생으로 불리었다. 오여필(吳與弼)에게 배웠고, 은거하여 오랫동안 정좌에 몰두한 결과 심체(心體)가 드러나는 경험을 했다. 학문 방법으로 독서보다 정좌(靜坐)를 우선시했고, 정좌를 통해 마음의 본체를 체험하는 방식으로 마음을 함양하는 공부를 중시했다. 하흠(賀欽)과 담약수(湛若水) 등 많은 제자를 배출했다.

83 왕수인(王守仁). 1472~1528. 자는 백안(伯安), 호는 양명(陽明)이다. 1499년 진사에 급제했고 여릉지현(廬陵知縣), 남공순무(南贛巡撫), 양광총독(兩廣總督), 남경병부상서(南京兵部

서 나와 본심本心을 종지로 삼는다. 대체로 모두 선학禪學이다. 그러나 백사는 오히려 순전히 선禪인 것은 아니고 우리 유학에 근사한 부분이 있다. 그러므로 스스로 이렇게 말했다. 그가 처음 공부할 때 성현의 글에 강구하지 않은 것이 없고 여러해 두문불출하고 연구했지만, 자신의 이 마음과 이 이理가 여전히 안착하여 합치하지 못했다. 그래서 번거로운 방식을 버리고 간명한 방법을 추구하여 정좌를 오래 계속했고, 그런 뒤에 심체心體가

尙書), 좌도어사(左都御史) 등을 역임했다. 시호는 문성(文成)이다. 1584년 문묘에 배향되었다. 병법에도 밝아 주신호(朱宸濠)의 반란 진압에 공헌하여 신건백(新建伯)에 봉해졌고, 사후 신건후(新建侯)로 추증되었다. 18세 때 육구연의 제자 누량(婁諒)에게 배운 적이 있다. 귀주(貴州) 용장역승(龍場驛丞)으로 좌천되어 용장에 머무는 동안(1508년경), 성인의 도가 내 본성에 부족함이 없이 갖추어져 있어 바깥의 사물에서 천리를 따로 찾을 필요가 없음을 깨닫고, 독서 등 궁리 공부보다 본심에 대한 각성을 중시하는 공부로 전환했다. 이후 심즉리(心卽理, 마음 이외에 이理가 따로 없음), 지행합일(知行合一, 아는 것과 행하는 것은 합일되어 있음), 사상마련(事上磨鍊, 현장에서 마음을 단련함), 치양지(致良知, 양지를 다 발휘함) 등을 종지로 삼아 학문을 전수했다. 주희는 도문학(道問學, 이치를 탐구함)과 존덕성(尊德性, 본성을 함양함), 또는 박문(博文, 글을 널리 배움)과 약례(約禮, 예로써 핵심을 세움) 공부를 병행할 것을 주장했지만, 왕수인은 둘이 분리되지 않은 하나라고 여겼고 본심의 각성과 확립을 우선시했다. 왕수인은 『주자만년정론(朱子晩年定論)』을 편찬하여 주자가 초기에 도문학을 우선시하다가 만년에 존덕성을 우선시하는 육구연의 견해와 같이 했다고 고증했다. 정민정이 『도일편(道一編)』에서 고증했던 것과 동일한 방식이었는데, 이들의 견해는 진건(陳建) 등 주자학자들에게 전면적으로 비판받았다.

84 육구연(陸九淵). 1139~1193. 자는 자정(子靜)이다. 상산(象山)서원에서 강의했기 때문에 상산(象山) 선생으로 불리었다. 1172년 진사에 급제하여, 건안현(建安縣)과 숭녕현(崇寧縣)의 주부(主簿), 국자감정(國子監正), 편수칙령소산정관(編修敕令所刪定官) 등을 지냈고, 형문지군(荊門知軍) 재임 중 사망했다. 1175년 여조겸(呂祖謙)의 주선으로 주희와 아호사(鵝湖寺)에서 만나, 본심의 각성을 우선시하는 자신의 학문 방법이 간이(簡易, 본령을 얻어 간명하고 쉬움)하고 격물궁리에 치중하는 주희의 학문 방법은 지리(支離, 본령에서 벗어나 번쇄함)하다고 비판했다. 주희는 육구연의 학문 방식이 태간(太簡, 간략함에 치우쳐 공허하고 소략함)하다고 반론했다. 육구연은 내 마음이 곧 우주여서, 우주의 일이 마음 안의 일이며, 성인의 도를 마음 밖에서 구할 필요가 없다고 주장했다. 주희는 육구연이 존덕성(尊德性, 본심의 각성과 확립을 우선시함) 공부에 치우쳐 도문학(道問學) 공부가 부족하다고 비판했는데, 육구연은 존덕성 공부가 먼저 되지 않으면 도문학 공부가 쓸모없다고 여겼다. 주돈이의 무극(無極) 개념에 대해서도 『노자(老子)』에서 나온 것으로 비판했다. 육구연의 글들은 사후, 장자 육지지(陸持之)가 모아 1205년 『상산선생전집(象山先生全集)』으로 간행하여 전한다.

드러남을 경험했다. 일상에서 응대함에 자신이 바라는 대로 되었고, 사물의 이치를 체인하고 성현의 가르침에서 고찰해보니 각각 실마리와 내력이 있어 비로소 풀리며 자신을 얻었다고 밝혔다. 이것은 성현의 글과 가르침을 모두 폐기하지는 않았고, 사물의 이치를 모두 없애지는 않은 것이니, 대개 심히 이탈하지는 않았다. 다만 그가 깨달아 들어간 곳은 끝내 선가의 기량이다. 그러므로 자신은 선이 아니라고 말했지만, 그의 말이 곳곳에서 분명하게 선의 말인 것은 나정암[85]이 이미 지적했다. 그리고 그의 뛰어난 제자 하극공[86]도 자신의 스승이 지나치게 높은 뜻이 있다고 말했다.[87] 후학들은 그의 장점을 따르면서도 그가 어긋난 부분은 고치는 것이 좋다.

양명에 이르면, 학술이 상당히 어긋나 있다. 그 마음 쓰는 것은 패려궂고 자기 생각대로 하며, 언변은 크고 번쩍여서 사람들이 현혹되어 견지해온 것을 잃게 한다. 인의를 해치고 천하를 어지럽히는 자가 이 사람이 반드시 아니라고 장담할 수 없다. 그가 여기에 이른 것을 살펴보면, 처음에는 그도 외물이 마음에 지장을 주는 것을 싫어하여 외물의 영향을 떨쳐내고자 했을 뿐, 석씨가 하는 것처럼 인륜을 없애고 외물과의 관련을 끊고자 하지는 않았다. 그래서 마음이 곧 이理라는 설을 제창하여 천하의 이는 단지 내 안에 있고 외물에 있지 않으니 학인學人은 단지 이 마음을 보전하는 데 힘쓰고 조금이라도 외부의 사물에서 이理를 찾아서는 안 된다고 주장했다. 그

---

85 나흠순(羅欽順). 1465~1547. 자는 윤승(允昇), 호는 정암(整菴)이다. 나흠순은 기를 만물의 근본으로 여겼다. 이(理)를 기가 활동하는 조리(條理, 질서 또는 법칙)로만 인정하고 기의 주재자로는 인정하지 않았다. 또한 기나 사물 이전에 이가 있어야 한다는 주장에 동의하지 않았다.

86 하흠(賀欽). 1437~1510. 자는 극공(克恭), 별호는 의려(醫閭)이다. 1466년 진사에 급제하여, 호과급사중(戶科給事中)에 임명되었다. 얼마 뒤 병으로 귀향했고, 1488년 섬서참의(陝西參議)로 기용되었는데, 발령장이 이르기 전에 어머니가 별세하자 사퇴하고 다시 출사하지 않았다. 저서로『의려집(醫閭集)』이 있다.

87 이 말은『의려집(醫閭集)』권2에 나온다. "白沙答張廷祥詩所謂, '吾能握其機, 何必窺塵編' 等語, 不免有過高之意."

렇다면 이른바 사물은 비록 오륜과 같이 중요한 것일지라도 또한 있어도 되고 없어도 되며, 끊어버려도 또한 괜찮은 것이니, 이것이 어찌 석씨의 가르침과 차이가 있겠는가?

양명은 이 주장을 견지하면서 성현의 가르침에 비추어 헤아려보고, 맞지 않으면 또 자신의 생각을 끌어다가 경전의 가르침을 변경하여 자신의 사사로운 견해에 맞추었다. 그리고 교묘할 뿐 이치에 맞지 않는 말을 함부로 주장하여 도를 이반하고 성현을 비난하기를 거리낌없이 했다. 이치를 궁구하는 학문을 배격하고자 하여, 주자의 설이 홍수나 맹수의 재앙보다 심하다고 배척했고, 번잡한 학문의 폐단을 없애고자 하여 진시황의 분서焚書가 공자가 육경을 산삭하고 조술한 뜻을 얻었다고 했다. 그의 말이 이와 같음에도 스스로는 미쳐서 실성한 사람이 아니라고 하는데, 나는 믿지 못하겠다. 저와 같은 사람이 군주의 지위를 얻어 뜻을 펼친다면 이 학문과 이 세상에 주는 재난이 진의 분서에 비하여 어느 것이 더 맹렬할지 모르겠다. 부정한 학설이 사람들을 잘못된 길로 빠뜨리는 것이 한결같이 이에 이르니 한탄스러울 뿐이다.

또한 살펴건대, 주자는 만년에 제자들이 문장의 의미에 얽매임이 많음을 보고 실제로 자못 본체를 지시하고 존덕성尊德性(본심의 확립)에 중점을 두는 논의를 제시했다. 그러나 이렇게 한 것이 어찌 양명이 말한대로 도문학道問學(학습을 통해 이치를 탐구하는 것) 공부를 전면적으로 폐기하고 사물의 이치를 없애고자 한 것이겠는가? 그러나 양명은 이것을 끌어다가 스스로 주자의 설에 견강부회하려 했으니 또한 오류이다. 더구나 『대학』의 학문에 들어가는 이가 먼저 『소학』을 공부하는 것은 『대학』 공부에서 사물의 이치를 궁구하는 이가 함양 공부에도 힘쓰기를 바라기 때문이다. 이것이 주자의 본의로, 『대학혹문人學或問』과 「오회숙에게 답한 편지」에 보인다. 주자의 이런 부류 글은 매우 많아, 간절히 반복하면서 두번 세번 생각을 밝혔을 뿐만 아니다. 주자가 언제 사람들에게 허황한 외물을 좇고 본원을 잊어버리게 한 적이 있던가? 더러 문장의 의미를 따지는 표면적인 공부에 빠진 이들은, 말학末學이 자신을 그르친 경우일 뿐이다. 이제 단지 그 말학의 폐단을 걱정하여 본래 올바른 것을 깊이 속이고, 게다가 바른 것에서 배반하고 부정한 데로 나아가면서 바로잡고자 하니 이것이 어찌 도를 아는 군자가 하는 바이겠는가?

정좌靜坐의 맥락: 「『의려선생집醫閭先生集』[88]을 초록하여 백사白沙(진헌장)와 양명陽明(왕수인)의 글을 초록한 것에 부가하고, 다시 그 끝에 적음」[89]

황이 살피건대, 정좌의 학문은 이정 선생에게서 시작되었지만 그 설이 선禪으로 의심을 받았다. 그러나 연평延平(이통李侗)과 주자에서 정좌는 심학의 본원이고 선이 아니다. 백사白沙, 진헌장陳獻章과 의려醫閭(하흠)의 경우는 일삼는 것을 싫어하고 마음의 안정(定)을 추구하여 선으로 들어갔다. 그러나 의려는 백사에 비하여 또한 비교적 충실하고 바른 것에 가깝다. 양명에 이르면 선과 유사하지만 선은 아니며, 또한 마음의 고요함(靜)만 전적으로 주장하는 것이 아니어서 바른 것을 해침이 심하다. 이제 『연평답문』 뒤에 백사와 양명의 설을 초록하고 의려의 설로 끝에 붙여서, 주정主靜(정을 위주로 삼는 것)의 학문이 어긋나기 쉬우므로 소홀히 해서는 안 됨을 보인다.

황이 이런 설명을 제시했지만, 스스로 말의 뜻이 엉성함을 많이 느꼈다. 뒤에 풍성豊城의 양렴楊廉이 지은 『이락연원록신증伊洛淵源錄新增』을 얻었는데, 명도明道의 말을 초록한 부분 아래에 주자가 「장원덕張元德, 장흡張洽

---

88   하흠의 저서.
89   「抄醫閭先生集, 附白沙·陽明抄後, 復書其末」, 1553년(명종 8, 53세) 겨울. 『퇴계집』 권41; 『정본』 14, 37~38면.

에게 답한 편지」에서 명도가 사람들에게 정좌하도록 시킨 것에 대하여 논한 내용을 인용해놓고, 양렴이 스스로 이렇게 변론했다. "살피건대, 정좌의 설은 명도가 일찍이 상채上蔡(사량좌謝良佐)에게 제시하여 알려준 적이 있고, 이천伊川(정이程頤)이 매번 사람들이 정좌하고 있는 것을 보면 공부를 잘하고 있다고 또한 칭찬했다. 그러나 이천은 또 사람들이 정靜(마음이 안정되어 동요되지 않음)을 말하면 곧바로 석씨의 설로 들어간다고 말하고 정靜 자를 사용하지 않고 경敬(마음이 전일함) 자만 사용했다. 정靜이 치우침이 있는 것을 염려한 것이다. 오직 명도만 다른 날 '성품이 고요한 사람은 학문을 할 수 있다'[90]라고 했다. 따라서 주자가 명도가 사람들에게 정좌하게 했다고 유독 말한 것은, 명도는 정靜을 여러차례 말했지만 이천은 언급했더라도 다시 옳지 않게 여겼기 때문이 아니겠는가? 요컨대, 명도가 정靜을 말한 것은 곧 경敬의 의미였고, 이천은 학자들이 미처 이해하지 못할까 염려하여 추가해서 별도로 밝혀준 것이다. 그 뒤로 구산龜山(양시楊時), 예장豫章(나종언羅從彦), 연평延平(이통李侗) 일파에서는 모두 마음이 고요한 가운데 〔靜〕 희노애락이 발동하기 이전의 기상을 보았고, 상채上蔡(사량좌謝良佐)도 정좌를 많이 하여도 지장이 없다고 했다. 이것이 어찌 명도의 가르침이 아니겠는가? 화정和靖(윤돈尹焞)에 이르면 시종 경敬만 행했으니, 어찌 이천의 가르침이 아니겠는가?" 양렴의 이 말은 내 설과 서로 통하며 변석이 주밀하다. 이제 여기로 갖추어 기록해두어서 내 자신을 살피고 경계한다.

---

90   『二程外書』 권1「朱公掞錄拾遺」.

인륜과 신체적 욕구의 차이: 「『전습록』 비판」[91]【『전습록』은 왕양명의 문인이 스승의 설을 기록한 것이다. 이제 몇 조목을 들어서 변론하는 것으로 나머지 부분까지 포괄한다.】

① 서애徐愛[92]가 물었다. "'재친민在親民(백성을 친애하는 것에 있다)'[93]의 뜻에 대하여 선생께서 구본舊本(주희가 개정하기 이전『예기』에 들어 있던 「대학」)을 따라서 이해하는 것이 옳다고 말씀하신 이유는 무엇입니까?"

선생 양명이 대답했다. "『대학』의 전傳 가운데 '작신민作新民'의 '신新'은 스스로 쇄신하는 백성을 뜻하여, 주희가 개정한 '재신민在新民(백성을 쇄신하는 것에 있다)'의 '신新(쇄신하다)'과 뜻이 다르다. 아래 치국治國(나라를 다스림)과 평천하平天下(천하를 균평하게 함)의 장에서 모두 '신新'에 대하여 뜻을 밝힌 것이 없다. 예를 들면 '군자는 현인을 현인으로 대하고 부모를 친애하며, 소인은 그 즐거운 일을 즐거워하고 그 이로움을 이롭게 여긴다'라고 한 말이나, '어린아이를 보호하듯이 한다' '백성의 부모' 등의 말은 모두 '친親(친애한다)'의 뜻이다. '백성을 친애한다'는 말은『맹자』의 '부모를 친애하고 백성을 어질게 대한다'는 말과 같다. 친애하는 것은 곧 어질게 대하는 것이다. 백성이 친애하지 않자, 순임금은 설契에게 사도司徒가 되어 오교五敎(오륜)를 가르치도록 하여 백성이 친애하게 했다. 『상서』「요전堯典」의 '구족을 친애한다'에서부터 '백성을 균평하고 밝게 하고, 모든 나라

---

91 「傳習錄論辯」【《傳習錄》, 王陽明門人記其師說者. 今擧數段而辯之, 以該其餘】. 1566년(명종 21, 66세 추정).『퇴계집』권41;『정본』14, 27~33면.

92 1488~1518. 왕수인의 제자이다. 자는 왈인(曰仁)이며 호는 횡산(橫山)이다. 그는 왕수인의 학설을 공자 학단의 적전으로 보았고 한결같이 따랐다.『전습록(傳習錄)』에서 전반부를 편찬했다.

93 『예기』에 들어 있던 「대학」(이를 고본 대학이라고 지칭함)에 "大學之道, 在明明德, 在親民, 在止於至善"으로 되어 있다. 그러나 주희는『대학장구』에서 "在親民"을 "在新民"으로 개정하고, "親"은 "新"의 오자라고 설명했다. 주희의 뜻에 따르면, "백성을 친애한다"는 뜻이 아니라 "백성을 쇄신한다"는 뜻이 된다.

를 화합하게 한다'에 이르기까지 곧 백성을 친애한다는 뜻이다. 공자는 자신의 소원이 '백성을 편안하게 하는 것'이라고 말했다. 백성을 친애한다고 말하면 곧 가르치고 길러주는 뜻을 함께 포함하지만, 백성을 쇄신한다고 말하면 곧 한쪽으로 뜻이 치우치게 됨을 느낀다."

변론하여 말한다. 이 장의 첫머리에서 "『대학』의 도는 명덕을 밝게 하는 것에 있다"라고 말한 것은 내가 학문을 통해 내 덕을 밝게 함을 의미한다. 이어서 "백성을 쇄신하는 것에 있다"라고 말한 것은 나의 학문을 미루어 백성에게 적용해서 백성이 자신의 덕을 새롭게 함을 말한다. 두가지는 모두 학學(배운다)의 뜻을 지니는 점에서 일관된 설명이 된다. 기른다거나 친애한다는 뜻과는 처음부터 관련이 없다. 양명은 곧 대담하게 선유先儒(주희)의 정론을 멋대로 배제하고 모양만 그럴듯한 여러 설을 함부로 끌어와 견강부회하면서도 조금도 거리낌이 없으니, 그 학문이 잘못되고 마음에 병통이 있음을 알 수 있다. 이로부터 시비를 따져보면, 곳곳이 저급하여 모두 이런 병통이 있으니 이하 몇 조목만 간단히 들어보겠다.

② 서애가 물었다. "지선至善을 마음에서만 구하면 천하의 사리에 대해서 다 포괄하지 못할 듯합니다." 양명이 대답했다. "마음이 곧 이理이다. 천하에 또 마음과 상관없는 일이 있고, 마음과 상관없는 이理가 있는가?" 서애가 말했다. "예컨대 부모를 섬기는 효와 군주를 섬기는 충은 그 효도하고 충성하는 사이에 여러 많은 이理가 있어, 또한 잘 살피지 않을 수 없을 듯합니다." 선생이 한탄하며 말했다. "이런 주장이 폐단을 만든 것이 오래되었다. 게다가 부모를 잘 섬기지 못하면 부모에게서 효의 이치를 찾고, 군주를 잘 섬기지 못하면 군주에게서 충의 이치를 찾는 것이 모두 이 마음에 있다. 마음이 곧 이이다. 이 마음은 사욕이 가리는 일이 없으면 곧 천리이다. 밖에서 일푼이라도 더할 필요가 없다. 순전히 천리인 이 마음을 부모를 섬기는 일에서 발휘하면 곧 효이고, 군주를 섬기는 일에서 발휘하면 곧 충

이다. 이 마음이 인욕을 버리고 천리를 보존하는 것에서 힘을 쓸 뿐이다."

서애가 말했다. "부모를 섬길 때 따뜻하게 또는 시원하게 해드리고 자리를 정리하고 몸을 살펴보는 일 등 허다한 절목에 대하여 강구해야 합니다." 양명이 말했다. "어떻게 강구하지 않겠는가? 다만 핵심처가 있으니, 이 마음이 인욕을 버리고 천리를 보존하는 데에 나아가 강구하는 것이다. 예컨대 겨울에 따뜻하게 해드리는 일을 강구할 때 이 마음의 효를 다하고자 하고 조금이라도 인욕이 개재될까 염려한다. 여름에 시원하게 해드리고자 강구할 때에도 또한 그렇게 하여 이 마음을 강구한다. 이 마음이 인욕이 없고 순수하게 천리라면 이것은 부모에게 효도하는 일에 진실한 마음이 된다. 그리하여 겨울에는 저절로 부모가 추울까 생각하게 되고 곧 자연히 따뜻하게 하는 도리를 강구한다. 여름이 되면 저절로 시원하게 해드리는 방법을 생각하게 되는 것 또한 마찬가지이다. 진실하게 효도하는 마음이 곧 뿌리이다. 여러 의절의 조목들은 곧 가지와 잎이다. 먼저 뿌리가 있어야 가지와 잎이 있다. 가지와 잎을 먼저 찾은 뒤에 뿌리를 심는 것이 아니다."

변론하여 말한다. 본래 궁리 공부를 논하는 것인데, 전환하여 실천의 일과 효과에 나아가 뭉뚱그려 설명했다.

③ 정조삭鄭朝朔[94]이 물었다. "지선 역시 행하는 일에서 합당함을 찾아야 비로소 지선이 됩니다." 양명이 말했다. "따뜻하게 또는 시원하게 해드리는 의절이나 봉양할 때의 합당한 조처는 하루 이틀이면 다 강구할 수 있다. 거기에 무슨 배우고 묻고 생각하고 변석하는 것이 필요한가? 단지 따뜻하게 또는 시원하게 해드릴 때 이 마음이 순전히 지극한 천리가 되게 할 뿐이다. 봉양할 때도 역시 이 마음을 순전히 지극한 천리가 되게 할 뿐이

---

94 정일초(鄭一初). 1476~1513. 자는 조삭(朝朔), 호는 자파(紫坡)로 왕수인의 제자이다. 왕수인의 제문(祭文)이 있다.

다. 마음이 순수하게 천리가 되게 하는 이 일이야말로 배우고 묻고 생각하고 변석하는 노력이 있지 않으면, 처음엔 미미한 어긋남에 지나지 않는 것이 나중에 커다란 간극을 초래하는 결과를 면치 못할 것이다. 만일 이들 절목에서 합당함을 찾아 얻은 것을 곧 지선이라고 한다면, 예컨대 이제 배우가 따뜻하게 또는 시원하게 해드리고 봉양하는 여러 의절을 연기하는 것이 합당해도 또한 지선이라고 말할 수 있다."

변론하여 말한다. 마음에 근본하지 않고 의절에서 겉으로만 강구하는 것은 정말 연기자와 차이가 없다. 그러나 백성의 인륜과 사물의 준칙 어느 것도 하늘이 내려준 마음의 참되고 지극한 이理가 아님이 없다는 것을 듣지 못했는가? 또한 주자가 말한 "경敬(마음을 전일하게 함)을 중심에 두어 그 근본을 세우고, 이치를 궁구하여 그 앎을 지극하게 한다"[95]는 것을 듣지 못했는가? 마음이 경을 중심에 두고 사물의 참되고 지극한 이치를 궁구하면, 이理와 의意(생각)를 마음이 밝게 알아서 각각의 사물이 막연하게 눈에 들어오는 일이 없고, 안팎으로 융회관통하고 은미하거나 드러나거나 한결같이 일치하게 된다. 이로부터 성의誠意(생각을 진실하게 함), 정심正心(마음의 지향을 바르게 함), 수신修身(자신의 몸에서 수행함)을 실천하고, 집안과 국가에 미루어 적용해나가고 천하에 통용하게 하면, 그 성대한 기세를 막을 수 없다. 이와 같은 것을 또한 배우라고 말할 수 있겠는가? 양명의 무리는 외물이 마음에 짐이 되는 것만 근심하고, 백성의 인륜과 사물의 준칙으로서 참되고 지극한 이치가 곧 내 마음에 본래 갖추어진 이理여서, 강학하고 이치를 궁구하는 활동이 바로 본심의 체體를 밝히고 본심의 용用에 통달하기 위함이라는 사실을 모른다. 짐짓 일과 사물을 일체 배제하려고 하면서, 모두 본심을 틀어쥐고 본심에 들어가 뭉뚱그려 주장한다. 이것이 불교의 견해와 무엇이 다른가? 그런데 때마다 말로는 불교를 조금씩 공격하여 자신의 학

---

95 이 말은 『회암집(晦菴集)』 권75 「정씨유서후서(程氏遺書後序)」와 속집 권2 「채계통(채원정)에게 답함(答蔡季通)」에 나온다.

문이 불교에서 나오지 않았다며 스스로 해명하고 있으니, 이것 또한 자신을 가장하여 남을 속이는 것이 아닌가? 저 따르는 무리들이 처음에는 밝게 알고 있다가도 자기도 모르는 사이에 이단사설에 굴러 떨어져 이내 "말씀하시는 중에 깨닫는 바가 있습니다"라고 말하니, 또한 가련한 일이다.【서애는 자가 왈인曰仁으로 양명의 문인이며, 이 말을 실제로 기록한 사람이다. 이 조목 끝에 "이날 나는 선생께서 말씀하시는 중에 깨닫는 바가 있었다"라고 했다.】

④ 서애가 지행합일知行合一(아는 것과 실천하는 것은 분리되지 않은 하나임)의 설에 대해 물었다. "사람은 부모에게 효도하고 형에게 공경해야 하는 것을 알면서도 오히려 효도하지 못하고 공경하지 못합니다. 이것으로 보면 지知(아는 것)와 행行(실천하는 것)은 분명히 별개입니다."

양명이 대답했다. "이것은 이미 사의私意(사사로운 뜻)에 의하여 단절된 것이지, 지와 행의 본체가 아니다. 성현이 사람들에게 지와 행을 가르치는 것은 바로 저 본체를 회복하게 하려는 것이다. 『대학』에서는 '미색美色을 좋아하듯이 한다'고 말했다."[96]

변론하여 말한다. 양명은 "오늘날 사람들이 강습하고 토론하는 것은 이해가 참되게 된 뒤에 비로소 실천하는 공부여서, 결국 종신토록 실천하지 못하고 종신토록 이해하지도 못한다"[97]라고 말했다. 이 말은 말학들이 한갓 표면적인 지식에 종사하는 폐단에 절실하게 들어맞는다. 그러나 이 폐단에서 구제하고 싶어 "지와 행이 합일되어 있다"는 주장을 억지로 세워놓고 이 단락에서 매우 자세하게 변론하여 말했으나, 말이 교묘할수록 뜻은 참된 것에서 멀어져 있다. 왜 그런가? 미색을 보고 악취를 맡는 것은 지知에 속하고, 미색을 좋아하고 악취를 싫어하는 것은 행行에 속하는 점을

---

96 『王文成公文集』권1,『傳習錄』상권, 제5조.
97 이 말은 『전습록』상권의 제5조에 나온다.

들어, 형색을 보고 냄새를 맡을 때 저절로 좋아하고 싫어하는 것이지, 본 뒤에 한 마음을 내어 좋아하거나, 냄새를 맡은 뒤에 별도로 한 마음을 내어 싫어하는 것이 아니라고 말한다. 이것을 지행합일의 예증으로 삼는 것은 그럴듯해 보인다. 그런데 양명은 정말로, 사람이 선함을 보고 좋아하는 것이, 또한 미색을 보고 저절로 좋아하는 것이 거짓 없음과 과연 같을 수 있다고 여기는 것일까? 사람이 선하지 않음을 보고 싫어함이 악취를 맡자 저절로 싫어하는 실제와 정말 같을 수 있다고 여기는 것일까?

공자는 "나는 아직 미색을 좋아하듯이 덕을 좋아하는 사람을 보지 못했다"[98]라고 말했고, 또 "나는 아직 어질지 않은 사람을 싫어하는 이를 보지 못했다"[99]라고 했다. 대체로 인간의 마음 가운데, 형기에서 발하는 마음은 배우지 않아도 저절로 알고, 노력하지 않아도 저절로 할 수 있어, 좋아하고 싫어함이 행동으로 나타난 것과 마음에 있는 것이 일치한다. 미색을 보면 즉시 아름답다고 지각하여 마음이 진실로 좋아하고, 악취를 맡으면 즉시 악취라고 지각하여 마음이 실제로 싫어하니, 행하는 것이 아는 것에 들어 있다고 말해도 오히려 가능하다.

그러나 의리義理(도덕)의 마음에 이르면 그렇지 않다. 배우지 않으면 이해하지 못하고, 노력하지 않으면 실천할 수 없으며, 밖으로 실천해도 반드시 마음에서 진실한 것은 아니다. 그러므로 선한 것을 보고도 선하다고 이해하지 못하는 경우가 있고, 선하다고 알아도 마음에서 좋아하지 않는 경우도 있다. 그런데 선한 것을 보면 즉시 저절로 좋아한다고 말하면 되겠는가? 선하지 않은 것을 보고도 나쁘다고 이해하지 못하는 경우가 있다. 나쁜 것이라고 이해하면서도 마음에서 싫어하지 않는 경우가 있다. 그런데 나쁘다고 알면 즉시 저절로 미워한다고 말해서 되겠는가?

그러므로 『대학』에서 좋아하고 싫어하는 것이 겉으로 나타난 행동과 속

---

98   이 말은 『논어』 「자한」에 나온다.

99   이 말은 『논어』 「이인」에 나온다.

의 마음이 일치하는 사례를 들어 학인들에게 자신을 속이지 말 것을 권면한 것은 옳다. 그러나 양명은 저 형기의 층위에서 행해지는 것을 논거로 가져와 이 의리의 층위에서 이해하고 실천하는 것의 맥락을 밝히려 했으니, 전혀 합당하지 않다. 그러므로 의리의 차원에서 지知와 행行은, 둘을 결합해서 말하면 본래 서로 의지하고 함께 행하여 어느 한쪽을 빠뜨릴 수 없고, 둘을 나누어서 말하면 지를 행이라고 말할 수 없는 것은 행을 지라고 말할 수 없는 것과 같다. 어찌 합해서 하나로 여길 수 있겠는가?

또한 성현의 학문은 마음에 근본을 두고 사물에 관통해 있다. 그러므로 선함을 좋아할 때 마음으로 좋아할 뿐만 아니라 반드시 일을 행하는 가운데 그 선함을 실현하기를 미색을 좋아하듯이 하여 반드시 결과를 얻고자 한다. 악함을 싫어할 때 마음으로 싫어할 뿐만 아니라 반드시 일을 행하는 가운데 그 악함을 제거하기를 악취를 싫어하듯이 하여 결단코 없애고자 힘쓴다. 양명의 견해는 오로지 본심에만 있어 밖으로 사물에 조금이라도 연루될까만 염려한다. 그렇다면 마음에서 미색을 좋아하기만 한다면 결혼하지 않아 인륜을 폐기해도 또한 미색을 좋아한다고 말할 수 있겠는가? 마음에서 악취를 싫어하기만 한다면, 더러운 것이 몸을 뒤덮어도 악취를 싫어한다고 말할 수 있겠는가?

양명도 자신의 주장이 치우쳤음을 스스로 알기 때문에 지知와 행行을 나누지 않는 것으로 지행의 본체를 삼고, 지와 행이 분리되는 것을 사의私意에 의해 단절되었다고 여긴다. 그렇다면 옛 성현이 지행의 설을 제시한 것은 모두 사의에 따른 것인가? "아픈 것을 알 때는 이미 자신이 아프다. 춥다고 지각할 때는 이미 자신이 춥다. 배고프다고 느끼면 이미 자신이 배고프다"라고 말한 대목에 이르면, 그 설명은 정교하다고 할 수 있겠지만, 그러나 아프고 배고프고 추운 것은 곧 몸과 마음이 만나는 일로 상황에 따라 그 명칭을 얻은 것일 뿐이다. 의리의 지와 행을 말하는 것이 아니다. 몸이 괴롭고 아픈 것을 알아서 조처함이 그 도리를 얻었을 때 비로소 괴롭고 아픈 것의 지행이라고 말할 수 있다. 굶주리고 추운 것을 알아서 조처함이 그 도리를 얻었을 때 비로소 굶주리고 추운 것의 지행이라고 말할 수 있다. 그저 아픈 것을 가리켜 행이라고 하면 행해지는 것은 혈기의 차원일 뿐이지 의리가 아니다. 단지 굶주리고 추운 것을 행이라고 하면 행해지는 것은 인심人心(형기에서 나오는 마음)이지 도심道心(본성에서 나오는 마음)이 아니다. 게다가 아파서 아프다고 지각하고, 굶주리고 추워서 배고프고 춥다고 지각하는 것은 길 가는 사람이나 걸인이며 금수도 모두 능히 하는 것이다. 이와 같은 것을 지행이라고 한다면, 무엇을 하자고 학문을 귀하게 여기겠는가?

아프고 가렵고 배고프고 배부름을 아는 것을 본성으로 삼는 설은 본래 고자告子의 "타고난 것을 본성이라고 한다"[100]는 설에서 나왔다. 양명이 알고 있는 지식이 바로 이 설에 익숙해져 있기 때문에 입에서 나오는 대로 주장하여 자신의 변론을 문식文飾(그럴듯하게 꾸미다)한 것이다. 그러나 그 설은 형기에서 나오는 욕구에 적용할 수 있지만 의리의 지행에 대해 설명할 수 없다. 그러므로 효와 제에 대하여 "효를 알면 이미 자연히 효도하고, 제弟(공경함)를 알면 이미 자연히 공경한다"라고 말하지 않고, 단지 "남들이 효도한다고 말하고 공경한다고 말하면 반드시 이미 효도와 공경을 실행하고 있는 것이다"라고 말했다. 따라서 앞뒤 말의 맥락과 서로 호응하지 않는다. 결국 "옛사람이 지知를 설명하고 다시 행行을 설명한 이유"[101]라고 말하는 대목에서는 이전처럼 두가지로 나누어 설명하는 것에서 벗어나지 못했다. 대개 도리가 본래 이와 같아 끝내 뭉뚱그려 합해놓을 수 없기 때문이다.

---

100 이 말은 『맹자』 「고자상」에 나온다.
101 이 말은 『전습록』 상권 제5조에 나온다.

사칠논변

사단은 선하고 칠정은 선함과 악함이 정해지지 않았다: 「사단칠정을 논한 첫번째 편지」[102]

성정性情에 대한 변석은 선유가 밝힌 것이 자세합니다. 다만 사단과 칠정을 말할 때 함께 정이라고만 말해서, 이와 기로 나누어 설명한 경우는 보지 못했습니다. 전에 정생鄭生[103]이 「천명도天命圖」를 제작할 때, "사단은 이理로부터 발현하고 칠정은 기氣로부터 발현한다"라는 설명을 써놓았습니다. 내 생각에 분별이 너무 심하여 쟁론의 단서를 낳을까 또한 염려되었습니다. 그래서 "순수하게 선하여" "기를 겸하고 있어" 등의 말로 고쳐놓았습니다. 그렇게 한 것은 서로 도와서 강구하여 밝히려는 생각이었지, 내가 고쳐놓은 말로 해야 하자가 없다는 뜻은 아니었습니다. 이제 변론하신 설명을 주시어 받으니, 오류를 지적하고 자세히 깨우쳐주어 조심해야겠다는 마음이 더욱 깊어집니다. 그러나 의문이 들지 않을 수 없는 점이 여전히 남아 있습니다. 시험 삼아 의문점을 말씀드려 바로잡기를 청합니다.

사단도 정이고 칠정도 정으로 똑같이 정입니다. 그런데 어째서 사단과 칠정이라는 다른 명칭이 있겠습니까? 보내온 편지에서 "입각하여 말한 점

---

102 「答奇明彦」(論四端七情第一書) 1560년(명종 15, 60세) 11월 5일. 『퇴계집』 권16; 『정본』 6, 372~77면. 『자성록』에는 「사단과 칠정을 이와 기로 구분한 것을 기명언이 반론한 것에 대하여 답한 첫번째 편지(答奇明彦四端七情分理氣辨第一書)」로 되어 있다. 이황은 두번째 편지를 보낼 때, 첫번째 편지의 문구를 일부 고쳐 앞에 다시 실어서 함께 보내면서 다음과 같이 말했다. "근래 두번째 편지를 받고 지난번 편지의 내 말에 엉성하고 잘못되어 균형을 잃은 곳이 있음을 알았습니다. 삼가 수정하여 앞쪽에 써서 가부를 여쭙니다. 그 뒤에 두번째 편지를 이어서 보내드립니다. 밝혀서 회답해주시기를 요청합니다(頃承第二書誨諭, 知覓前書語有疎謬失秤停處, 謹已修改. 今將改本, 寫在前面, 呈稟可否, 其後乃繼以第二書, 伏乞明以回教)." 첫번째 편지는 이 개정본을 수록했다.

103 추만(秋巒) 정지운(鄭之雲)을 가리킨다.

이 같지 않다"라고 한 말이 그 이유입니다. 이와 기는 본래 서로 의지해서 체體가 되고 서로 의지해서 용用이 됩니다. 본래 이가 없는 기도 없고 기가 없는 이도 없습니다. 그러나 입각하여 말한 점이 다르기에 또한 구별하지 않을 수 없습니다. 옛날부터 성현이 둘을 논하여 언급할 때 어찌 반드시 합쳐서 하나로만 설명하고 분별해서 설명하지 않은 적이 있습니까?

게다가 성 한 글자를 말해보면, 자사子思가 하늘이 부여했다고 한 성, 맹자가 타고난 성품이 선하다고 한 성, 이 두 성이 가리켜 말하는 뜻이 어디에 있겠습니까? 이와 기가 부여된 가운데 이 이의 근원적이고 본래적인 측면을 가리켜 말한 것이 아니겠습니까? 가리켜 말한 뜻이 이에 있고 기에 있지 않기 때문에, 순수하게 선하여 악함이 없다고 말할 수 있습니다. 만일 이와 기는 서로 떨어져 있지 않기 때문에 기를 겸하여 설명하고자 한다면, 이미 성의 본래 면목이 아니게 됩니다. 자사와 맹자가 도의 본체가 지닌 온전한 면목을 통찰하여 그와 같이 설명을 제시한 것이지 하나만 알고 둘은 몰랐기 때문이 아닙니다. 기와 함께 섞어서 성을 말하면 성이 본래 선함을 사람들이 이해할 수 없다고 진실로 생각했기 때문입니다.

후세에 이정二程과 장재張載 등 여러 학자들이 배출되자, 그 뒤 어쩔 수 없이 기질의 성에 대한 논의가 나왔습니다. 이들 또한 지식을 과시하여 남과 다른 주장을 세우려 한 것이 아닙니다. 이들이 기질의 성으로 가리켜 말한 뜻은 기를 품수받아 태어난 뒤에는 또한 순전히 본연의 성으로만【"순전히" 이하는 이전 편지에서는 "본연의 성으로 혼연하게"라고 되어 있었는데 수정함】지칭할 수 없다는 점에 있습니다. 따라서 나는 개인적으로, '정에 사단과 칠정의 구별이 있는 것은 성에 본연의 성과 기질을 품수받은 이후의 성 사이에 차이가 있는 것과 같다. 그렇다면 성에서 이와 기로 분별하여 말할 수 있는데, 정에서만 유독 이와 기로 분별하여 말할 수 없겠는가?' 이렇게 생각했습니다.

측은惻隱(안타까워 가슴이 아픈 마음), 수오羞惡(불의를 부끄럽게 여기고 미워하는 마음), 사양辭讓(사양하고 양보하는 마음), 그리고 시비是非(옳고 그름을 따지는 마음)는 어디에서 발현합니까? 인의예지의 성에서 발현합니다. 희喜(기뻐하는 마음), 노怒(분노하는 마음), 애哀(슬퍼하는 마음), 구懼(두려워하는 마음), 애愛(소중히 여기는 마음), 오惡(싫어하는 마음), 그리고 욕欲(하고자 하는 마음)은 어디에서 발현합니까? 외물이 그 형기를 촉발하면 안에서 움직여서 환경에 따라서 나옵니다. 사단의 발현에 대하여 맹자가 이미 마음이라고 했으니 마음은 본래 이와 기가 합하여 있는 것입니다. 그런데 맹자가 가리켜 말한 뜻은 이에 중점이 있습니다. 왜 그럴까요? 인의예지의 성이 순수하게 안에 있는데 사단은 그 단서입니다. 칠정의 발현에 대하여 정자가 안에서 움직인다고 했고, 주자가 각각 합당한 바가 있다고 했으니, 본래 이와 기를 겸한 것입니다【"정자는" 이하가 이전 편지에서 "주자가 본래 응당 그러해야 하는 법도가 있다고 했으니, 이가 없는 것이 아니다"라고 되어 있었는데 수정함】. 그러나 가리켜 말한 뜻은 기에 있습니다. 왜 그럴까요? 외물이 다가올 때 쉽게 감응하여 먼저 움직이는 것에 형기보다 더한 것이 없습니다. 칠정은 그 감응하는 맥락입니다. 안에서는 순수하게 이였던 것이 발현하자마자 기와 섞이는 것이 되고, 외물에 감응할 때는 형기이던 것이 발현해서는 짐짓 이가 되고 기가 되지 않는 것이 어디 있겠습니까?【"짐짓 이가 되고" 이하가 이전 편지에서는 "이의 본체가 되고"로 되어 있었는데 수정함】

사단은 모두 선합니다. 그러므로 "사단의 마음이 없으면 사람이 아니다"라고 했고, "그 정으로 보면 선을 행할 수 있다"라고 했습니다. 칠정은 본래 선하지만 악행에 쉽게 빠집니다. 따라서 발현해서 절도에 맞으면 그때 화和(중절함)라고 말합니다. 하나라도 있는데 살피지 못하면 마음은 이미 그 바름을 얻지 못합니다【"본래 선하지만" 이하가 이전 편지에서 "선함과 악함이 아직 정해져 있지 않기 때문에 하나라도 살피지 못하면 마음이 그 바름을 얻지 못합니다. 반드시 발현해서 절도에 맞은 뒤에 화和라고 말합니다"로 되어 있었지만 수정함】. 이것으로 보면, 사단과 칠정은 모두 이와 기에서 벗어나 있지 않다고 하더라도, 그 소종래所從來(나오는 곳)에 따라 각자 위주로 삼는 바를 가리켜【이전 편지에는 이 중간에 "여소중與所重(중시하는 바와 더불어)" 세 글자가 있었는데 삭제함】말할 경우, 어떤 것은 이고 어떤 것은 기라고 말해서 안 될 것이 어디 있겠습니까?

보내온 편지의 의도를 혼자 자세히 살펴보니, 이와 기가 서로 따르고 떨어져 있지 않은 점에 대하여 깊이 간파하여 그 점을 주장하기에 매우 힘을 기울였습니다. 따라서 "이가 없는 기가 있은 적이 없고, 또한 기가 없는 이가 있은 적이 없다"라고 했고, "사단과 칠정은 다른 뜻이 있는 것이 아니다"라고 했습니다. 이 말은 옳은 것에 가깝지만, 그러나 성현의 취지로 헤아려보면 부합하지 않는 점이 있는 듯합니다. 대저 의리의 학문은 정밀하고 은미함의 극치입니다. 반드시 마음을 크게 열고 눈을 높게 떠서, 절대로 미리 한가지 주장을 위주로 삼지 말고 마음을 비우고 기세를 평순하게 하여 그 취지를 천천히 살피면서 같은 가운데 다른 점이 있음을 알고 다른 가운데 같은 점이 있음을 알아서, 둘로 분별해도 떨어진 적이 없는 점에 지장을 주지 않고, 하나로 합해도 실로 서로 섞이지 않는 것으로 돌아가야 합니다. 그래야 곧 주밀하고 치우침이 없게 됩니다. 청컨대, 다시 성현의 설로 그 필연적인 측면을 밝혀보겠습니다.

예전에 공자는 계속 잇는 것은 선함이고 이루는 것은 성이라는 논의를 했습니다. 주자周子(주돈이)는 무극이면서 태극이라는 주장을 했습니다. 이들은 모두 이와 기가 서로 따르는 가운데 이를 따로 꺼내어 단독으로 말한 사례입니다. 공자는 본성은 서로 비슷하지만 습관들인 것에 따라 현격하게 달라지는 측면의 성을 말했습니다. 맹자는 이목구비의 신체적 욕구가 본성인 측면을 말했습니다. 이들은 모두 이와 기가 서로 이루어주는 가운데 나아가 함께 가리키면서【" 섬하여 가리키면서" 이하가 이전 편지에서는 "한쪽을 가리켜 단독으로 말하여"로 되어 있었는데 수정함】기를 위주로 한 사례입니다. 이 네가지 사례는 어찌 같은 가운데 다른 점이 있음을 안 경우가 아니겠습니까? 자사는 중中과 화和를 논하면서 희노애락을 말하고 사단은 언급하지 않았습니다. 정자는 안회가 좋아했던 학문을 논하면서 희노애구애오욕의 칠정을 말하고 사단은 또한 말하지 않았습니다. 이들 사례는 곧 이와 기가 서로 의지해 있는 측면 가운데 나아가 합해서 말한 것입니다. 이 두 사례는 어찌 다른 가운데 나아가 같은 점이 있음을 본 경우가 아니겠습니까?

이제 공이 변론한 것은 이와 다릅니다. 같은 점을 좋아하고 떨어지는 것을 싫어합니다. 혼연하게 전체가 되는 것을 즐거워하고 쪼개어 나누는 것을 싫어합니다. 사단과 칠정의 소종래를 궁구하지 않고 이와 기를 겸하고 있어 선함과 악함이 있다고 일률적으로 말합니다. 분별하여 말하는 것은 안 된다고 깊게 믿어, 비록 편지 중간에 "이는 약하고 기는 강하다""이는 아무 조짐이 없고, 기는 흔적이 있다"라고 말했지만, 끝에 가서는 곧 기가 저절로 발현하는 것을 이의 본체가 그렇게 하는 것이라고 여깁니다. 이 것은 끝내 이와 기가 하나여서 사단과 칠정에 분별되는 점이 없다고 여기는 듯합니다. 만일 이와 기가 하나여서 사단과 칠정에 분별되는 점이 없다고 정말로 그렇게 말한다면, 그것은 내가 감히 아는 바가 아닙니다. 그런 것이 아니라면, 실로 이와 기가 하나의 동일한 것이 아니어서 분별되는 점이 있다고 또한 여기기 때문에 "이의 본체" 다음에 "그렇게 하는 것이다〔然也〕" 두 글자를 붙였을 것입니다. 그렇다면 「천명도」에서 분별하여 말한 것에 대해서만 유독 안 된다고 고생스럽게 말하는 것인가요?【"끝내 (…) 여기는 듯합니다" 이하는 이전 편지에 "끝내 이와 기는 하나의 동일한 것으로 분별됨이 없다고 여깁니다. 근세 나정암이 이와 기가 별도의 다른 것이 아니라는 설을 앞장서 주장하고 주자의 설이 옳지 않다고까지 주장했습니다. 나는 늘 그 취지를 이해하지 못하고 있었는데, 보내온 편지에서도 그와 유사하게 말할 줄은 생각도 못했습니다"로 되어 있었는데 수정함】

또한 보내온 편지에서 "자사와 맹자가 입각하여 말한 점이 같지 않다"

라고 말하고 또 사단은 따로 떼어내어 말한 것이라고 했지만, 도리어 사단과 칠정을 다른 뜻이 없다고 하니 서로 모순되는 것에 가깝지 않습니까? 강학을 하면서 나누어 분석하는 것을 싫어하여 하나의 설로 합하는 것에 주력하는 것은, 옛사람이 골륜탄조鶻圇吞棗(통째로 삼켜 맛을 모름)라고 말한 것으로 그 병폐가 적지 않습니다. 그런데 계속 그렇게 하면 자신도 모르는 사이에 기로 성을 논하는 병폐에 어느새 빠지고 인욕을 천리로 여기는 병통에 빠질 것입니다. 어찌 옳겠습니까?

보내준 편지를 받고부터 곧바로 내 생각을 알려드리고 싶었지만, 여전히 내 의견이 반드시 옳아서 의심할 여지가 없다고 감히 자신하지 못했기 때문에 오랫동안 말씀드리지 못했습니다. 근래 『주자어류』를 읽다가 『맹자』의 사단을 논한 한 조목을 발견했는데 바로 이 사안을 논했습니다. 그 설에 "사단은 이가 발현한 것이요, 칠정은 기가 발현한 것이다"라고 했습니다. 옛사람이 말하지 않았습니까? "함부로 자신을 믿지 않고 스승을 믿는다"라고요. 주자는 내가 스승으로 삼는 분입니다. 또한 모든 시대 천하 사람들이 종사로 받드는 분입니다. 그 설명을 얻은 뒤에 비로소 내 생각이 크게 잘못되는 데에 이르지 않았고, 애시당초 정추만鄭秋巒의 설도 자체로 병통이 없어 고칠 필요가 없음을 확신했습니다. 그래서 감히 그 자잘한 소견을 대략 서술하여 가르침을 청합니다. 모르겠지만 공의 생각에는 어떤지요? 만일 "이치로는 비록 그렇지만, 언어로 규정하여 표현할 때 잠깐 사이에 착오를 낳으니, 선유의 이전 설명을 그대로 사용하는 것보다 오히려 못하다"라고 생각하신다면, 청컨대 주자의 본래 설명으로 대체하고 우리들의 설명을 버리면 곧 온당해질 것입니다. 어떻게 생각하는지요?

사단과 칠정이 나오는 곳이 다른 이유: 「사단칠정을 논한 두번째 편지」[104]

이와 기가 서로 떨어질 수 없고, 칠정이 이와 기를 겸하고 있다는 것은 나도 선유의 설에서 본 적이 있습니다. 그러므로 이전 변론에서 여러 번 언급했습니다. 예컨대 성과 정을 통합하여 논할 때는 "이가 없는 기가 없고, 또한 기가 없는 이도 없다"라고 합니다. 사단을 논할 때는 "마음은 본래 이와 기의 결합체이다"라고 합니다. 칠정을 논할 때는 "이가 없는 것이 아니다"라고 합니다. (…)

사단이 기가 없는 것이 아니고, 칠정이 이가 없는 것이 아님은 공만 그렇게 말하는 것이 아니요, 나도 그렇게 말했습니다. 우리 두 사람만 그렇게 말하는 것이 아니라, 선유도 이미 그렇게 말했습니다. 선유가 억지로 말한 것이 아니라, 곧 하늘이 부여하여 사람이 받은 근원과 지류의 맥락이 본래 그러합니다. 그러나 견해가 처음에는 같았지만 나중에 달라진 것은 다른 이유가 없습니다. 공의 생각은 사단과 칠정이 모두 이기를 겸하여 있어 내용은 같고 명칭만 다른 것이라고, 그래서 사단은 이로 칠정은 기로 나누어 배속시켜서는 안 된다고 여깁니다. 나의 생각은 다른 것 가운데 같은 점을 보기 때문에 사단과 칠정 둘은 본래 혼륜渾淪(분별하지 않음)해서 말한 경우가 많지만, 같은 가운데 다른 점이 있음을 알기 때문에 둘은 나아가서 말하는 바에 본래부터 이를 위주로 말한 것과 기를 위주로 말한 차이가 있으니, 사단을 이로 칠정을 기로 나누어 배속시켜서 안 될 것이 어디 있겠는가, 이렇게 여깁니다. 이런 이치에 관련해 이전에 했던 말에 비록 하자가 있기는 하지만, 그 종지는 실로 근거가 있습니다. 그러나 공은 변회辯誨(기대승의 반론)에서 한마디 한 글자도 완전할 수 없다고 하나같이 비판했습니

---

104 「論四端七情第二書」, 1560년(명종 15, 60세) 11월 5일. 『퇴계집』 권16; 『정본』 6, 381~93면. 『계묘교정본』 『번남본』 『상계본』 『정본』 모두 제목이 없이 앞의 서간과 연결되어 있다.

다. 이제 다시 설명하여 그러한 이유를 밝히지만 신임을 받기는커녕 한갓 장황하다는 비판을 받을까 염려됩니다.

변회에서 "천지의 성은 전적으로 이를 가리키고, 기질의 성은 이와 기가 섞여 있다. 『주자어류』의 말에서 '사단은 이가 발현한 것이다'라는 말은 본래 그런 취지이다. 그러나 '칠정은 기가 발현한 것이다'라는 말은 기만 전적으로 가리키는 취지가 아니다"라고 했습니다. 내가 생각하건대, 천지의 성은 본래 이만 전적으로 가리킨다고 했는데, 모르겠지만, 이 경우에 단지 이만 있고 기는 없겠습니까? 세상에 기가 없는 이는 없습니다. 따라서 이만 있는 것이 아닙니다. 그럼에도 오히려 오로지 이만 가리킨다고 말할 수 있습니다. 그렇다면 기질의 성에 이와 기가 섞여 있다고 해도, 기를 가리키는 것으로 말하는 것이 어찌 안 되겠습니까? 한쪽은 이가 중심이 되기 때문에 이의 측면에 나아가서 말하고, 한쪽은 기가 중심이 되기 때문에 기의 측면에 나아가서 말할 뿐입니다. 사단에 기가 없는 것이 아니지만 이가 발현한 것이라고 단지 말하고, 칠정에 이가 없는 것이 아니지만 기가 발현한 것이라고 단지 말하는 의미도 그 맥락이 또한 이와 같습니다. 그대는 이가 발현한다고 한 것에 대해서는 바꿀 수 없다고 인정하면서도 기가 발현한다고 한 것에 대해서는 기만 전적으로 가리키는 취지가 아니라고 반대합니다. 같은 맥락의 말에 대해서 별개로 나누어 보는 것은 왜 그렇습니까? 만일 실제로 기를 전적으로 가리키는 취지가 아니고 이를 겸해서 가리키는 맥락이었다면, 주자는 이 구절에서 '이가 발한 것'이라는 말과 상대시켜 함께 말하지 않았을 것입니다.

변회에서 "천지와 인물에 나아가서 이와 기로 나누는 것은 성性에 나아가 이가 기 가운데 떨어져 있는 것을 논하는 것에 아무 지장을 주지 않는다. 그러나 만일 정에 나아가 논하면, 성이 기질에 떨어져 있고, 이와 기를 겸하여 있고, 선함과 악함이 있기 때문에 사단을 이가 발한 것으로 칠정을 기가 발한 것으로 나누어 소속시키는 것은 합당하지 않다"라고 했습니다.

내가 생각건대, 천지와 인물[105]에 나아가보면, 이때에도 또한 이가 기의 밖에 있는 것이 아닙니다. 그렇지만 천지의 성은 이로, 인물의 성은 기로 분별하여 말할 수 있습니다. 그렇다면, 성에서든 정에서든 이가 기 가운데 있고, 성이 기질에 있다고 하더라도 어찌 분별해서 말할 수 없겠습니까? 사람의 한 몸은 이와 기가 합하여 생깁니다. 그러므로 이와 기 둘이 서로 발현함이 있는 것이고, 그 발현은 또한 서로 의지합니다. 서로 발현하여 작용하므로 각자 주관하는 것이 있음을 알 수 있고, 서로 의지하므로 서로 그 안에 있음을 알 수 있습니다. 서로 그 안에 있기 때문에 분화되지 않은 전체로 말하는 것이 본래 있습니다. 각자 주관하는 바가 있기 때문에 분별해서 말해도 안 될 것이 없습니다. 성을 논하지만, 이는 기 가운데 있습니다. 그런데도 자사와 맹자는 본연의 성을 가리켜 말했고, 정자와 장자는 기질의 성을 가리켜 말했습니다. 정을 논하지만, 성은 정 가운데 있습니다. 그런데 이 경우만 유독 각자 발현하는 것에 나아가 사단과 칠정의 소종래를 구분해서 안 될 이유가 있겠습니까? 이와 기를 겸하고 있고, 선함과 악함이 있는 것은 정만 그러한 것이 아닙니다. 성도 또한 그러합니다. 그런데 어떻게 이것을 정에서는 구별하면 안 된다는 논거로 삼을 수 있겠습니까? 【이가 기 가운데 있다는 측면에서 말하기 때문에 성도 또한 그렇다고 말한 것이다】

변회에서 "칠정도 인의예지에서 발현한다"라고 했습니다.

---

105 여기서 천지는 기질을 품수받기 이전을 뜻하고, 인물은 기질을 품수받은 이후를 의미한다. 천지의 성은 기질을 품수받기 이전인 본연의 성, 곧 성 자체를 뜻한다. 인물의 성은 기질을 품수받은 이후인 기질의 성, 곧 기질 가운데 있는 성을 뜻한다.

내가 생각건대, 이것이 곧 이른바 다른 가운데 같은 점을 보는 것이니 둘을 혼륜하게 말할 수 있습니다. 그러나 단지 같은 점만 있고 다른 점이 없다고 말해서는 안 됩니다.

변회에서 "따로 한 정이 있어서 오직 이에서만 나오고 기에서 나오지 않는 것은 아니다"라고 했습니다.

내가 생각건대, 사단의 발현도 물론 기가 없는 것이 아닙니다. 그러나 맹자가 가리키는 의미는 실로 기에서 발현한다는 점에 있지 않습니다. 만일 기를 겸해서 가리킨다고 하면, 사단을 말하는 것이 이미 아닙니다. 그런데 변회에서 또 어떻게 사단이 이의 발현임은 변경할 수 없는 사실이라고 할 수 있습니까?

변회에서 "안에 있을 때는 이가 없다가 외물이 우연히 서로 감촉하여 움직이는 것이 아니다. 외물에 감촉하여 움직이는 것은 사단도 마찬가지다"라고 했습니다.

내가 생각건대, 이 말씀은 물론 맞습니다. 그러나 이 단락에서 인용한 「악기동정설樂記動靜說」의 주자 설명은 모두 혼륜하게 말한 것입니다. 이 설명들을 가져와 분별해서 말하는 것을 비판하는 것은 말도 안 된다고 생각하지는 않습니다. 그러나 "분별해서 말한다"라고 한 말은 내가 지어낸 주장이 아닙니다. 천지간에 이가 있고, 옛사람이 원래 이런 주장을 한 것입니다. 이제 한쪽을 고집하여 다른 한쪽을 꼭 폐기하려고 하는 것은 편파적인 태도가 아니겠습니까? 혼륜하게 말하면 칠정이 이와 기를 겸하는 것은 여러 말을 하지 않아도 분명합니다. 칠정을 사단과 상대시켜 각자 분별되는 것으로 말하면, 칠정이 기와 관련되는 것은 사단이 이와 관련되는 것과 같습니다. 그 발현에 각자의 맥락이 있고, 그 명칭에 모두 가리키는 취지가 있습니다. 따라서 그 주관하는 측면에 따라 나누어 소속시킬 수 있습니다.

나도 또한 칠정은 이와 상관이 없이 외물이 우연히 몰려와 감촉해서 움직인다고 생각하는 것이 아닙니다. 게다가 사단도 외물에 감촉하여 움직이는 점은 칠정과 다름이 없지만, 사단의 경우는 이가 발현하여 기가 따르고, 칠정은 기가 발현하여 이가 거기에 타는 것입니다.

변회에서 "발현하면 곧 기를 타고 행한다. (…) 사단도 또한 기이다"라고 했습니다.

내가 생각건대, 사단도 기라는 점은 전후로 여러 번 말했습니다. 여기서 또한 주자의 제자가 질문한 말을 인용했으니, 참으로 매우 분명합니다. 그러므로 공은 맹자가 사단을 설명하는 곳도 또한 기가 발현한 것으로 보는지요? 기가 발현한 것으로 본다면, 이른바 인仁의 단서요 의義의 단서라고 한 말에서 인의예지 네 글자는 어떻게 이해해야 할까요? 만일 조금의 기라도 참여한다면 순수한 천리의 본연이 아닙니다. 순수한 천리라고 본다면, 그 발현하는 단서는 결단코 진흙과 섞이고 물을 지닌 것이 아닙니다. 공께서는 인의예지는 미발의 때에 부여하는 명칭이기 때문에 순수한 이理이지만, 사단은 이발 이후에 부여한 명칭으로 기가 아니면 작용하지 못하기 때문에 또한 기라고 생각합니다. 나는 사단이 비록 기를 탄다고 하지만 맹자가 가리키는 취지는 기를 타는 것에 있지 않고 순수한 이가 발현하는 것에 있다고 생각합니다. 그렇기 때문에 맹자가 인의 단서요 의의 단서라고 말했던 것이고, 후대의 현인 주자도 "선 한쪽을 적출해서 말한 것이다. 반드시 기를 겸하고 있다고 말하면, 말하자마자 진흙물에 연루된다"라고 했습니다. 공의 주장대로 하면, 이 말 등은 모두 합당하게 맞아떨어질 수 없습니다.

옛사람은 사람이 말을 타고 출입하는 것으로 이가 기를 타고 유행하는 것을 비유했는데, 딱 들어맞습니다. 사람은 말이 아니면 출입할 수 없고, 말은 사람이 타지 않으면 길을 잃습니다. 사람과 말은 서로 의지해 있고 서로 떨어지지 않습니다. 이 비유를 가리켜 말할 때, 어떤 사람이 범범하게 가리켜 '간다'고 말하면 사람과 말이 모두 그 안에 들어 있습니다. 사단과 칠정을 혼륜하게 말하는 것이 그 경우입니다. 어떤 사람이 가리켜서 사람이 간다고 말하면, 말은 꼭 함께 말하지 않아도 말이 간다는 뜻이 그 안에 들어 있습니다. 사단이 그 경우입니다. 어떤 사람이 가리켜서 말이 간다고 말하면, 굳이 사람을 함께 말하지 않아도 사람이 간다는 의미가 그 안에 들어 있으니, 칠정이 그 경우입니다.

공께서는 내가 분별하여 사단과 칠정을 말하면, 매번 혼륜하게 말한 경우를 인용해서 공격하시는데, 이것은 어떤 이가 사람이 간다 또는 말이 간다고 말하는 것을 보면, 사람과 말은 하나여서 나누어 말해서는 안 된다고 힘주어 주장하는 꼴입니다. 공은 내가 기의 발현으로 칠정을 말하는 것을 보고, 이의 발현이라고 힘써 주장하시는데, 이것은 말이 간다고 말하는 사람에게 기어코 사람이 가는 것이라고 주장하는 꼴입니다. 공은 내가 이의 발현으로 사단을 말하는 것을 보고, 또 힘주어 기의 발현이라고 주장하는데, 이것은 사람이 간다고 말하는 사람에게 기어코 말이 가는 것이라고 주장하는 꼴입니다. 이처럼 말씀하는 것은 바로 주자가 "숨바꼭질 놀이와 서로 유사하다"라고 말씀한 경우입니다. 어떻게 생각합니까? (…)

변회에서 맹자는 선의 측면만 골라 가리켜서 말했고, 이천(伊川)은 기질을 겸하여 말했으니, 요컨대 이와 기는 떨어질 수 없다고 주자가 설명한 부분을 인용했습니다.

내가 생각건대, 공께서 이들을 인용한 것은 성이 기와 떨어질 수 없음을 말하여 정도 이와 기로 구별할 수 없음을 밝힌 것입니다. 그러나 위 문장에서 인용한 주자의 설은 "성이 비록 기 가운데 있지만, 기는 저대로 기가 되고 성은 저대로 성이 되어서 서로 섞일 수 없다"라고 말하는 것이 아니겠습니까? 내가 생각건대, 맹자가 선의 측면만 골라 가리켜 말했고 이천

2장 이학 체계의 건축 **129**

이 기를 겸하여 말했던 곳에 나아가서 주자가 "요컨대 이와 기는 떨어질 수 없다"라고 말한 것은 곧 내가 "다른 것 가운데 같은 점이 있음을 안다"라고 말했던 측면입니다. 성이 기 가운데 있는 것에 나아가서 "기는 저대로 기가 되고, 성은 저대로 성이 된다"라고 말한 것은 내가 "같은 것 가운데 다른 점이 있음을 안다"라고 말했던 측면입니다.

변회에서 "보내온 변론에 '칠정은 밖으로 형기에 감촉되어 이의 본체가 아니다'라고 했는데, 옳지 않다. 만약 그렇다면 칠정은 성 밖에 있는 것이 된다. 맹자가 기뻐서 잠들지 못한 것이 (…) 어찌 이의 본체가 아니겠는가?"라고 했습니다.

내가 생각건대, 처음에 "어찌 외물에 감촉할 때는 형기이다가, 그 발현에서는 이의 본체가 되는 일이 있겠는가?"라고 잘못 말했던 것은 '감촉할 때는 기이다가 발현함에 이르러 이가 되는 이런 이치가 어디에 있겠는가?'라는 의미입니다. 단지 언어 표현이 명료하지 않다고 느껴져 이미 수정했습니다. 이제 보내온 변회에서 그 문장을 변경하여 단지 "칠정이 밖으로 형기에 감촉되어 이의 본체가 아니다"라고 말씀하니, 나의 본래 의도와는 동떨어진 말입니다. 또 이어서 비판하여 "그러면 칠정은 성 밖에 있는 것이 된다"라고 했습니다. 그렇다면 주자가 "칠정은 기가 발현한 것이다"라고 말한 것도 칠정을 성 밖에 있는 것으로 여겨서 그랬을까요? 대체로 이가 발현하는데 기가 따르는 경우, 이를 중심으로 삼아 말할 수 있습니다. 그러나 이는 이가 기 밖에 있다고 여기는 것이 아닙니다. 사단이 그것입니다. 기가 발현하는데 이가 타는 경우, 기를 중심으로 삼아 말할 수 있습니다. 그러나 이는 기가 이 밖에 있다고 여기는 것이 아닙니다. 칠정이 그것입니다. 맹자가 기뻐하고, 순임금이 분노하고, 공자가 애통해했고 또 즐거워했던 것은 기가 이에 순응하여 발현한 경우로 조금도 방해되는 것이 없었습니다. 따라서 이의 본체가 혼연하게 온전했습니다. 보통 사람이 부모를 뵙고 기뻐하고 상을 당하면 슬퍼하는 것 또한 기가 이에 순응하여 발현한 경우이지만 그 기가 일정하지 않기 때문에 이의 본체도 또한 순수하게 온전할 수 없습니다. 이런 점으로 논하면, 칠정을 기의 발현이라고 말해도 이의 본체에 무슨 방해됨이 있겠습니까? 또한 형기와 성정이 서로 관련하지 않는다는 우려가 어떻게 생겨나겠습니까?

변회에서 "보내온 변론에 '조금 있더라도 살펴 간파해내지 못하면 곧 마음은 그 바름을 얻지 못한다. 칠정은 반드시 발현하여 절도에 맞은 뒤에 화和(지나침과 모자람이 없는 상태)라고 말할 수 있다'라고 했는데, 이 말씀대로라면 칠정은 번잡할 뿐 쓸모가 없어 도리어 마음에 장애가 된다"라고 했습니다.

내가 생각건대, 이 대목과 관련하여 앞에서 내가 설명한 말이 그 선후의 순서를 놓쳐 문제가 있었습니다. 이제 개정했습니다. 가르쳐주신 은혜가 매우 두텁습니다. 다만 보내오신 변회에서 '조금 있더라도 살펴 간파해내지 못하면'이라는 말을 지적하여, "이것은 정심正心(마음을 바르게 함)의 사항으로 이 말을 가져와 칠정을 논증하면 전혀 어울리지 않는다"라고 했습니다. 이것은 겉으로는 맞는 말 같지만 실제로는 맞지 않습니다.

이 말은 『대학』의 「정심正心」 장에 나오지만, 이 한 구절은 기뻐하고 분노하고 근심하고 두려워하는 정을 마음에 담아두어서는 안 된다는 것으로 마음의 병을 설명해서 사람들이 병통을 알게 하고 처방한 말입니다. 단지 정심의 일만 설명한 말이 아닙니다. 이 네가지 정이 마음의 병통이 되기 쉬운 이유는 기의 발현이 비록 본래 선한 것이지만 악한 데로 빠지기 쉽기 때문입니다. 사단에서 이가 발현하는 것에 어찌 이런 병통이 있겠습니까? 또 '마음에 불쌍하게 여기고 가슴 아파하는 정이 있으면 마음은 그 바름을 얻을 수 없고, 마음에 부끄러워하고 미워하는 정이 있으면 마음은 그 바름을 얻을 수 없다'라고 어떻게 말할 수 있겠습니까?

「정성서定性書」에 "사람의 마음 가운데 발현하기는 쉽지만 통어하기 어려운 정으로는 유독 분노가 심하다. 화가 날 때 문득 그 화나는 마음을 잊고 이치의 시비를 살필 수 있다면, 또한 외물의 유혹도 싫어할 만한 것이 되지 못한다"라고 했습니다. 발현하기는 쉽지만 통어하기 어렵다고 한 것, 이것은 이이겠습니까 기이겠습니까? 이라면 어찌 통어하기 어려움이 있겠습니까? 단지 기이기 때문에 제멋대로여서 통어하기 어렵습니다. 또한 더군다나 분노가 이의 발현이라면 어찌 분노를 잊고 이치를 보는 일이 있겠습니까? 오직 기의 발현이기 때문에 "분노를 잊고 이치를 살핀다"고 말한 것입니다. 이것은 곧 이로 기를 통어하는 것을 뜻합니다. 그렇다면 내가 이 구절을 인용하여 칠정이 기에 속한다고 논증한 것이 어찌 서로 어울리지 않겠습니까? (…)

변회에서 "주자는 마음이 이발已發에 속한다는 말을 잘못 인정했다가 오래된 뒤에 잘못임을 깨달았다"라고 언급하면서, 주자가 사단은 이의 발현이고 칠정은 기의 발현이라고 논한 한 구절도 우연히 발언한 것으로 한쪽으로 치우쳐 지칭한 말이라고 주장했습니다.

내가 생각건대, 공이 이 단락에서 말씀한 취지를 살펴보면, 주자의 이 설명이 만족스럽지 않다고 여기는 듯합니다. 그런 생각은 타당하지 않습니다. 정자와 주자의 어록은 본래 때로 착오가 있는 데서 자유롭지 못합니다. 곧 언어적 설명이 안배되어 전개되고 의미의 맥락이 긴밀하게 얽혀 있는 대목에서, 기록자가 식견이 미치지 못하여 간혹 본지를 놓친 경우들이 있습니다. 이제 이 한 단락은 몇 구절로 된 간명한 말로 은밀한 종지를 직접 전하고 있는데, 그 기록자가 보한경輔漢卿[106]으로 실로 주자 문하의 으뜸가는 제자입니다. 이 대목에서 기록을 잘못했다면 어떻게 보한경이 될 수 있

---

106 보광(輔廣)의 자이다. 여조겸과 주희의 제자로, 당시 주희의 다른 제자 황간(黃榦)과 함께 황보(黃輔)라고 병칭되었다.

겠습니까?

　우리 벗께서 평소 『주자어류』를 독서하며 이 말을 보았다면, 틀림없이 의심을 두지 않았을 것입니다. 이제 내 설명이 잘못되었다고 생각하여 힘써 반론하다가, 주자의 이 말이 내가 근본 종지로 삼고 있는 것이어서 함께 지적한 뒤에야 내 주장이 그릇됨을 판정할 수 있고 다른 사람에게 신임을 받을 수 있기 때문에 연루된 것이 여기에 이르렀습니다. 이것은 물론 내가 주자의 말을 참람되게 끌어온 탓입니다. 그렇지만 우리 벗의 이 대목에서 도를 자임하여 책임지려는 용기에는 내가 감복합니다만, 마음을 비우고 뜻을 겸양하지 못하는 병통은 없겠는지요? 그렇게 계속 주장하면, 성현의 말을 몰아서 자기 생각에 맞추는 폐단은 혹 없겠는지요?

　안자顏子는 가지고 있어도 없는 듯 충실해도 빈 것처럼 처신하며 오직 의미가 무궁함만 알고 자신과 남 사이에 괴리가 있는 것에는 마음을 두지 않았습니다. 모르겠습니다만, 안자도 공과 같은 기상이 있었겠는지요? 주자는 굳세고 용맹함이 백세에 보기 드문 사람이었지만, 자기 견해에 잘못된 곳이 있고 자신의 말에 타당하지 않은 곳이 있다고 조금이라도 느끼면, 즐겨 수긍하고 곧장 고치지 않은 적이 없습니다. 만년에 도가 높아지고 덕이 성대해진 뒤에도 오히려 그러했습니다. 어찌 주자가 성인이 되는 학문에 발을 들여놓자마자 곧 아무도 시비하지 못하는 상좌로 올라갔던 적이 있었습니까? 이로부터 진정 굳세고 진정 용맹함은 기세를 세워 억지로 주장하는 데 있지 않고, 잘못을 고치는 것에 인색하지 않고 올바른 뜻을 들으면 곧바로 따르는 데 있음을 알게 됩니다.

이理에 대한 성찰

　기는 존재하지 않을 때도 있지만 이는 항상 존재한다: 「이와 기가 하나라는 주장에 대한 반론」[107]

　공자는 "역에 태극이 있다. 이것이 양의兩儀(음과 양)를 낳는다"[108]라고 했다. 주렴계[109]는 "태극이 움직여서 양을 낳고, 고요하여 음을 낳는다"라고 했고, 또 "무극의 참됨과 음양오행의 정미함이 묘합하여 응취한다"[110]라고 말했다. 이제 살펴보건대, 공자와 주렴계는 음양을 태극이 낳은 것이라고 명확히 말했다. 이와 기가 본래 하나라면 태극이 곧 양의인데 어떻게 양의를 낳을 수 있겠는가? '참됨'과 '정미함'은 둘이기 때문에 '묘합하여 응취한다'. 만일 하나라면 어떻게 묘합하여 응취하는 일이 있겠는가?

　명도[111]가 말했다. "'형이상形而上(형체를 가지기 이전)은 도道가 되고, 형이하形而下(형체를 가진 이후)는 기器(사물)가 된다', 이렇게 설명해야 한다. 기가 또한 도이고, 도가 또한 기이다."[112] 이제 살펴보건대, 이와 기가 실제로 하나라면, 공자가 어찌 반드시 형이상과 형이하로 도와 기를 나누고, 명도가 어찌 반드시 "이렇게 설명해야 한다"라고 말했겠는가? 명도는 또 기를 벗어나서 별도로 도를 찾아서는 안 되기 때문에 "기가 또한 도이다"라고 말했던 것이니, 기 자체가 곧 도라는 뜻이 아니다. 도를 벗어나서 별도로 기

107　「非理氣爲一物辯證」. 1568년(선조 1, 68세) 9월 20일. 『퇴계집』 권41; 『정본』 14, 23~25면.

108　이 말은 『주역』 「계사상(繫辭上)」에 나온다.

109　주돈이(周敦頤). 1017~1073. 자는 무숙(茂叔), 호는 염계(濂溪), 시호는 원(元)이다. 주돈이는 정호(程顥)와 정이(程頤) 형제를 가르쳤고, 만년에는 염계서당을 열어 학생들을 가르쳤다. 주희는 『통서해(通書解)』와 『태극도설해(太極圖說解)』를 지어 주돈이의 사상을 수용했다.

110　이 두 인용문은 주돈이의 「태극도설」에 나온다.

111　정호(程顥). 1032~1085. 자는 백순(伯淳), 호는 명도(明道), 시호(諡號)는 순(純)이다. 동생 정이(程頤)와 함께 이정(二程)으로 병칭되었다.

112　이 말은 『이정유서(二程遺書)』 권1에 나온다.

가 있을 수 없기 때문에 "도가 또한 기이다"라고 말했던 것이니, 도 자체가 곧 기라는 뜻이 아니다【도와 기器의 구분은 곧 이와 기氣의 구분과 같다. 그러므로 인용하여 이와 기를 구분하는 증거로 삼았다】.

　주자가 「유숙문에게 답하는 편지」에서 "이와 기는 결단코 둘이다. 다만 사물에서 보면, 둘은 혼합되어 있어 각자 독립시켜 나눌 수 없다. 그러나 둘이 각자 독립된 것이 되는 데에 지장을 주지 않는다. 이理의 측면에서 보면, 사물이 있기 이전이라도 이미 사물의 이는 존재한다. 그러나 또한 그 이만 있을 뿐이지, 실제로 그러한 이뿐인 사물이 있는 것은 아니다"[113]라고 했다. 또 "기가 있기 이전에 먼저 성性이 있다는 것을 알아야 한다. 기는 특정한 기가 존재하지 않을 때도 있지만, 성은 도리어 항상 존재한다. 비록 기 가운데 존재할 때에도 기는 저대로 기이고, 성은 저대로 성이 되어 서로 섞이지 않는다. 이가 사물에서 두루 체가 되어 존재하지 않은 곳이 없는 측면에서 논하면, 또한 기가 정미하거나 조잡하거나 상관없이 이가 존재하지 않는 사물이 없다【이제 살펴보건대, 이는 사물에 갇혀 있지 않다. 따라서 어떤 사물에도 존재하지 않을 수 없다】. 기의 정미한 것을 성으로 삼고 성의 조잡한 것을 기로 여겨서는 안 된다"[114]라고 말했다【성이 곧 이이다. 그러므로 인용하여 증거로 삼았다】.

　이제 살펴보건대, 주자는 평소 이기에 대하여 논한 여러 언설에서 한번도 이와 기가 하나라고 말한 적이 없다. 이 편지에서는 곧바로 이와 기가 "결단코 둘이다"라고 하고, 또 "성은 기 가운데 존재할 때에도 기는 저대로 기이고 성은 저대로 성이 되어 서로 섞이지 않는다. 기가 정미한 것을 성으로 삼고 성의 조잡한 것을 기로 삼아서는 안 된다"라고 했다. 공자와 주렴계의 뜻이 저와 같고, 정자와 주자의 설이 또 이와 같다. 모르건대 이러한 설이 화담의 주장과 같은가 다른가. 나는 어리석고 고루하여 단지 성

113　이 말은 『회암집』 권46 「답유숙문」(1)에 나온다.
114　이 말은 『회암집』 권46 「답유숙문」(2)에 나온다.

현이 본분에 따라 평순하게 말씀한 언설을 독실하게 신뢰할 뿐, 화담이 말한 기이하고도 기이하며 신묘하고도 신묘한 경계[115]를 엿보지 못했다. 일찍이 화담의 설을 가지고 성현의 설에 맞추어본 적이 있는데, 하나도 부합하는 곳이 없었다. 매번 생각하는 것이지만, 화담은 평생 이 일에 힘을 기울여 스스로는 심오하고 신묘한 경계를 다 궁구했다고 여겼다. 그러나 결국 이理 개념을 분명하게 이해하지 못하여 있는 힘을 다해 기이하고 신묘한 경계를 논하고 설명했어도, 논의가 형체와 사물이라는 조잡하고 얕은 한쪽으로 떨어지는 것에서 면치 못했으니, 애석하다. 그런데도 문하의 제자들은 화담의 잘못된 설을 고수하고 있으니 참으로 이해할 수 없는 일이다. 그러므로 이제 보내온 설에 대하여 일일이 비평할 겨를이 없다.

그러나 내가 살피건대, 유숙문이 "정미하고 정미하여 이름도 모양도 부여할 수 없어 어쩔 수 없이 억지로 '태극'이라고 이름을 붙인다"라고 하고, 또 "기가 더욱 정미할수록 이가 거기에 존재한다"라고 한 말은 "모두 기를 가리켜 성으로 삼는 오류"라고 주자는 말했다. 내가 생각건대, 주자의 이 말은 유숙문의 설이 아니라, 바로 화담의 설을 두고 말한 것이다. 주자는 또 유숙문에게 말했다. "이해가 안 될 때는 마음을 비워 평순하게 보면서 억지로 주장하려 하지 않는다. 그렇게 오래 하면 자연히 이해되는 곳이 생긴다. 여러 의미 없는 주장을 남발할 필요가 없다. 만일 그래도 이해되지 않으면, 우선 이 설을 놔두고 다른 곳을 읽는다. 도리는 여러 곳에 많이 있기에, 따로 어떤 일로 인해 이 이치를 밝게 이해하게 될지도 또한 알 수 없다. 고착된 옹색한 생각을 고수하느라 정신과 힘을 허비할 필요가 없다." 나는 또한 생각건대, 주자의 이 말은 유숙문을 위해 말한 것이 아니라, 흡사 연방(이구)을 위해 정문일침의 침을 놓은 것이다. 또한 나정암은 이 학문에 대하여 일부 간파한 뛰어난 곳이 없지 않지만, 그가 잘못 들어간 곳은

---

115   화담(花潭)은 서경덕(徐敬德)의 호이다. 서경덕의 말은 「원이기(原理氣)」에 나온다.

바로 이와 기가 둘이 아니라고 한 주장에 있다. 후대의 학인들이 오류를 답습하면서 서로 이끌어 미궁으로 빠져드는 것이 어찌 옳겠는가?

'물격物格'과 '이자도리理自到'의 의미: 「기명언에게 답함」의 「별지別紙」[116]

"사물의 이가 궁구된다(物格)"와 "사물의 이가 지극한 곳이 이르지 않음이 없다(物理之極處無不到)"에 대해 말씀해주신 설명은 삼가 잘 알겠습니다. 이전에 내가 잘못된 설을 고집했던 원인은 이가 정감(情意)도 사고(計度)도 작위(造作)도 없다는 주자의 설을 고수할 줄만 알아서, '내가 사물의 이가 지극한 곳을 궁구할 수 있지, 이가 어떻게 스스로 지극한 곳에 이르겠는가?'라고 생각했기 때문입니다. 그러므로 '물격物格'의 '격格'과 '무불도無不到'의 '도到'를 모두 '이미 궁구되다' '이미 이르다'의 뜻으로 경직되게 이해했습니다. 지난번 서울에서 "이가 이른다(理到)"는 설에 대한 가르침을 받고서도, 다시 반복해서 자세히 생각해보았지만 여전히 의문이 풀리지 않았습니다. 공께서 조사한 주자가 "이가 이른다"고 말한 사례 서너 조목을 근래 김이정金而精(김취려)이 전해준 뒤에 비로소 내 생각이 잘못될 수 있겠다고 염려되었습니다. 그래서 이전의 소견을 모조리 걷어내고 마음을 비워 맥락을 세밀하게 살피면서, 먼저 이가 스스로 이를 수 있는 이유가 무엇인가를 살펴보았습니다.

주자의 설명 가운데 『대학』 보망장補亡章과 관련한 『대학혹문大學或問』의 구절에 보이는 부분이 이가 이른다는 것의 맥락을 해와 별처럼 선명하게 설명했습니다. 다만 내가 그 구절을 좋다고 늘 생각했으면서도 이가 이른다는 것과 연관해서 충분히 이해하지 못했습니다. 주사의 실명에 "사람

116　「答奇明彦」·「別紙」. 1570년(선조 3, 70세) 10월 15일. 『퇴계집』권18; 『정본』6, 589~91면.

이 학문하는 근거는 마음과 이일 뿐이다. 마음은 자기 한 몸을 주재하는 것에 불과하지만 그 체體(본체)가 비어 있으면서도 영활함[虛靈]은 천하의 모든 이를 주관하기에 충분하다. 이는 만물에 흩어져 있지만 그 용用(발용)의 은미하고 신묘한 작용은 실로 한 사람의 마음에서 벗어나지 않는다. 이는 애초 안과 밖, 정밀한 것과 거친 것 등으로 분별해서 논할 수 없다"라고 했습니다. 그 소주小註에 말했습니다. "어떤 이가 '용의 은미하고 신묘한 작용은 마음의 용이 아니겠습니까?'라고 물었다. 주자는 '이에 반드시 용이 있다. 어찌 꼭 마음의 용이라고 말하겠는가? 마음의 체는 이를 구비하고 있다. 이는 해당하지 않는 곳이 없어 한 사물에도 있지 않음이 없다. 그러나 그 용은 실로 사람의 마음을 벗어나지 않는다. 왜냐하면 이는 사물에 있지만 용은 실로 마음에 있기 때문이다'라고 대답했다."

"이는 만물에 있지만 그 용은 실로 한 사람의 마음을 벗어나지 않는다"라고 했으니 이가 스스로 용이 될 수 없고 반드시 사람의 마음에 의지해야만 될 것처럼 생각되고, "이가 스스로 이른다"라고 말해서는 안 될 듯합니다. 그러나 또 "이는 반드시 용이 있으니, 어찌 꼭 마음의 용이라고 또 말하겠는가?"라고 했으니, 그 용이 사람의 마음을 벗어나지 않지만, 용이 되는 맥락은 실로 이의 발현이 사람의 마음이 이르는 바에 따라, 이르지 않음이 없고 다하지 않음이 없는 것입니다. 단지 염려스런 것은 내가 사물의 이를 궁구함에 미진함이 있는 것일 뿐, 이가 스스로 이르지 못할 것은 걱정하지 않습니다.

그렇다면 '격물格物(사물의 이치를 궁구함)'이라고 말할 때는 본래 내가 궁구하여 사물에 있는 이치의 지극한 곳까지 이르는 것을 말합니다. 그러나 '물격物格(사물의 이치가 궁구됨)'이라고 말함에 이르러, "사물의 이가 지극한 곳이 내가 궁구함에 따라 이르지 않음이 없다"라고 말해서 안 될 것이 어디 있겠습니까? 이로써 감정도 작위도 없는 것은 이의 본래 그러한 체이고, 만나는 바에 따라 발현하여 이르지 않음이 없는 것은 이의 지극히 신묘한 용임을 알게 됩니다. 이전에는 본체가 무위無爲라는 점만 알고 묘용이 드러나 유행할 수 있음은 몰랐습니다. 이를 죽은 존재로 이해하는 것과 거의 같았으니, 도와 또한 심히 동떨어진 것 아니겠습니까?

이理는 비어 있기 때문에 상대가 없다: 「정자중에게 보냄」의 「별지」[117]

「천명도설天命圖說」에서 이와 기를 허虛와 령靈으로 나누어 배치한 것에 대하여 명언明彦(기대승)이 비판한 부분은 그 설명이 맞기도 하고 틀리기도 합니다. 이와 기 두 글자로 허와 령 두 글자 아래에 나누어 주석으로 부가한 것은 사실 합당하지 않습니다. 왜 그럴까요? 령靈(영활함)은 본래 기입니다. 그러나 기가 어찌 스스로 영활할 수 있겠습니까? 이와 결합됨으로 인해 영활할 수 있습니다. 이것이 명언이 나누어서 배치해서는 안 된다고 강력하게 주장하는 이유입니다. 명언의 설명이 합당합니다. 따라서 그 문구에서 두 글자를 나누어 주석으로 부가한 부분을 제거했습니다. 이런 뜻을 정이靜而(정지운)에게 반드시 알려주는 것이 좋겠습니다.

그러나 명언은 이理에 대하여 허虛(비어 있음)로 말할 수 없다고 주장했지만, 선유가 이를 허로 말한 대목이 매우 많습니다. 이제 이와 기를 나누어 주석으로 부가하는 것이 잘못임을 비판하려고 하면서, 이는 본래 실實(충실함)하여 허虛로 말할 수 없음을 힘써 주장하는데 어찌 옳겠습니까? 진실하여 거짓이 없다는 측면에서 말하면 천하에 이理보다 더 진실한 것이 없습니다. 그러나 소리도 냄새도 없다는 측면에서 말하면 천하에 이보다 더 비어 있는 것은 없습니다. "무극無極이면서 태극太極이다"라는 한 구절에서 그 점을 알 수 있습니다. 그러나 명언은 한 측면에만 근거해서 본분이 본래

---

117 「與鄭子中」·「別紙」. 1561년(명종 16, 61세) 2~3월. 『퇴계집』권25; 『정본』 8, 341~42면.

정해져 있는 설을 공격하니 가능하겠습니까? 명언은 또 "이는 비어 있기 때문에 상대가 없고, 상대가 없기 때문에 더하거나 덜 것이 없다"라고 한제 말이 잘못되었다고 말합니다. 이 부분은 이理를 이해함이 지극히 정밀해진 뒤에 마음에서 자득하게 되는 곳으로, 말로 설명할 수 있는 곳이 아닙니다. 또 어찌 명언과 시비를 따지겠습니까?

이가 움직이면 기가 따라서 일어나고, 기가 움직이면 이가 발현된다: 「정자중에게 답함」의 「별지」[118]

연평延平(이통)은 주자에게 "'복復에서 천지의 마음을 본다'는 말은 곧 움직여서 양을 낳는 이理이다"라고 답했습니다. 살펴건대, 주자는 "이理에 움직이고 고요함이 있기 때문에 기가 움직이고 고요함이 있다. 만일 이에 움직이고 고요함이 없다면 기가 무엇으로 말미암아 움직이고 고요함이 있겠는가?"라고 말한 적이 있습니다. 이가 움직이면 기가 따라서 일어나고, 기가 움직이면 이가 발현됩니다. 염계濂溪(주돈이)는 "태극이 움직여서 양을 낳는다"라고 했습니다. 이 말은 이가 움직여서 기가 생겨남을 의미합니다. 『주역』에서 "복復에서 천지의 마음을 본다"라고 했습니다. 이 말은 기가 움직여서 이가 드러남을 의미합니다. 그러므로 두 말이 모두 조화造化(이가 만물의 근원이 되어 만물을 생성하는 차원)에 속하며 서로 다른 것이 아님을 알 수 있습니다. 그러므로 연평은 '복에서 천지의 마음을 보는 것'으로 움직여 양을 낳는 이로 삼았던 것이니, 연평의 말이 간략하면서도 완벽합니다.

이理에는 자체로 용用이 있다: 「이공호에게 답함」(양중○경오)[119]

118　「答鄭子中」·「別紙」. 1562년(명종 17, 62세) 10월. 『퇴계집』 권25; 『정본』 8, 369~72면.

119　「答李公浩」(養中○庚午)·「問目」. 1570년(선조 3, 70세) 10월. 『퇴계집』 권39; 『정본』 11, 345~49면. 『퇴계집』에서 사용한 '○'은 띄어쓰기나 앞뒤 글자의 구분 표시이다.

질문 "태극이 움직여서 양을 낳고, 고요하여 음을 낳는다"라고 했는데, 주자는 "이는 정의情意도 조작造作도 없다"라고 했습니다. 정의와 조작이 없다면, 음양을 낳을 수 없을 듯합니다. 만일 낳을 수 있다고 말하면, 이것은 처음에 본래 기가 없었는데 저 태극이 음양을 낳은 뒤에 기가 비로소 있게 되는 것이 아닌지요? 면재勉齋(황간)는 "양을 낳고 음을 낳는다는 말은 또한 양이 생겨나고 음이 생겨난다고 말하는 것과 같다"라고 했습니다. 이 말은 '양을 낳고 음을 낳는다'라고 하면 조작이 너무 심해지는 것을 꺼려한 것이 아니겠습니까?

대답 주자는 "이에 움직이고 고요함이 있기 때문에 기에도 움직이고 고요함이 있다"라고 말했습니다. 만일 이에 움직이고 고요함이 없다면, 기가 무엇으로 말미암아 움직이고 고요함이 있겠습니까? 이 점을 알면 그런 의심은 안 가질 것입니다. 정의도 조작도 없다는 말은 본연의 체를 가리키고, 능히 발용하고 능히 낳는다는 말은 지극히 신묘한 용을 가리킵니다. 면재의 설명도 꼭 그렇게 이해할 필요가 없습니다. 왜냐하면, 이理에는 자체로 용用이 있습니다. 그러므로 저절로 양을 낳고 음을 낳습니다.

이理에 따라 외물에 응대할 때 마음은 비로소 공활하여 순응할 수 있다: 「이달과 이천기에게 답함」[120]

「정성서定性書」의 "막힘 없이 크게 공활하여, 외물이 다가오면 순응한다〔廓然而大公, 物來而順應〕"는 구절의 뜻에 대하여 논하신 부분은 맞지 않는 듯합니다. 넓게 말하면, 세상에 존재하는 사물 가운데 어느 것인들 외물이 아니겠습니까? 「정성서」에서는 외물을 마음과 별도의 존재로 여기는 것

---

120   「答李達·李天機」. 작성 시기 미상. 『퇴계집』 권13; 『정본』 5, 451~53면.

이 잘못이고 반드시 안과 밖 양쪽으로 모두 잊은 뒤에 성性을 안정시킬 수 있다[121]고 강조해서 말했습니다. 왜 그렇겠습니까? 외물은 각양각색으로 다르지만, 이理는 동일합니다. 이가 동일하기 때문에 성은 안과 밖의 차이가 없습니다. 군자의 마음이 막힘 없이 크게 공활할 수 있는 것은 그 성을 온전하게 하여 안과 밖의 차이를 두지 않기 때문입니다. 외물이 다가오면 마음이 순응할 수 있는 것은 한결같이 그 이理에 따라 응대하여 이쪽과 저쪽의 차별을 두지 않기 때문입니다.

만일 사물을 마음 밖에 있는 것이라고만 알고, 이理에 저쪽과 이쪽의 차이가 없다는 점을 알지 못하면, 이것은 이와 사물을 서로 상관없는 것으로 구분하는 것이니 본래 옳지 않습니다. 만일 외물을 밖에 있는 별도의 것이 아니라고 이해하면서도 응대할 때 이를 기준으로 삼지 못하면, 이것은 마음에 주재함이 없어 외물이 결국 마음을 빼앗기 때문에 또한 옳지 않습니다. 오직 군자는 성에 안과 밖이 따로 없음을 알아서 외물에 한결같이 이理에 따라 응대하기 때문에, 날마다 외물과 응접하여도 외물이 나의 장애가 되지 않고 마음이 맑아 일삼음이 없으니 성이 안정됩니다.

그러므로 「정성서」마지막 장에서 "분노할 때에도 문득 그 분노를 잊고 이치상 옳고 그름을 살핀다"라고 했습니다. "문득 그 분노를 잊는다"는 말은 외물임을 잊는다는 뜻입니다. "이치상 옳고 그름을 살핀다"는 말은 한결같이 이에 따라 응대한다는 뜻입니다. 「정성서」는 이런 뜻으로 읽어야 그 취지를 얻을 수 있습니다. 만일 논하신 대로 배고프면 먹을 것을 생각하고 목이 마르면 마실 것을 생각하는 부류의 순응이라면, 이것은 사물이 마음 밖에 있는 별도의 존재가 아님을 알면서도 이理로써 응대의 준칙을 삼

---

121 안은 사물과 접촉하기 전의 마음을, 밖은 사물과 접촉하여 반응할 때의 마음을 가리킨다. 잊는다는 것은 선입견을 갖지 않는다는 뜻이다. 이학에서는 성이 본래 안정되어 있지만, 마음이 기질의 차이나 사욕의 개입으로 인해 선입견을 가지면 성이 발현되지 않는다고 여긴다. 성을 안정시킨다는 말은 마음이 선입견을 가지지 않음으로써 성이 발현되게 하는 것을 뜻한다.

지 않는 병통이 됩니다.[122] 아마도 「정성서」 본지와는 더욱 멀어질 것입니다. 어떻게 생각하시는지요?

이理는 지극히 존귀하여 맞설 상대가 없다: 「이달과 이천기에게 답함」[123]

이는 존귀함에서 본래 맞설 상대가 없습니다. 이는 사물에게 명령하고 사물의 명령을 받지 않습니다. 기가 맞서고 이기는 존재가 아닙니다. 그러나 기로써 형상을 이룬 뒤에는 도리어 기는 이가 발현되는 바탕이 되고 수단이 됩니다. 그러므로 이가 발용하고 마음이 외물과 응접할 때 기가 개입하여 작용하는 경우가 많습니다. 기가 이에 따를 때 이는 저절로 발현하는데, 기가 약해서가 아니라 기가 이에 따르기 때문입니다. 기가 이와 어긋날 때는 이가 도리어 은폐되지만, 이가 약해서가 아니라 (기가 개입하는) 형세 때문입니다. 비유하면, 왕이 본래 존귀하여 대등한 상대가 없지만, 강한 신하가 발호하여 거꾸로 더러 왕이 지고 신하가 이기는 것이 됨은 곧 신하의 죄입니다. 왕도 어떻게 하지 못합니다. 그러므로 군자는 학문을 할 때 기질의 치우침을 바로잡고, 물욕을 막고 덕성을 높여서 크고 지극한 중정中正의 도로 돌아갑니다.

---

122 「정성서」에서 말하는 순응은 배고파도 응당 먹어야 할 때 먹고 먹지 말아야 할 때 먹지 않는 방식, 곧 먹는 것의 이(理)에 따라 상황에 응대함을 말한다. 따라서 배고프면 먹을 것을 생각 하듯이 선입견 없이 자연스럽게 외물에 응대하는 방식은 이(理)를 기준으로 삼아 응대하지 않는 부류로 병통이 된다.

123 「答李達·李天機」. 작성 시기 미상. 『퇴계집』 권13; 『정본』 5, 451~53면.

3장
출처와 학문 생활의 경계

벼슬에 나아가고 물러남의 기준: 「상국相國 홍퇴지洪退之께 답함」[1]

조정에서는 사군자士君子의 도道로 대우하는데 제가 시정인市井人의 마음으로 나아가는 것은 제가 감히 하지 못할 바일 뿐만 아니라 또한 조정에서 바라는 바도 아닙니다. 본 품계品階를 사양할 때에는 그 마음이 아직 분명하다가 큰 자리를 얻게 되어서는 문득 전에 사양했던 것을 망각하고 이익만을 좇아서 망령되이 나아가면서 핑계 대기를 '임금님의 명령이라 어

---

1 「答洪相國退之」. 1568년(선조 1, 68세) 2~3월경. 『퇴계집』 권9; 『정본』 5, 40~42면. 상국(相國)은 문자 그대로는 국정을 돕는다는 것이지만 국정을 주도하는 관직에 대한 명칭이다. 춘추전국시대에는 백관의 우두머리를 상국(相國), 상방(相邦), 승상(丞相) 등으로 불렀으며, 한대(漢代)에는 승상보다 높은 지위를 뜻했다. 이후로 상국은 재상(宰相)에 대한 존칭으로 사용되기도 했다. 이황은 명종의 거듭된 부름에 응하여 1567년 6월 상경했으나 명종이 승하하는 바람에 사은숙배도 못한 채 「명종대왕행장」을 쓰고 8월 예조판서에서 해직되자 곧바로 귀향했다. 이해 12월 즉위한 선조가 제술관에 임명하여 부르자 부득이 1568년 1월 상경하여 3월 세 차례에 걸쳐 사직소를 올렸다. 홍섬(洪暹, 1404~1585)은 1568년 선조 즉위시 원상(院相, 어린 임금을 보필하는 연로한 정승)으로 국정을 주도했는데, 이황의 편지는 이때인 2~3월경에 보낸 것으로 추정된다.

144

길 수 없다'라고 한다면 이것이 시정인의 마음이 아니겠습니까? 보내오신 편지를 가만히 살펴보니 저의 뜻을 이해하시고 살피심에 미진한 데가 있는 듯합니다. 망령되게 고인古人의 득실得失의 자취를 인용하여 해명하지 않을 수 없습니다.

조趙나라는 허명虛名으로 조괄趙括을 임용함으로써 장평長平에서 패배를 초래했고,[2] 진晉나라는 허명으로 은호殷浩를 등용했다가 마침내 산상山桑에서 패배를 당했으며,[3] 전한前漢은 야단스럽게 신공申公을 불렀다가 크게 실망했고,[4] 후한後漢은 번영樊英을 억지로 불렀다가 크게 비난을 남겼습니다.[5] 이는 허명의 선비를 채용하는 것이 옳지 못하다는 징험입니다. 하물며 허명을 훔쳐 가진 것이 이 몇 사람들보다 심한 황滉의 경우야 말할 것이 있겠습니까? 그러니 사양함으로 인하여 버리느니만 못합니다.

2　조괄은 전국시대 조나라 사람인데 효성왕(孝成王)이 그를 믿고 염파(廉頗)를 대신하여 장수를 삼자 인상여(藺相如)가 말하기를 "왕께서 이름만으로 괄(括)을 부리니 교주고슬(膠柱鼓瑟)과 같습니다"라고 했다. 왕이 이 말을 듣지 않았다가 장평에서 패했다. 관련 내용은 『사기』 권82 「염파·인상여전(廉頗·藺相如傳)」에 보인다. 조괄은 명장 조사(趙奢)의 아들로, 병법에 대해 문자로는 알았으나 실전 경험이 없었다.

3　은호는 진나라 장평 사람으로 자는 심원(深源)이다. 훌륭하다는 명성이 있었으며 현언(玄言)을 잘했는데 왕몽(王濛)과 사상(謝尙)이 그의 출처(出處)를 기다려 강좌(江左: 東晉)의 흥망(興亡)을 점쳤다. 목제(穆帝)가 불러 양주자사(楊州刺史)를 삼아 북벌(北伐)케 했으나 산상에서 요양(姚襄)에게 패했다. 관련 내용은 『진서(晉書)』 권77 「은호열전(殷浩列傳)」에 보인다.

4　한무제(漢武帝)가 유술(儒術)을 숭상함에 어사대부(御史大夫) 조관(趙綰)이 그의 스승 신공을 천거하자 사신을 보내고 예를 극진히 하여 맞이했다. 무제가 신공에게 치란(治亂)의 일을 물으니 대답하기를 "나라가 잘 다스려지는 것은 많은 말에 있지 않습니다. 생각건대 힘써 행함이 어떠한가에 달려 있을 따름입니다"라고 했다. 이때 무제는 문사(文詞)를 좋아했는데 신공을 보고는 아무 말도 하지 않았다. 관련 내용은 『사기(史記)』 권121 「유림열전(儒林列傳)」에 보인다.

5　후한 때 남양(南陽)의 번영은 젊어서부터 학행(學行)으로 이름이 해내(海內)에 두루 퍼졌다. 순제(順帝)가 예를 갖추어 그를 불러 사부(師傅)로 대접했으나 뒷날 큰 공을 세우지 못하여 사람들이 실망했다고 한다. 관련 내용은 『후한서(後漢書)』 권112 「방술열전(方術列傳)」 「번영전(樊英傳)」에 보인다.

송宋나라의 유재劉宰[6]는 떠난 뒤 일곱번 관직에 제수되었으나 한번도 일어나지 않았는데 황준黃濬이 유재의 본전本傳을 읽지 못하여 그 제수된 전후의 벼슬의 고하高下가 어떠한지는 알지 못합니다. 최여지崔與之 같은 이에 이르러서는 성도부지사知成都府로서 사직하고 광주廣州로 돌아갔는데 뒤에 예부상서禮部尙書로 불렸으나 열세번이나 소疏를 올려 사양하면서 이르지 않았고, 이어서 참정參政으로 부르고 또 우상右相으로 불렀으나 모두 사양하고 끝내 이르지 않았습니다. 여지의 뜻은 작은 벼슬을 사양하고 큰 벼슬을 받는 것이 시정인의 마음이고 조정이 자기를 처우하는 도리도 아니라고 생각했던 까닭에 차라리 군명君命을 받지 않고 기필코 자기의 뜻을 이루었던 것이니, 이를 어찌 임금을 섬기는 도리를 알지 못한다고 하겠습니까? 그러므로 후대에 격조 높게 논의하는 이들은 "여지는 당시에 이미 늙고 병들어 나랏일에 힘을 다할 수 없으니 그가 나오지 않았던 것이 마땅하다"라고 말했으며, 또 "여지는 대신大臣의 풍도風度가 있다"라고 말했고, 군명을 어겼기 때문에 죄를 받아 마땅하다는 말은 듣지 못했습니다.[7]

이와 같은 일로 본다면 관직에 임명되어도 마땅히 받지 않아야 할 것이 있으면 힘써 사양하고 나아가지 않는 것이 또한 혹 하나의 도리인가 합니다. 만약 자기의 분수를 헤아리지 않고 마땅한지 그렇지 않은지도 묻지 않은 채, 일체 받는 것만 있고 사양하는 것은 없으며 나아감은 있고 물러감은 없으면서 이로써 임금을 섬기는 예禮로 삼고자 한다면 도리에 어긋나는

6　송나라 금단(金壇) 사람으로 자는 평국(平國), 호는 만당(漫塘), 시호는 문청(文淸)이다. 평생 동안 은거하며 많은 글을 남겼다. 관련 내용은 『송사』 「열전」 권160 「유재전(劉宰傳)」에 보인다.

7　최여지(1158~1239)는 송나라 광주 사람으로 자는 정자(正子)이다. 소희(紹熙) 4년(1193) 진사에 오르고 관리로 재직하면서 백성들을 구제하는 데 힘썼으며, 금(金)의 침입을 막고 광주 지역의 군란(軍亂)을 진압하는 데도 기여했다. 지성도부(知成都府)를 지낸 후 사직하고 누차에 걸친 부름에도 불구하고 출사하지 않고 소(疏)를 통해 주화(主和)의 필요성을 주장하고 군자소인론에 입각하여 조정의 측근들을 물리칠 것을 주장했다. 관련 내용은 『송사』 「열전」 권165 「최여지전(崔與之傳)」에 보인다.

말이요, 일을 그르치는 의논으로서[8] 이를 교훈으로 삼아 천하를 다스리지는 못할까 적이 두렵습니다.

양구산楊龜山[9]은 부름을 받고는 사양하지 않고 나아갔으며, 윤화정尹和靖은 부름을 받고 힘써 사양하기는 했으나 강제로 일어나게 하자 마지못하여 나아갔습니다.[10] 두 사람이 모두 크게 세우거나 밝힌 것이 없고 후세에 비난만 남겼습니다. 황횡滉은 매양 이르기를 "귀산龜山의 뜻은 진실로 알수 없거니와 화정和靖의 사람됨은 비록 지경持敬하는 공부는 깊었으나 본디 경륜의 재능이 부족하니 처음에 이미 스스로를 알고 사양했으면 끝까지 힘써 사양했어야 좋았는데 끝내 뜻과 같이 하지 못했으니 애석한 일이다"라고 했습니다.

당나라 말엽 헐후歇後 정경鄭綮에게 숨은 덕이 있다고 생각하여 재상을 삼았는데 경綮이 감당하지 못할 줄 스스로 알고 사양했으나 뜻을 이루지 못하고 관직에 나아갔다가 얼마 되지 않아 사직하고 떠났습니다. 군자의 의논은 그 사직하고 떠남을 옳게 여기면서도 그가 처음부터 힘써 사양하지 않고 관직에 나간 것을 애석하게 여겼습니다.[11] 황횡滉은 어질지 못함이

---

8 도리에 어긋나는 (…) 그르치는 의논으로서: "모서리를 쪼개어 전체를 부순다(毁方瓦合)"는 뜻으로 『예기』 「유행(儒行)」에 나온다.

9 양시는 채경(蔡京)의 천거로 비서랑(秘書郎)이 되었고, 송나라 흠종(欽宗) 정강(靖康) 원년(1126) 국자좨주(國子祭酒)가 되었다. 채경의 천거로 벼슬로 나아간 사실로 후에 비난을 받았다.

10 흠종 출사를 사양하는 윤돈(尹焞)에게 화정처사(和靖處士)라는 호(號)를 하사하고 돌아가게 했다. 고종(高宗) 소흥(紹興) 7년(1137) 비서랑(秘書郎)에 임명했으나 병을 구실로 사양하고 나오지 않았다. 조신(漕臣)으로 하여금 조서(詔書)를 받들고 부(涪) 땅에 가서 친히 데려오도록 하니 비로소 길을 나섰다가 구강(九江)에 이르러 다시 사양하는지라 강주자사(江州刺使)에게 명을 내려 속히 배편으로 올라오게 했다. 건강성(健康城) 밖에 당도함에 황제가 재촉하여 부르자 비로소 들어가 알현했다. 관련 내용은 『송사』 권428 「윤돈전(尹焞傳)」에 나온다.

11 당 형양(滎陽) 사람 정경(鄭綮)은 해학을 좋아하여 헐후시(歇後詩)를 많이 남겼다. 소종(昭宗)은 그가 학식이 깊은 사람이라고 생각하여 재상을 삼았다. 관리가 이 사실을 정경에게 알리자 정경은 거듭 사양했으나 허락받지 못하여 일을 맡아보았다. 군자의 의논은 주자가 『자

정경보다 심하고 이미 감당하지 못할 것을 알고 있으니 마땅히 군자의 의논에 따라 힘써 사양하고 나아가지 않아야 할 것입니다. 어찌 경경이 이미 나아갔다가 사직한 것을 배우겠습니까. 이는 난세의 일인지라 본디 인용하는 것이 부당하지만 혈후^{歇後}의 경경으로 황곤의 어리석고 졸렬함을 증명하는 것이 절실하다고 생각되기 때문에 말씀드렸습니다.

범순인范純仁은 적소謫所에서 방면되어 돌아옴에 중사中使¹²를 보내어 옛 재상으로 정중히 불렀으나, 순인은 병을 일컬으며 이내 집으로 돌아갔습니다.¹³ 두범杜範은 부름을 받고 오다가 중도에서 소疏를 올려 자책自劾하고 곧 강을 건너 돌아갔는데, 그 뒤에 도성都城에 왔다가 돌아가려 하자 임금이 명령하여 성문을 닫고 나가기를 허락하지 않았는데도 결국 틈을 엿보아 돌아갔습니다.¹⁴ 오초려吳草廬는 사국史局에 베푼 잔치가 끝나자마자 사직하지도 않고 이내 돌아갔는데¹⁵ 관리를 보내어 뒤를 쫓았으나 미치지 못하고 돌아왔습니다. 당시의 조정 신하들이 건의하여 청하기를 "징澄

치통감강목(資治通鑑綱目)』권52에서 "정경은 자신을 알았다. 그가 만일 극력 사양하여 제수받지 않았더라면, 누가 그를 비웃었겠는가? 이익을 꾀하느냐 아니면 의리를 추구하느냐 하는 것은 한 생각 사이에 손바닥 뒤집듯이 금세 달라지는 것이다. 비록 군자라 하더라도 이것에 신중을 기하지 않으면 안 된다(鄭綮則自知矣, 使其力辭不拜, 誰得而笑之? 故爲利爲義, 一念之頃反覆手之殊, 雖君子, 不可不致愼於此也)"라고 한 평론을 가리킨다.

12　궁중에서 파견한 사자로 주로 환관(宦官)을 파견한 경우를 가리킨다.

13　송 철종(哲宗) 소성(紹聖) 4년(1097)에 오현(吳縣) 사람 범순인(范純仁, 1027~1101)이 영남(嶺南)에 유배되었다. 휘종(徽宗)이 즉위하여 그를 재상으로 불렀으나 집으로 돌아가 병을 치료하기를 간청함에 황제가 부득이 허락했다. 관련 내용은『송사』권314「범중엄전(范仲淹傳)·범순인전(范純仁傳)」에 보인다.

14　송 이종(理宗) 때 참정(參政) 두범(杜範, 1182~1245)은 자신의 진언(進言)이 채용되지 않자 사직을 청했다. 황제가 간곡히 만류함에도 두범이 계속 사직을 고집하자 황제가 성문을 닫도록 명하면서까지 두범이 나가는 것을 막으려 했다. 이는 두범이 명을 기다리지 않고 급히 떠나려 했기 때문이다. 관련 내용은『송사』권407「두범전(杜範傳)」에 보인다.

15　원 태정(泰定) 초기『영종실록(英宗實錄)』을 수찬하면서 강관(講官) 오징(吳澄, 1249~1333)에게 이 일을 주관하게 했는데, 실록이 이루어지자 미처 진상하기도 전에 병을 구실로 나오지 않았다. 황제가 잔치를 베풀고 힘써 만류하는 뜻을 나타내었으나 잔치가 파하자 곧 성(城)을 나와 배를 타고 떠나버렸다. 관련 내용은『원사(元史)』권171「오징전(吳澄傳)」에 보인다.

은 기로耆老의 구신舊臣이므로 마땅히 우대해야 합니다"라고 하여 드디어 다시는 부르지 않았습니다.

엎드려 살피건대 송·원시대에는 사대부를 대우함에 이미 치사致仕(벼슬에서 완전히 물러남)의 예가 있었고, 또 떠나기를 청할 길이 있었는지라 신하 중에 떠나고자 하는 자에겐 탄탄대로가 있었으며 청하면 얻지 못할 것이 없었는데도 오히려 위와 같이 했던 것은 그들이 떠나기를 속히 하고자 하나 혹 늦어져서 떠날 기회를 잃을까 두려워했기 때문입니다. 하물며 지금은 두 길이 모두 막혔는데 만약 위 몇 사람의 사적을 허물이라 하여 금지한다면 마땅히 떠나야 할 사람으로 하여금 어느 길로 떠나게 하려 하는지 모르겠습니다. 지금은 떠나감을 죄라 하고 물러감을 기피할 일로 여기고 있으니 제가 이해하지 못할 일입니다.

하상지何尙之가 이미 떠났다가 뒤에 와서 벼슬하자[16] 심경지沈慶之가 오히려 조소거리로 삼았습니다.[17] 황제黃湜이 떠났다가 다시 온 것이 다섯번인데 지금 만약 나아간다면 꼭 여섯번째가 됩니다. 나라에 물방울이나 티끌 같은 작은 보답도 없으면서 여섯번 나아갔다가 일곱번 물러간다면 어찌 왕량王良의 벗이 왕량을 가리켜 "오고감을 바쁘게 한다"[18]라고 기롱한 데

---

16   남북조시대 송의 하상지는 늙어 치사(致仕)하고 방산(方山)에 은거했으나 황제가 예를 갖추어 부르자 다시 조정에 나아갔다. 관련 내용은 『송서(宋書)』권 66 「하상지전(何尙之傳)」에 보인다.

17   남북조시대 송 무제(武帝) 효건(孝建) 2년(455), 남곤주자사(南袞州刺史)였던 심경지는 표문을 올려 사직했다. 뒤에 조정에서 다시 그를 채용코자 하여 하상지를 보내어 입사(入仕)하도록 설득케 했는데 심경지는 웃으면서 "심(沈)은 하공(何公)이 이미 떠났다가 다시 돌아온 것을 본받지 않으렵니다"라고 말하자 하상지가 부끄러워하면서 설득하기를 그만두었다. 『송서(宋書)』권 77 「심경지전(沈慶之傳)」에 관련 내용이 보인다.

18   관련 내용은 『후한서(後漢書)』권57 「왕량전(王良傳)」에 보인다. 후한(後漢) 광무제(光武帝) 때 처사 왕량은 처음 조정에서 불렀으나 입사하지 않다가 뒤에 패군태수(沛郡太守)를 역임하고 병을 구실로 고향으로 돌아갔다. 1년 만에 다시 조정에서 부르자 형양(滎陽)에 이르러 병이 위독함에 더 나아가지 못하고 친구의 집을 지나게 되었다. 그때 친구가 그를 보기를 꺼리면서 말하기를 "충성스러운 말과 특출한 계략도 없이 높은 지위를 취하여 어찌 오고 감을 바쁘게 하여 번거로움을 꺼리지 않습니까?"라고 하니 왕량이 부끄럽게 여겨 그 뒤부터

그칠 뿐이겠습니까.

지난해 황준黃浚이 도문都門을 나온 지 며칠 만에 안순좌安舜佐[19]와 김세헌金世憲[20]이 늙고 병들어 직분을 감당치 못한다 하여 파축罷逐되었는데 황이 만약 조정에 있었다면 마땅히 함께 파축당했을 것입니다. 만약 저들을 파축하고 황을 남겨두었다면 이는 황이 저들만도 못한 것입니다.

기개를 가지고 학문으로 단련해야 시세에 흔들리지 않는다: 「기명언奇明彦, 기대승에게 답함」[21]

벼슬에 나갈지 은둔할지는 자신이 마음속으로 결단해야 하는 문제여서, 남에게 상의할 수 있는 일도 아니고, 또한 남이 끼어들어 의논해줄 일도 아니라는 호안국胡安國의 견해[22]가 탁월하여 법으로 삼을 만합니다. 다만 평소 이치에 대하여 정밀하게 파악하지 못한 부분이 있고 뜻도 강고하지 않다면, 그 스스로 결정하는 것이 시대의 의리에 어두운 채 원하고 사모하는 데 정신이 빼앗겨 그 처신이 합당함을 잃는 잘못에서 혹 면하지 못합니다. 이제 보내온 편지의 뜻을 보니, 학문이 아직 이루어지지 않았는데 갑자기 출사하여 벼슬살이로 뜻을 빼앗길까 염려해서 귀향하여 학문의 대업을 끝까지 궁구하고 싶다고 스스로 말씀했습니다. 이것은 옛사람에서도 보기 어려운 경우이고, 오늘날에는 아직 보지 못했습니다. 황이 공을 공경함이

　　는 불러도 응하지 않았다고 한다.

19　미상.

20　자는 원중(原仲), 중종(中宗) 정유(丁酉, 1537)에 등제(登第)하여 관(官)이 사옹정(司饔正)에 이르렀다. 『퇴계선생문집고증』 참조.

21　「答奇明彦」. 1559년(명종 14, 59세) 10월 24일. 이황은 1559년 9월 정유일(鄭惟一)을 통해 기대승으로부터 「퇴계선생에게 올림(上退溪先生)」 「사단칠정에 대한 견해(四端七情說)」를 받고 이 답신을 썼다. 이황은 이 답신과 함께 「별지」 「기명언에게 답함(사단칠정을 논한 제1서)」을 1560년 2월 정유일을 통해 기대승에게 보냈다.

22　관련 내용은 『송사(宋史)』 권435 「호안국전」에 나온다.

특별히 깊은 이유입니다만, 또한 공을 위해서 우려하고 걱정하지 않을 수 없습니다.

우선 황이 몸소 겪었던 일로 말씀드리겠습니다. 황은 젊어서 학문에 뜻을 둔 적이 있었지만 끌어주는 스승과 붕우를 만나지 못하여 조금의 얻은 것도 없이 몸에 병만 고질이 되었습니다. 그때가 산림에서 생을 마칠 계획을 결단하기에 딱 좋았으니, 조용한 곳에 거처를 마련하여 독서하고 뜻을 함양하면서 이르지 못한 단계를 더욱 추구하여 30여년 더 노력했다면, 병이 낫지 못하리란 법 없고 학문도 성취되지 못하리란 법이 없었을 것입니다. 천하 만물이 내가 즐거워하는 것에 대하여 어떻게 하겠습니까? 다만 그렇게 하지 못하고 과거에 응시하여 벼슬을 찾는 데 종사하며, 내가 일단 시험 삼아 해보고 만일 불가능하여 물러나고 싶으면 물러날 것이니 누가 다시 나를 얽어매겠는가 하고 생각했을 뿐입니다. 지금 시대와 옛 시대가 크게 다르고 우리 조정과 중국의 조정이 같지 않아 선비들이 거취를 망각하고 예법의 관행도 치사致仕를 폐기하여, 헛된 이름에 시달림은 오래될수록 더 심해지고 물러날 길은 시도할수록 더 험난해져 오늘에 이르러서는 이러지도 저러지도 못한 채 비방하는 말들이 산더미처럼 몰려들어 위태로운 염려가 극에 달할 줄을 애초에 전혀 몰랐습니다.

일찍이 나 자신이 산림에 맞는 성품임을 유념하고 작록을 흠모하지는 않았지만, 학문 수준이 이치를 밝게 알지도 못하고 시대의 의리에도 어두워서 그 처음 행보를 한번 그르치자 뒤에 잘못된 것을 깨달았지만 수습하기 어려워 이 지경에 이르렀습니다. 그러나 오히려 내 행보는 옛사람의 의리에 비추어 질정해볼 만한 부분이 있습니다. 내 몸의 병이 어떤지는 나라 사람들이 함께 보고 천지와 귀신이 함께 아는 바이니 구실로 삼는 것이 아닙니다. 따라서 공의 경우는 처신하기 어려움이 황보다 더 심함이 있습니다. 욕되게도 상의해줄 것을 요청받은 이상 내 생각을 대략 말씀드리지 않을 수 없습니다.

공은 빼어난 기상과 동량이 될 자질을 지녀 출사하기 전에 명성이 원근에 알려졌고 처음 출사하자 온 나라 사람들이 다 주목했습니다. 먼 길을 출중하게 시작했고 몸에 황처럼 병이 있는 것도 아닌데, 그런 처지에서 벼슬을 버리고 물러나 은거하려 하니 동시대 사람들이 공을 놓아주려 하겠습니까? 사람들이 놓아주지 않는데 자신만 벼슬을 버리고자 하면, 버리려 할수록 더욱더 벗어나지 못합니다. 병든 내가 누차 사퇴를 요청한 것처럼 하려고 해도 또한 어렵지 않겠습니까? 사람들이 책망하는 것이 병들고 어리석은 나를 책망했던 것보다 더 심하지 않겠습니까? 이런 점에서 황이 공을 위해 우려하고 걱정하는 것입니다.

　그러므로 공을 위한 계획을 말하면, 출사하기 전에 일찍 그 뜻을 결단했어야 했습니다. 그랬더라면 학문에 전념하여 도를 파악할 수 있었을 것이고, 설사 한 시대 도학의 전범을 세워 우리나라의 끊어진 학문을 창도하는 사람이 되더라도, 이상할 것 없습니다. 이제 이미 그렇게 하지 않고 과거에 응시하여 관직을 구했고, 게다가 머리를 숙이고 욕됨을 참으면서 면신례免新禮23까지 해놓고, 비로소 남에게 의논하여 물러나서 원하는 바를 이루고자 하니, 사태 파악이 너무 늦은 것 아니겠습니까? "시속을 어기더라도 내 생각대로 하겠다는 바람은 마음에 본래 확고한 것이다"라고 한 말도 반드시 실현할 수는 없을 듯합니다.

　보내온 편지에서 "세상살이에서 처신하기 어려운 것과 관련해서는 또한 내 학문이 아직 미진함을 걱정할 뿐입니다. 내 학문이 충분해지면 반드시 처신함에 어려움이 없을 것입니다"라고 했습니다. 이 말은 물론 긴절하고 지극한 말입니다. 그리고 보내온 「사단칠정설四端七情說」은 그 논한 수준이 또한 깊다고 할 만합니다. 그러나 제가 헤아리건대, 공의 학문은 정대

23　문과에 급제하여 처음 출사한 신진 관원이 선배 관원들을 초청하여 음식을 대접하는 일로, 허참례(許參禮)라고도 한다. 면신례에서 선배 관원들은 신진 관원에게 신발에 술을 부어 마시게 하는 등 여러 굴욕적인 처사를 행하는 것이 관행이었다.

正大하고 광박廣博한 측면에서는 이해한 바가 있지만, 세밀하고 정미한 영역에서는 아직 융석融釋(의혹이 깨끗이 풀리다)하게 통관하지 못했습니다. 마음과 행동의 처신도, 소탈하여 구애받지 않는 뜻에서는 얻은 것이 많지만, 수렴하여 온축하는 공부에서는 오히려 부족합니다. 그러므로 논변으로 제시하는 발언이 매우 심오하지만, 내용이 서로 부정합하고 모순되는 병통에서 더러 면하지 못합니다. 자신의 발전을 위해 도모함이 보통 사람이 미칠 바가 아니지만, 그래도 여전히 이리저리 계산하며 우왕좌왕하는 가운데에서 벗어나지 못합니다. 따라서 중대한 일을 맡아서 큰 명망을 짊어지고 거칠고 사나운 풍랑 속에서 대처하자면 어떻게 어려움이 없다고 말할 수 있겠습니까?

선비가 세상에 태어나 출사하기도 은거하기도 하고, 뜻을 펼 기회를 만나기도 만나지 못하기도 하지만, 결국 자신을 개결하게 하고 의리를 실행할 뿐이요, 화복은 논할 것이 못 됩니다. 그러나 일찍이 괴이하게 생각되었던 것은 우리나라 선비 가운데 조금이라도 도의에 뜻을 두고 사모하는 이는 대부분 시대의 화란에 걸려들었다는 점입니다. 이것은 땅이 좁고 인심이 각박한 탓이지만 또 한편으로는 자신을 위해 스스로 도모한 것이 충분하지 않아서 그런 결과에 이른 것입니다. 충분하지 않다는 것은 다름 아니라 공부가 미진한데 자신을 너무 높게 여기고, 시대가 어떤지 헤아리지 않고 세상을 경영하는 데 용감한 것입니다. 이것이 낭패를 초래하는 길이니 큰 명망을 짊어지고 큰일을 맡은 사람이 절실히 경계해야 합니다. 그러므로 공을 위한 오늘날의 길은 자신을 너무 높게 생각하여 처신하지 말고 세상을 경영하는 데 무턱대고 용감히 나서지 말고, 모든 사안에서 자신의 견해를 너무 지나치게 주장하지 말라는 것입니다.

스스로 이미 출사하여 나라에 몸을 바치기로 허락했는데, 물러갈 뜻만 어떻게 전적으로 고수할 수 있겠습니까? 도의를 준칙으로 삼고자 뜻을 두었는데, 또 어떻게 벼슬에 나아가기만 하고 물러남이 없을 수 있겠습니까?

오직 학문에 여유가 있으면 출사하고, 출사하여 여유가 있으면 공부하라는 공자의 가르침[24]을 처신의 기준으로 삼아 의리에 합당한 지점을 정밀히 살핍니다. 그리하여 출사하여 뜻을 펼칠 때는 항상 그 어려움을 생각하는 이외에 언제나 한 걸음 물러나고 한 단계 낮추면서 공부에 오로지 뜻을 두어 "내 학문이 아직 충분하지 않은데 어떻게 문득 국정을 경영하여 백성을 구제하는 책임을 맡겠는가?"라고 생각합니다. 내 뜻이 시대와 어긋날 때는 조금도 관여하지 않은 것 이외에 반드시 한직을 요청하거나 물러가기를 도모하면서 학문에 오로지 뜻을 두어 "내 공부가 아직 충분하지 않으니 조용히 자신을 닦으면서 진보해가기에 지금이 적기이다"라고 생각합니다.

그와 같이 하기를 오래 지속할 것을 기약하며, 한번 나아가고 한번 물러나는 사이에, 항상 학문을 위주로 삼아 의리가 무궁함을 깊이 알고 항상 부족한 듯 자신을 만족스럽게 여기지 않는 생각을 지녀서 잘못을 듣는 것을 기뻐하고 선함을 취하는 것을 즐거워하여 참된 학문이 축적되고 노력이 오래되면, 도가 이루어지고 덕이 확립되어 공로가 저절로 높아지고 덕업이 자연히 넓어져 앞에서 말한 세상을 경영하고 도를 행하는 책임을 이때 이르러 비로소 맡을 수 있습니다.

보내온 편지를 보니 공의 뜻이 물러나려는 데 있습니다만, 황의 말은 출사하는 것과 물러나는 것 양쪽을 함께 견지하는 주장입니다. 세상 사람들의 일반적인 생각으로 정생(鄭生, 정지운)이 공을 위해 권한 말과 동일하다고 공으로부터 배척받지 않겠는지요? 정생의 견해가 본래 미처 이르지 못한 점이 있겠지만, 그 말이 어떠했는지 모르겠습니다. 황의 소견으로 생각해보면, 공에게 권하여 높이 날아올라 멀리 떠나서 한번 가고 돌아오지 않음으로써 옛사람이 은거하여 자신의 뜻을 추구하던 의리에 응답하게 하면

---

24 관련 내용은 『논어』 「자장」에 나온다.

통상적인 생각을 벗어날 수 있어 매우 통쾌하고 즐거운 일이 됨을 어찌 모르겠습니까?

다만 일찍이 들었는데, 주자가 문인과 정자程子(정이)가 봉급을 신청하지 않은 일에 대하여 논하면서, "지금 사람이 과거로 출사했다면 일반적인 관리로서 처신하지 않을 수 없다"라고 했습니다.[25] 이제 공이 은거하려는 뜻을 애초 고수하지 못했고, 뒤에 병으로 폐인이 될 처지도 아닌 채 과거를 통해 출사했으니, 공을 위해 충심으로 생각할 때 어떻게 세사에서 벗어나는 것으로 오로지 권할 수 있겠습니까? 아마도 정생의 뜻도 이런 생각에서 나온 것이 아니겠습니까?

그렇지만 황이 권하는 이 말도 한번 잘못 따르면 평상의 관행에 안주하고 답습하며 시속을 따라 부침하는 비속한 처신으로 빠져듭니다. 남이 함부로 빼앗을 수 없고 꺾을 수 없는 뜻과 기개를 반드시 항상 견지하여 학문의 노력으로 날마다 달구고 달마다 단련한 뒤에야 자신의 입장을 확고하게 세워 세속의 명성과 이익, 위세와 여론에 좌우되지 않을 수 있을 것입니다. 그렇지 않으면, 학문에 마음을 두어도 맛을 느끼지 못하여 소득이 없고, 탐구하여 돌파해도 벽이 더 견고해져 뚫고 들어가지 못하여, 잠시 공부를 놓는 사이에 마음이 나태해지고 흥미가 시들어 의지가 꺾이고 생각이 돌아섭니다. 세속의 이해와 화복의 설이 또 그 틈을 타고 협박하고 공갈하며 어느덧 녹여내 없앱니다. 그렇게 되면 처음 출사했을 때의 마음에서 변하여 세속에 맞추어 세속이 받아들이는 것을 취하면서 도리를 등지고 이익으로 나아가는 것을 계책을 얻었다고 생각하지 않을 사람이 거의 없습니다. 이것은 더욱 심히 두려워할 만한 일입니다. 모르겠습니다만 공은

---

25 정이(程頤)는 경연에 참여할 때 봉급을 신청하지 않았는데, 당시 관료들이 대신해서 호부(戶部)에 신청한 적이 있다. 정이의 행적은 『이정유서(二程遺書)』 권19에 나오고, 『근사록(近思錄)』 권7 「출처」에 인용되어 있다. 주희의 말은 『회암집(晦庵集)』 권58 「위노(衛老) 등경(鄧綱)에게 답함(鄧衛老綱)」에 나온다.

어떻게 생각하는지요?

본원의 자리에서 노력을 가하는 것은 황이 한참 여기에 강구하고 있습니다만 합당한지 여부는 아직 모르겠습니다. 이제 질문해 왔으니 감히 제 입장을 제시하여 교정받겠습니다. 듣건대, 마음은 모든 일의 근본이 되고 성性은 모든 선의 근원이 됩니다. 따라서 주자가 학문을 논할 때 반드시 방심放心(풀어놓은 마음)을 수렴하여 덕성을 기르는 것을 처음에 착수하는 공부로 삼았습니다. 곧 본원의 자리에서 성취하는 것으로 도를 온축하고 사업을 넓히는 토대로 삼은 것입니다. 노력을 가하는 요령을 어찌 달리 찾고자 기다리겠습니까? 또한 "마음을 전일하게 함을 위주로 하여 다른 곳으로 옮겨감이 없게 한다"라고 하고, "경계하고 조심하고 염려하고 두려워한다"라고 했습니다. 마음을 전일하게 함을 위주로 하는 노력은 동정動靜에 관통하고, 경계하고 두려워하는 경계는 오로지 미발未發(마음이 외물과 응접하기 이전 본연의 상태)의 때에 있습니다. 전일하게 하는 공부와 경계하고 두려워하는 공부는 어느 한쪽도 빠뜨려서는 안 됩니다. 그러나 밖으로 드러난 행동에서 제어하여 안의 본성을 기르는 것이 더욱 긴절한 방법입니다. 그러므로 하루에 세가지로 자신을 되돌아보고,[26] 처신할 때 세가지를 중시하고,[27] 네가지를 경계하는[28] 등의 공부는 모두 외물과 응접하는 곳에 나아가 말한 것입니다. 이들 공부 역시 본원을 함양하는 의도입니다. 이렇게 하지 않으면서 오로지 심지心地(본심) 공부만 위주로 삼으면 석씨釋氏(불교)의 견해에 빠지지 않는 경우가 드물 것입니다. 어떻게 생각하는지요?

---

26 증자는 남을 위해 일을 도모하면서 진실하게 했는가, 벗과 교제하면서 진실했는가, 전해 받아 배운 것을 익히지 않았는가 등 세가지로 날마다 자신의 행실을 되돌아보았다. 『논어』 「학이(學而)」에 관련 내용이 나온다.

27 용모를 거만하지 않게 하고, 안색을 신실하게 하고, 말을 비속하게 하지 않는 것 세가지를 말한다. 『논어』 「태백(泰伯)」에 관련 내용이 나온다.

28 예에 맞지 않으면 보지도 듣지도 말하지도 행동하지도 않는 것을 뜻한다. 『논어』 「안연(顏淵)」에 관련 내용이 나온다.

자신을 높게 생각하면 성취가 없고, 『심경부주』는 육구연의 학문이 아니다: 「조사경에게 보냄」[29]

앞서 보내준 시와 편지 그리고 『심경부주心經附註』등과 관련해서 답신 해야 할 것이 매우 많았지만, 그날은 편지를 전하는 사람이 기다리고 있어 감사의 말만 급히 적느라, 그 뒤로 또한 계속 오늘내일 미루다가 회답하지 못하고 지금에 이르렀습니다. 게으름을 피워 매우 부끄럽습니다.

공의 시를 자세히 보니, 크게 진보하여 정취를 얻음을 근래 스스로 느끼 고 있더군요. 기뻐할 일입니다. 다만 그 안에 과시하고 자부하며 스스로 기 뻐하는 모습이 없지 않고, 겸허하고 사양하며 온후한 뜻은 적었습니다. 계 속 그러다 보면, 자신의 덕을 진보시켜 사업을 성취하는 실질적인 일에 끝 내 지장이 있지 않을까 염려됩니다. 공의 시 첫장에 "돌아오는 십리 강촌 길, 둥지에 깃들 새 숲으로 들어가니 자신을 알지"라고 했습니다. 이 구절 은 남이 알지 못하는 곳에서 초연하게 홀로 만족하며 지냄을 스스로 말하 려는 것이지요. 시인의 정취로 논하면 또한 매우 득의한 것입니다. 그러나 학문에 종사하는 생각에서 보면, 병통처가 바로 이 구절에 있는 듯합니다. 왜 그럴까요? 너무 미리 단정하기 때문입니다.

옛날부터 성인이 되는 이 학문에 뜻을 둔 이들이 많았습니다. 사람의 마 음은 본래 영명합니다. 성현의 글을 읽는 데 뜻이 있기만 하면, 처음에 일 부 이해하여 그 어렴풋한 모습을 엿보게 되는 일이 어찌 없겠습니까? 이때 이 사람이 마음속으로 문득 자부하여 만족해서 나는 이미 알았는데 세상 사람들은 모두 모르고 있다고 여기게 되면, 곧 자신을 천하의 최상층에 스 스로 소속시키고는 진보하기를 추구하고 선함이 이르게 하는 공부가 있음

---

29   「與趙士敬」. 1566년(명종 21, 66세) 5월 21일. 『퇴계집』권23; 『정본』8, 165~68면.

3장 출처와 학문 생활의 경계 **157**

을 다시는 알지 못합니다. 심하면 한 시대 사람들에 대해서만 그렇게 하는 것이 아니라, 옛 학자들에 대해서조차 경솔하게 멸시하고 짓밟으며 반드시 그들보다 위에 올라서야 마음에 차니 대부분이 그렇습니다. 이들은 곧 명도明道 선생이 "경솔히 자신을 과대시하다 끝내 성취가 없다"[30]라고 한 사람들입니다.

작년 겨울 토론했던 『대학』「정심正心」 장의 "하나라도 가지고 있으면서 살피지 못한다"는 한 구절에 대하여, 공께서 이어서 유운룡柳雲龍을 만나 토론한 뒤 논변한 것을 보내주셨는데, 논의가 지극히 상세하고 정밀했습니다.[31] 내가 그 의문을 갑자기 해소할 능력이 없기도 하지만, 또 한편으로 내 생각이 의문의 여지가 없이 틀림없이 옳다고 장담할 수도 없어서 더 이상 편지로 자문하여 논할 수 없었습니다. 근래 해주본 『주자서절요』를 교정하다가 우연히 『주자대전』 본집 가운데 몇 조목을 보았는데 바로 이 구절에 해당하는 내용입니다. 별지에 적어놓았으니 공께서 살펴보시고 가르

30　『이정문집(二程文集)』 권12 「명도선생행장(明道先生行狀)」에 나온다. 『근사록』 권14 「총론성현(總論聖賢)」에도 인용되어 있다.

31　조목(趙穆, 1524~1606)의 문집인 『월천집(月川集)』 연보에 따르면, 1565년 12월 조목은 이황을 찾아가 『심경부주』와 『대학』 「정심」 장 "一有之而不能察"에서 "一"의 뜻에 대하여 토론했다. 또한 1566년에는 정복심(程復心)의 「심통성정도(心統性情圖)」와 정민정(程敏政)의 행적에 대한 의견을 편지로 제기했다. 유운룡(柳雲龍, 1539~1601)의 문집인 『겸암집(謙菴集)』 연보에 따르면, 유운룡 역시 1565년에 이황에게 편지로 『대학』 「정심」 장에 대하여 조목과 주고받은 의견을 가지고 질의했다. 이황은 이들의 편지를 받고 검토한 뒤 이 편지를 작성했다. 「정심」 장에 "분노하는 바가 있으면 그 바름을 얻을 수 없고, 두려워하는 바가 있으면 그 바름을 얻을 수 없고, 좋아하는 바가 있으면 그 바름을 얻을 수 없고, 걱정하는 바가 있으면 그 바름을 얻을 수 없다"고 한 것에 대하여 주희는 "하나라도 그런 발용이 있을 때 잘 살피지 못하면 인욕이 움직이고 감정이 앞서서 그 발용이 행하는 바가 더러 바름을 잃지 않을 수 없다"라고 했다. 이황은 "하나"가 분노, 두려워함, 좋아함, 걱정함 등 네가지 중 하나를 뜻한다고 이해했다. 반면, 조목은 "한갓(徒)"이라고 이해했고, 대부분은 "조금이라도(少)"의 뜻으로 이해했다. 이러한 견해에 대하여 이황은 이 편지와 더불어 별지로 『회암집』에 수록된 「황자경에게 답함(答黃子耕)」 「주순필에게 답함(答周舜弼)」 등에서 언급한 사례를 소개하여 반론했다. 이덕홍의 문집인 『간재집(艮齋集)』 권3 「퇴계 선생께 올림(上退溪先生)」에도 자세한 논의가 보인다.

침을 주시면 좋겠습니다. 이 사례들까지도 옳지 않다고 여긴다면, 공이 어떻게 생각하든 내가 알 바가 아닙니다. 그러나 이 사례들이 옳다고 생각한다면, 너무 서둘러 단정하는 병통이 있는 것 아니겠습니까? 그러므로 내가 보낸 시에서 외람되지만 그렇게 표현한 것입니다.[32] 모르겠습니다만, 어떻게 생각하는지요?

또한 들었는데, 내가 기명언奇明彦(기대승)과 사단칠정을 이기로 분속하는 것에 대하여 논한 것을 두고 기명언의 설이 옳다고 여겼다는데, 이것 또한 납득할 수 없습니다. 내가 시간 날 때 그「천명도天命圖」라는 것을 보니, 그림에 과연 병통처가 있었습니다. 이미 대략 개정했지만 아직 완벽하지는 않습니다. 처음에 완성되지 않은 본을 경솔하게 꺼내놓은 것이 몹시 후회됩니다. 사단과 칠정을 이와 기로 나누어 소속시킨 것은 본래 내 주장이 아니고, 고정考亭(주희)이 그렇게 설명했던 것입니다. 근래 또 정복심程復心의「심통성정도心統性情圖」를 보았는데, 바로 그 설명을 사용했습니다. 별지에 또한 적어놓았으니 다시 마음을 비우고 유의해서 볼 수 있을 것입니다. 문득 내치지 말고 보면 내 설명이 망령된 생각에서 나온 것이 아님을 믿을 수 있을 것입니다. 어떻겠습니까?

『심경부주』에 대해서 교정이 매우 자세하여 고쳐 수정한 것이 이 한 권의 책이 하자가 없이 완벽함을 다하게 하려고 힘썼더군요. 그 가운데 이전에 비판했던 "오직 이理는 형상이 없다"[33]라는 말,「심학도心學圖」의 병통처,[34] 범준范浚의「심잠心箴」아래 주자의 설명[35] 등 부류 모두에 대하여 지

---

32 『월천집』권1에 이황의 답시가 다음과 같이 수록되어 있다. "학문이 끊겼으니 오늘날 사람들에게 어찌 스승이 있을까? 마음을 비우고 이치를 보면 의문스런 것 거의 밝아지네. 바람이 불어오기에 의탁하여 숲으로 들어가는 새에게 답장을 보내네. 단지 자신을 알 때 누구도 억지로 알게 할 수 없네(學絶今人豈有師, 虛心看理庶明疑, 因風寄謝趨林鳥, 只自知時莫强知)."『퇴계집』속집 권2에도「조사경의 시에 차운함(次韻趙士敬)」으로 수록되어 있다.

33 진덕수(眞德秀)의「심경찬(心經贊)」에 나온다.

34 조목이 제기한 내용은『월천집』권4「심경품질(心經稟質)」에 보인다. 조목은「심학도」에서
    ① 양심(良心)과 본심(本心), 적자심(赤子心)과 대인심(大人心)을 인심(人心)과 도심(道心)

척하여 내치지 않았더군요. 물론 또한 삼가 신중함을 다하는 뜻이니 당연합니다. 이 교정에 따라 유포된다면, 어찌 공부하는 이들에게 다행한 일이 아니겠습니까?

다만 정민정程敏政 선생은 내가 전에 존모하여 신명처럼 태산북두처럼 여겼을 뿐만 아니었는데, 조사하여 보내준 내용을 본 뒤로 상심과 실망을 감내하기 어렵습니다. 의심스럽고 괴이하여 스스로 설명할 길이 없습니다. 주자께서 과거 자신이 부박했던 폐단을 만년에 후회했던 사실은 정말로 있습니다. 따라서 문인이 행장에서 그 사실을 기술했고, 공도 외워서 말해주었었지요. 그러나 끝내 그런 사실을 가지고 육구연과 길이 같다고 여기면 속이는 것이 심한 것입니다. "권세와 이익에서 벗어나지 못했다"는 평가는 그 사실 여부가 어떤지 모르겠지만, 견해가 어긋난 것이 이미 저러하니 그 행적에 드러난 것 또한 반드시 병통이 없으리라고 어떻게 보장하겠습니까? 이 일을 통해 공부하는 사람이 참되게 힘을 얻는 경계에 이르는 것이 절대로 쉬운 일이 아님을 알겠으니, 매우 두려워할 만한 일입니다. 그러나 이른바 『도일편道一編』과 『학부통변學蔀通辨·편년고증編年考證』[36] 등의 책을 구해보기 쉽지 않으니 또한 한스럽습니다.

의 관계처럼 나누어 '유정(惟精, 정밀하게 살핌)'에 연결시킨 것, ② 구방심(求放心)을 극복(克復)과 심재(心在) 뒤에 배치한 것, ③ 양심(養心)을 심사(心思) 다음에 둔 것 등이 합당하지 않다고 지적했다.

35 조목은 주자의 설명 가운데 "예전에 여백공을 만났는데 「심잠」을 대수롭지 않게 여기며 '그 잠에서 취해야 한다면 어떤 부분인가?'하고 물었다. 나는 '설명을 잘했기 때문에 취한 것이다'라고 대답했다. '그러한 설명은 다른 사람도 많이 하는 것 같다'라고 하기에 나는 '그렇게 잘 설명하는 사람을 바로 드물게 보았기 때문이니, 이것은 의지가 거기에 담겨 있는 것이다'라고 답했다(向見呂伯恭甚忽之, 問: '須取他銘則甚?' 曰: '但見他說得好, 故取之.' 曰: '似恁說話, 人也多說得到.' 曰: '正爲少見有人能說得如此者, 此意蓋有在也')"라고 한 부분을 삭제해도 된다고 의견을 제시했다. 관련 내용은 『월천집』 권4 「심경품질」에 보인다.

36 『도일편』은 정민정의 저술로, 주희가 육구연과 초기에는 학문 방식을 달리했지만 만년에는 같이했다는 주장을 제시했다. 『학부통변』은 명대 학자인 진건(陳建)의 저술로, 정민정과 왕수인 등이 주희가 만년에 육구연과 같은 입장을 취했다고 주장한 것에 대해 「편년고증」을 통해 반박했다.

일전에 『회암집』의 편지를 읽다가 「채계통에게 보냄」에서 "진조로陳朝老는 논의가 강단이 있고 절실하여 쉽게 얻을 수 없는 사람이다. 그러나 그의 시는 자못 방탕하다. 생각건대 이 때문에 사람들이 공경하지 않는 것이다"라고 평론한 것을 보았습니다. 이제 정민정에 대하여 평소 마음으로 존경하고 사모했는데 세리勢利라는 두 글자를 한번 보자 어느새 존모하는 정성을 상실하게 됩니다. 천리와 인욕 사이는 겨우 털끝만 한 차이가 있을 뿐이지만 사람에게서 실증되는 것은 그림자와 메아리처럼 확연합니다. 이때문에 옛사람이 조심조심 경계하고 두려워하면서 잠시도 소홀하지 않았던 것입니다. 그러나 『심경부주』 한 책은 모아놓은 것이 모두 공자와 맹자, 염락濂洛과 민호閩湖[37] 등 여러 현철의 단서로 삼을 만한 말들입니다. 따라서 또한 그런 사실 때문에 소홀히 여기는 마음을 내서는 안 되니, 이 점은 우리들이 더욱 절실하게 경계해야 합니다. 『심경부주』 가운데 여러 의논할 대목들은 오늘은 언급할 겨를이 없습니다. 다른 날을 기다려야 하겠습니다. 삼가 이에 대략 알립니다.

이황과 이이의 문답

도산으로 찾아와 가르침을 청하다: 이이의 시[38]

나뉘어 흐르는 시냇물 수수洙水와 사수泗水[39]의 물결이요

---

37 염(濂)은 주돈이가, 락(洛)은 이정과 소옹이, 민(閩)은 주희가, 호(湖)는 장식이 강학한 지역이다. 북송과 남송의 이학자들을 지역명을 가리켜 지칭한 것이다.

38 1558년 4월 이이는 성주목사로 재직하는 장인 노경린에게 찾아가 인사드리고 강릉으로 가는 길에 예안에 들려 이황에게 인사드리고 이틀을 묵었다. 『교감본 율곡전서』 3, 139면, 「年譜」(上) 1558년 봄(2월 6일경) 조목에, 이이가 도산으로 이황을 방문한 사실을 적고, 이이가 올린 율시 한 수와 이황이 화답한 시를 함께 수록했다.

39 공자가 가르쳤던 곡부(曲阜)의 남과 북으로 흐르던 강으로, 이이는 도산의 남과 북으로 흐르는 강을 비유했다.

빼어난 봉우리 무이산武夷山[40]의 풍광이네

생계의 방도는 경전 천권

벼슬살이라야 집 몇 칸

가슴속 생각은 쇄락灑落(상쾌하고 깨끗함)한 경계 열어주시고

웃으며 하시는 말씀 날뛰는 마음 멈추게 하네

소자小子 바람은 도道를 듣는 것이요

반나절 한가한 시간 훔치려는 것 아니랍니다

이황의 화답시: 「증이숙헌」[41]

병든 몸 방에 갇혀 봄이 온 줄도 몰랐는데

공이 와서 진심을 보여주시니 정신이 깨이네

명성 아래 헛된 선비 없음을 진작 알았는데

일전에 미리 찾아보지 못한 것이 부끄럽소

아름다운 곡식은 잘 익은 돌피의 아름다움 허용하지 않으니

작은 티끌도 마음을 닦아 새롭게 하는 데 지장을 준다오

과장된 시어는 삭제해야 마땅하고

힘써 노력하는 공부 각자 날마다 가까이 합시다

이황의 권고와 질문——잘못을 신속히 고쳐 전일한 마음으로 도를 향한 것은 용기 있는 일이니, 이제 외물이 한꺼번에 다가오면 어떻게 마음의 전일함을 유지할 것인가: 「이숙헌이에게 답함」(무오戊吾)·「별지」[42]

---

40 주자가 가르쳤던 곳의 산.

41 「贈李叔獻」. 전체 4수 중 첫수. 1558년(명종 13, 58세) 4월. 『퇴계집』(외집) 권1; 『정본』5, 33면.

42 「答李叔獻珥」(戊午)·「別紙」. 1558년(명종 13, 58세) 4월. 『퇴계집』 권14; 『정본』5, 510~20면. 이 편지는 이이가 도산으로 이황을 찾아가 만난 뒤 강릉으로 돌아가서 보낸 편지에 답신한 것이다.

나는 궁벽한 곳에서 무리도 적어 함께 공부할 사람이 없습니다. 병중에 책을 보면서 때로 생각에 와닿는 것이 있기는 하지만, 몸소 실행하려 들면 생각했던 것과 행동이 서로 삐걱거리는 것이 많습니다. 나이는 들고 기운은 쇠해가니 사방으로 나가 교류하면서 자신을 진전시킬 수도 없는 형편입니다. 가르침이 있기를 항상 고대하던 차에 두통의 편지를 받았는데, 나에게 약이 되는 말은 하지 않고 거꾸로 귀먹은 사람에게서 대신 듣고자 하니, 어쩐 일입니까? 조심스러워 감당치 못하겠습니다만, 끝내 한마디도 하지 않으려니 그것 또한 교류하는 도리도 아니고, 결국 마음속에 숨겨둘 수도 없군요.

지난번 편지에서 공은 한때 학문을 잘못했던 것을 깊이 한탄했습니다. 그대는 겨우 이십 대에 들어섰을 뿐인데 재주가 드러난 것이 그와 같으니 학문을 잘못했다고 할 수 없습니다. 그런데도 오히려 그렇게 말하니, 공부한 것에 차질이 조금 있는 것을 공부하지 않은 것이나 마찬가지라고 여기는 것이 아니겠습니까? 과거의 잘못을 깨닫고 고칠 것을 생각했고, 게다가 이치를 궁구하고 경敬에 머무는 진실한 공부에 종사할 줄 알았으니, 용감하게 잘못을 고치고 신속히 도를 지향하여 학문의 방향에 헤매지 않았다고 할 수 있습니다.

성현은 멀어지고 그 말씀도 인멸되어 이단이 참된 학문을 어지럽히니, 옛날의 총명하고 재주가 뛰어난 선비들 가운데도 시종 이단에 홀려 빠진 이들이야 말할 것도 없지만, 처음에는 바르다가도 끝내 이단이 된 이가 있는가 하면 중간 입장에서 어느 쪽도 옳다고 한 이도 있으며, 겉으로는 배척하면서도 속으로는 지지하는 이도 있었습니다. 그들이 이단에 빠진 정도에 깊고 얕은 차이가 있다 해도 하늘을 속이고 성인을 속이면서 인의仁義를 가로막은 죄는 마찬가지입니다. 오직 정명도程明道(정호), 장횡거張橫渠(장재), 주회암朱晦庵(주희) 선생 등만이, 초기에 다소나마 이단에 출입한 것이 없지 않았지만 곧장 이단이 잘못되었음을 깨달았습니다. 아, 세상의 큰 지혜와 큰 용기가 아니고서 누가 거대한 물결에서 벗어나 참된 근원으로 되돌아올 수 있겠습니까?

전에 그대가 불교의 글을 독서하다 자못 그 독에 걸려들었다고 사람들이 말하는 것을 듣고 매우 애석하게 생각했던 것이 오래되었습니다. 그런데 일전에 그대가 나를 찾아와 그 사실을 숨기지 않았고, 그것이 잘못이었음을 말했습니다. 이제 두통의 편지 뜻 또한 그러함을 보니, 공이 함께 도를 추구할 만한 사람임을 알겠습니다. 다만 염려스러운 점은 새로 시작하는 것은 달지 않고 익숙한 것은 잊기 어려운지라, 오곡이 열매를 맺지 못하고 쭉정이뿐인 채로 어느새 가을이 와버리지나 않을까 하는 것입니다. 만일 이런 결과를 초래하지 않고자 한다면, 역시 달리 구할 필요 없이 이치 탐구와 경에 머무는 공부에 최선의 노력을 기울여야 할 것입니다.

이 두가지 공부 방법에 대해서는 『대학』에서 제시했고, 『대학장구』에서 밝혔으며, 『대학혹문』에서 남김없이 설명해놓았습니다. 그대가 이들 책을 읽으면서도 아직 얻은 것이 없다고 여전히 걱정하는 것은 문장의 뜻만 이해하고 미처 몸과 마음, 본성과 인정 가운데서 파악하지 않기 때문은 아니겠습니까? 비록 몸과 마음, 본성과 인정 사이에서 파악했다고 해도, 자기 몸에서 징험함이 참되고 절실하지 못하여 진수를 맛보지 못했기 때문이 아니겠습니까? 두가지 공부는 비록 수미일관한 것이지만, 실제로 두가지 공부이니 절대로 둘로 나누는 것에 대하여 걱정하지 말고 서로 진전시키는 것을 원칙으로 삼아야 합니다. 또한 두가지 공부를 미루지 말고 즉시 착수해야 하며, 머뭇거리거나 의심하지 말고 처한 곳에서 힘을 쏟아야 하며, 마음을 비워 이치를 살피고, 자신의 견해를 미리 정해놓고 고집해서는 안 됩니다. 차근차근 축적하며 성숙해가고, 언제까지 효과를 봐야 한다고 작정해서는 안 됩니다. 체득하지 못했으면 손에서 놓지 말고 평생의 사업으로 삼아야 합니다.

그 이치가 자신에게 융회되고 경敬에 머무는 것이 전일하게 되는 것은 모두 공부가 깊어지고 나서 저절로 얻어지는 것입니다. 어찌 단번에 건너뛰어 별안간 깨닫고, 선 자리에서 부처가 된다는 이들이 어렴풋하고 어두운 가운데 그림자나 보고서 곧장 일대사가 해결되었다고 말하는 것과 같겠습니까?

그러므로 이치를 궁구하고 실천 속에서 체험한 것, 이것이 참된 지식입니다. 경에 집중하여 이 방향 저 방향으로 분산됨이 없을 수 있어야 진실하게 얻은 것이 됩니다. 이제 이치를 파악해도 덤덤한 수준을 벗어나지 못하고, 경을 견지해도 잠깐 사이에 어긋나곤 한다면, 일상의 응대하고 만나는 사이에 그로부터 무너뜨리는 것이 어느덧 이르러 한이 없을 것입니다. 그러니 어찌 이른바 생각하고 먹고 마시고 떠들며 환담하는 것이 지장을 준다고 하는 정도에 그치겠습니까? 비록 그러하지만, 공부를 시작할 때 이치를 파악하는 것이 참되지 못하고 경敬의 상태를 자주 놓치는 것은 또한 사람들의 공통적인 걱정입니다. 나 같은 경우는 처음에만 그러했던 것이 아니라 허연 늙은이가 되면서 더 심해져 항상 내 삶이 요동치는 물결처럼 지나가는 것은 아닌가 하고 우려합니다. 그래서 같은 시대에 사는 군자들에게 기대하는 바가 배고픔과 목마름이 몸에 있는 것과 같을 정도만이 아닙니다.

돌아보건대, 언젠가 이것으로 한 시대 사람들을 살펴본 적이 있습니다. 뛰어난 재주와 탁월한 지식을 가진 이들이 한둘이 아니었지만, 영달하지 못했을 때는 과거시험 준비에 자신을 빼앗기고, 영달하고 나서는 이해다툼에 빠져 설사 뜻이 있다고 해도 용감하게 실천하지 못하는 것이 대세입니다. 그대가 견지하는 바는 이와 다름이 있으니 끊어버리는 것을 어려워하지 않는 것으로 알 수 있습니다. 그대가 끊어버리는 것을 어려워하지 않는 마음을 옮겨다 세상에서 실행할 수만 있다면, 비록 과거와 이해利害가 눈앞에 있어도 일반 사람들과 그 걱정하고 두려워함을 똑같이 하지 않을 것임을 의심치 않습니다. 이것이 그대에 대하여 내가 느끼는 바입니다. 다만 뛰어난 자질을 타고나 강구하고 이해하는 데 어려움이 없기 때문에 말하고 논의하는 것이 진심으로 알고자 하는 마음에서 나오지 않고, 행동으로 보이는 것도 간절하고 독실함이 모자란 듯합니다. 계속 그와 같이 한다면, 끝내 세상의 관행에 변화되지 않으리라고 보장하지 못할까 진실로 염려됩니다. 그러므로 나 자신에게 그럴 자격이 있고 없고를 떠나서 문득 말하는 것입니다. 뒷 편지에서 질문한 내용에 관해서는 별지에 대충 적었으니 살펴주기 바랍니다.

이이의 답변과 질문──이치를 궁구하고, 주재하는 마음을 동정에 견지하겠습니다: 「퇴계 선생께 올림」의 「별지」[43]

선생님께서 일찍이 저에게 "경敬은 마음을 전일하게 하여 잡념이 없는 것인데, 만일 외물이 한꺼번에 다가오면 어떻게 응접하겠는가?"라고 물으셨습니다. 제가 이 말씀을 가지고 곰곰이 생각해본 결과 그 방법을 얻었습니다. 마음을 전일하게 하여 잡념이 없는 것은 경의 근본 요령이고, 외물에 따라 다양하게 응접함은 유연하게 경을 적용하는 요령입니다. 사물에서 하나하나 궁리하여 각각 응당 그렇게 해야 하는 도리를 알면, 상황에 부딪혀 응접할 때 거울이 사물을 비추듯 안에서 동요하지 않아 동쪽으로 응하고 서쪽으로 답하여도 심체는 그대로일 것입니다. 평소 사물의 이치를 판단하여 처리함이 분명하기 때문입니다.

먼저 이치를 궁구하지 않고 일에 부딪힐 때마다 생각한다면, 한가지 일을 생각할 때 다른 일이 이미 차질이 생길 것이니, 어떻게 한꺼번에 응접할 수 있겠습니까? 비유하면 다섯가지 색깔이 거울에 동시에 나타나도 거울의 밝은 본체는 색을 따라 변하지 않으면서 동시에 비추는 것과 같습니다. 경을 유연하게 적용하는 것 또한 이것과 같습니다. 이렇게 하는 것은 외물

---

43   이하 이이의 질문은 『퇴계집』에는 나오지 않고 『율곡전서』 권9 「퇴계 선생께 올림(上退溪先生)」·「별지(別紙)」(무오戊午) 가운데 「별지」에 나온다.

과 응접할 때의 공부입니다.

외물과 응접함이 없는 고요할 때에는 반드시 한가지에서 마음을 전일하게 하여야 합니다. 책을 읽으면서 사냥을 생각하면 곧 경敬을 하지 않는 것입니다. 고요할 때 마음을 전일하게 하여 잡념이 없는 것은 경의 체體입니다. 외물과 응접하여 활동할 때 다양하게 응대하면서도 주재하는 마음을 놓치지 않는 것은 경의 용用입니다. 경이 아니면 지선至善에 머물 수 없습니다만, 경 가운데 또한 지선이 있습니다. 고요할 때 죽은 나무나 꺼진 재와 같이 주재함이 없는 것이 되지 않고 활동할 때 어지럽게 동요하지 않으면서, 고요할 때나 활동할 때나 한결같아 체와 용이 분리되지 않는 것이 곧 경의 지선입니다.

이것으로 미루어보면, 순임금이 사방의 일을 밝게 살피고 사방의 여론을 환히 듣고 천문을 통일하고 오례를 정비하고 기물을 통일하는 등 일이 많은 듯하지만, 어찌 경을 견지하지 않은 적이 있었겠으며 어디를 가도 전일하게 하는 노력이 없었겠습니까? 선생님께서는 어떻게 생각하시는지요? 방씨方氏[44]가 "마음은 비어 있지만 주재함이 있다"라고 한 말이나, 주자가 "성인의 마음은 맑아 비어 있으면서도 밝아서 외물이 다가오면 크든 작든 어느 방향으로든 외물에 따라 응대하지 않음이 없지만, 이 마음이 원래 그런 외물을 둔 적이 없다"[45]라고 한 말이 그 뜻이겠습니다.

이황의 조언 ──이해보다 실천이 어렵다: 「별지」[46]

일이 없을 때는 밝은 마음을 보존하여 깨어 있을 뿐이요, 강론하고 익히고 응대하고 대면할 때 이르러 의리를 생각하고 헤아린다는 것은 본래 그

---

44 방봉신(方逢辰). 1221~1291. 자는 군석(君錫)이고 호는 교봉(蛟峰)이다. 저서로 『교봉집(蛟峰集)』이 있다. 방씨의 말은 『대학장구』 전 7장 소주에 인용되어 나온다.

45 이 말은 『주자어류』 권16에 나온다.

46 앞에 나온 「이숙헌이에게 답함」(무오)·「별지」 가운데 「별지」에 나온다.

렇게 해야 합니다. 의리를 생각하면 곧 마음은 이미 활동하는 것이고, 고요할 때의 경계에 속하지 않기 때문입니다. 그러나 이 의미가 분명하여 알기 어렵지 않을 성싶은데도 참되게 알고 있는 사람은 매우 드뭅니다. 따라서 고요할 때 생각하지 않는다는 것을 곧 어두운 가운데의 적멸寂滅 상태라고 여기고, 활동할 때 생각하고 헤아리는 것은 어지럽게 대상들을 따라다닐 뿐 전혀 의리를 궁구하는 데 있지 못합니다. 따라서 명색이 공부한다고 하지만 끝내 공부에서 힘을 얻지 못합니다. 경에 머무는 공부는 활동할 때와 고요할 때를 모두 관통해야만 공부하는 것에서 어긋나지 않을 수 있습니다.

(…)

그대가 논한 '주일무적主一無適(마음을 전일하게 하여 잡념이 없음)'과 '수작만변酬酢萬變(외물에 다양하게 응대함)'에 대한 뜻은 매우 좋습니다. 주자가 "외물에 따라 그때그때 대응하고 이 마음에는 애시당초 이런 외물을 둔 적이 없다"라고 한 말과, 방씨가 "마음은 비어 있지만 주재함이 있다"라고 한 말 등을 인용한 것은 더욱 적확합니다. 다만 이 이치는 알기가 어려운 것이 아니라 실행하기가 어렵습니다. 실행하는 것이 어려운 것이 아니라 진실하게 쌓고 노력을 오래 하는 것이 어렵습니다. 나 자신 매우 걱정하는 바인데, 그대를 위해서도 걱정하지 않을 수 없습니다.

이理의 체회는 일상에서 해야 한다: 「남시보에게 답함」의 「별지」[47]

이전에 강학했던 것은 대체로 모호하고 불분명한 경계에 떨어진 것이 많았습니다만, 근자에 주자의 글을 읽으면서 가깝고 절실한 뜻을 이해하고 나서 비로소 그 강학한 것이 잘못되었음을 알았습니다. 이理는 일상생활에 충만해 있습니다. 동정어묵動靜語默 가운데 인륜에 따라 응접할 때 이는

---

47   「答南時甫」·「別紙」, 1558년(명종 13, 58세) 9월 이전. 『퇴계집』 권14; 『정본』 5, 498~99면.

평실平實하고 명백하면서도 은미하고 자세합니다. 어느 때 어느 곳이든 이는 그렇지 않은 경우가 없습니다. 눈앞에 환히 드러나 있으면서도 아무 조짐도 없는 데까지 걸림 없이 들어갑니다. 초학자가 이 일상에서의 공부를 버려두고 문득 고원하고 심오한 데에 종사하여 지름길로 가로질러 얻고자 하면, 이것은 자공子貢도 할 수 없었던 일로 우리가 할 수 있겠습니까? 이의 의미를 탐구하여 찾느라 한갓 고생만 할 뿐, 실천하는 곳에서 막막하여 의거할 구체적인 기반이 없게 될 것입니다. 연평延平(이통)은 "이 도리는 온전히 일상생활에서 완숙해진다"라고 했는데, 그 말이 맛이 있습니다.

군자가 학문을 하는 것은 자신을 위해서 하는 것이다: 「퇴도선생의 언행을 기록함」[48]

군자의 학문은 자신을 위해서 하는 것이다. 자신을 위해서 한다는 말은 곧 장경부張敬夫(장식)가 말한 "목적을 두지 않고 그렇게 한다"[49]는 뜻이다. 예를 들면 깊은 산 무성한 숲속에 한 줄기 난초가 종일 향기를 발산하지만, 난초 자신은 향기로운 줄 모른다. 그 모습이 군자가 학문을 자신을 위해서 한다는 뜻과 딱 맞는다.

진보해가는 과정에서 자신을 재단하여 향상할 줄 알아야 한다: 「오자강의 문목에 답함」【건○『연평답문』】[50]

보통 사람은 자신의 공부가 진보해도 알아차리지 못한다. 이것은 자신

---

48 「記退陶老先生言行」, 『간재집(艮齋集)』 권5, 『계산기선록(溪山記善錄)』(상).

49 이 말은 『남헌집(南軒集)』 권14 「맹자강의서(孟子講義序)」에 나온다. 『대학혹문』 『주자어류』 『회암집』 등 여러 곳에 인용되어 있다.

50 「答吳子强問目」【健○『延平答問』】, 1563년(명종 18, 63세) 10~12월. 『퇴계집』 권33; 『정본』 10, 230~45면의 233면.

을 재단할 줄 모르는 것이다. 오직 공자는 열다섯에서 칠십에 이르기까지 점진적으로 진보하면서 지극한 경계에까지 이르렀다. 이른바 자연스럽게 변화해간 것이지만, 그 변화해가는 가운데 예에 맞게 처신할 것을 알고, 외물에 현혹되지 않을 것을 알고, 천명을 파악할 줄 알고, 남의 말을 깊이 들을 줄 알고, 법도에서 어긋나지 않을 줄 알았다. 이른바 재단할 줄 안다는 것이다.

정좌에만 전념하면 안 된다: 「송과우에게 답함」【언신○경오】[51]

일을 좋아하여 조용히 있지 못하는 습벽, 남과 다른 특별한 것을 내세워 명예를 추구하는 병통에 대하여, 세상 사람들은 매양 공부에 열중하는 학인들에게 그 비난을 돌린다. 세상이 참으로 험해졌다. 그러나 자세히 살펴보면, 오늘날 학문에 뜻을 둔 사람이 학문에서 얻은 것도 없이 먼저 이런 습벽과 병통에 잘못 빠져든 경우가 실로 많다. 이것은 본래 후학에게 절실한 경계가 된다. 그런데도 이것을 징계 삼아 유행에 동조하고 더러운 세태에 영합하는 행동을 하고자 하겠는가?

강절康節(소옹)의 임기응변식 방법은 본보기로 삼기 어렵다. 연평이 세사를 끊고 정좌했던 것을 오로지 기준으로 삼으면 또한 간혹 한쪽에 치우치는 폐단에 빠진다. 오직 온갖 잡된 생각을 버리고 전념해서 박문약례博文約禮(글을 널리 익히며 예로 줄기를 세움)와 충신독경忠信篤敬(충직하고 신실하며 독실하고 공경한 자세를 견지함)의 가르침[52]에 종사하여 법도를 세우고 자신을 다스리면 바로 전일한 마음이 잡념을 이길 것이다. 어찌 태만함이 기승을 부릴까 걱정하겠는가? 그렇게 하여 순숙한 상태에 이를 수 있으면 그것이 바로 덕에 들어가는 방법이다. 어떻게 덕을 어지럽히는 데 귀착한다고 말하

---

51   「答宋寡尤」【言愼○庚午】. 1570년(선조 3, 70세) 9월. 『퇴계집』 권13; 『정본』 5, 457~58면.

52   박문약례는 『논어』 「자한」에, 충신독경은 「위영공」에 나온다.

겠는가? 오직 힘써 노력하는 데 달려 있다. 그렇게 하면 자신을 처신하고 세상에 응대함이 작위적으로 안배하고 모방할 필요도 없이 저절로 모두 중도에 맞아, 한쪽으로 치우친 곳에 떨어지지 않을 것이다.

격물과 성의 공부를 병진해야 한다: 「조기백의 『대학』 문목에 답함」[53]

사물의 이理를 궁구할 때 구석지고 알려지지 않은 대목에서 탐구해서는 안 됩니다. 크게는 군신과 부자의 일부터 세부적으로는 일상의 일까지 모두 평탄하게 명백하고 실제적인 부분에서 옳고 합당한 것을 찾아, 그 정미한 근거를 철저히 이해하고 다른 문제들로 유추해나가다 보면, 사물이 그러한 이치를 그 가운데에서 알게 될 것입니다. 이치를 아는 공부가 따로 있는 것이 아닙니다.

격물格物(사물의 이에 대한 이해)이 아직 이루어지지 않았을 때, 성의誠意(생각을 진실하게 함)는 본래 어렵습니다. 그러나 이 일은 번갈아 함께 노력해야, 양쪽이 서로 힘이 되어 점진적으로 진보합니다. 내가 아직 격물이 되지 않았으니 성의를 할 겨를이 없다, 격물 공부를 마친 뒤에 바야흐로 성의 공부를 하겠다고 말하면 안 됩니다.

선을 행하고 싶어도 어떻게 해야 절도에 맞는지 몰라서 행하지 못하는 문제는 처음 공부하는 사람들이 겪는 문제입니다. 어떻게 그런 문제가 갑자기 해소되겠습니까? 사물의 이치를 궁구하여 자신에게서 징험하고 본성을 지키면서 정으로 드러난 것을 살피는 공부가 많이 쌓인 뒤에야 절도에 맞는지 맞지 않는지를 자연스럽게 알 수 있습니다.

53　「答趙起伯人學問目」, 1568년(선조 1, 68세) 4월 이후.

이익은 옳은 것 가운데 있다: 「황중거가 『백록동규집해』에 대하여 논한 것에 답함」【송당박공이 『백록동규집해』를 지어, 근자에 처음 간행했다】[54]

황준량의 질문 "그 정의를 바르게 하고 그 이익은 도모하지 않는다"에서 정의를 이익과 상대시켜 설명했는데, 또 "이익은 정의로 화합한 것이다"를 인용했습니다. 도모하지 않는다는 뜻에 어떻게 대응합니까?

이황의 답변 이익의 근본에서 말하면 이익은 정의로 화합한 것이어서, 좋지 않음이 있는 것은 아닙니다. 예컨대 『주역』에서 이롭고 이롭지 않음을 말하고, 『상서』에서 도구의 이용을 말한 것이 그 사례입니다. 그러나 사람이 이익을 추구하는 일반적 모습에서 말하면, 군자의 경우 이익은 마음에 딴 목적을 두는 폐해가 되고, 대중의 경우 이익은 이기적으로 되고 탐욕을 부리는 소굴이 되어, 세상의 악행이 모두 여기에서 나옵니다. 이익이라는 말이 상황에 따라 달라지는 것이 이와 같습니다. 동중서董仲舒[55]가 "그 정의를 바로 세우고 그 이익은 도모하지 않는다"라고 한 것은 본래 군자가 마음을 쓸 때 정밀하게 살펴야 하는 은미한 곳을 가리켜 말한 것입니다. 그러므로 주자가 "이익은 정의로 화합한 것"이라는 공자의 설명을 가져와

---

54 「答黃仲擧論『白鹿洞規集解』」【『松堂朴公有『集解』, 近始刊行】. 1559년(명종 14, 59세) 2월. 『퇴계집』 권19; 『정본』 7, 64~65면. 주희는 『근사록』 권2에 동중서의 "그 정의를 바로 세우고 그 이익은 도모하지 않는다. 그 도리를 밝히고, 그 공로는 계산하지 않는다"라는 말을 인용해놓고, 주석에 『주역』의 "이익은 정의로 화합한 것이다"라는 말을 인용했다. 이 『근사록』의 말을 박영이 『백록동규해(白鹿洞規解)』(『송당집』 권1)에 수록했다. 황준량은 『주역』에서 인용한 말의 뜻이 "이익을 도모하지 않는다"는 취지와 서로 맞지 않는다고 이황에게 질문했다. 이하 이황이 답변한 말을 발췌한 것이다.

55 기원전 176(?)~기원전 104. 『춘추공양전(春秋公羊傳)』을 익혀 경제(景帝) 때에 박사가 되었고, 무제(武帝) 때 현량대책(賢良對策)을 올려 유교로 사상을 통일하는 국정 개혁에 기여했다. 강도상(江都相)과 교서왕상(膠西王相)을 지냈다. 천인감응(天人感應)의 재이론(災異論, 인간의 선하고 악한 행위가 자연의 특이한 현상으로 나타난다는 이론)을 주장하여, 금문(今文)학파의 주요한 이론가가 되었다.

그 취지를 밝힌 것입니다.

이익이 정의로 화합한 것이 되면, 이익은 정의 밖에 따로 있지 않게 됩니다. 정의를 바르게 확립하면 이익은 그 가운데 있습니다. 그런데 동중서가 다시 "이익을 도모하지 않는다"라고 말해놓았기 때문에, 이익이 정의 밖에 별도로 있어 정의를 추구하고 이익을 추구하지 않기를 바라는 의도가 있는 것처럼 보입니다. 이것이 보내온 편지에서 동중서의 말과 주자의 말이 서로 맞지 않는다고 의심했던 이유입니다. 그러나 실제로는 두 사람의 말이 서로 어긋나지 않습니다.

이익이 정의로 화합한 것 안에 있어도, 끝내 정의와 맞서 이기고 지고 서로 길항하는 것은 이익이 본래 그런 것이기 때문이 아니고, 사람의 마음이 그러하게 만든 것입니다. 그러므로 군자의 마음이 본래 정의를 바르게 확립하려고 했어도, 막상 일에 임해서 혹시라도 마음을 오로지 정의에 두지 않고 조금이라도 이익을 향한 생각을 가지게 되면, 곧 달리 목적하는 의도를 가지고 정의를 바르게 하는 일을 하는 경우가 됩니다. 그러면 그 마음이 이미 정의와 배치되고, 이른바 이익은 더이상 자연스럽게 정의로 화합한 것이 아니게 됩니다. 따라서 주자가 이익을 "정의로 화합한 것"이라고 이익의 의미를 풀이하면서, 다시 "다른 목적을 가진다"는 말을 부가하여 이익을 도모하는 것의 폐단을 설파했던 것입니다. 그렇게 설명해줌으로써 이익이라는 말이 처음부터 좋지 않은 것이 아니라, 이익을 도모하는 마음 때문에 좋지 않은 것이 됨을 알게 됩니다.

따라서 "이익은 정의로 화합한 것"이라는 말과 "이익을 도모하지 않는다"는 말을 인용하는 것이 무슨 문제가 있겠습니까? 더구나 이곳에서 주자께서 합당한 맥락을 정밀하게 읽어서 자세한 뜻을 말씀해주지 않았다면, 사람들은 건성으로 이해하고 이 이익을 탐욕[利]의 뜻으로, 도모한다는 말을 경영하여 적극적으로 추구한다는 뜻으로 여겼을 것입니다. 그러한 이해는 어진 사람의 마음 씀이 미세하게 달라지는 지점에서 분변하는 것과는 거리가 먼 것입니다. 따라서 동중서의 이 말이 어려운 일을 내가 먼저 하고 이익을 얻는 일은 남보다 나중에 한다는 말과 그 심층의 의미에서 어떻게 같을 수 있겠습니까? 그렇지만, 이 말에서도 또한 달리 목적하는 마음을 가지는 것으로부터 대중이 빠지는 구렁에 떨어지기까지 차이가 크지 않다는 것을 알아야만 합니다. 만일 나는 달리 목적하는 바가 있는 이익을 추구할 뿐이어서 대중과는 악행을 같이 저지르지 않는다고 말하면 이미 소인이 되는 것입니다. 주자는 이 말이, 맹자가 "하필 이익을 말하는가?"라고 하고 "법도를 행하여 천명을 기다릴 뿐이다"라고 한 말의 뜻과 같다고 설명했습니다. 『백록동규해』에서 주자의 이 말을 싣지 않았는데, 송당松堂(박영)의 의도가 무엇인지 모르겠습니다.

임금의 현부賢否가 아니라 도를 실행할 수 있는 조건을 보고 진퇴를 결정한다: 「출처」[56]

하루는 『논어』 「태백」의 "위태로운 나라는 들어가지 않고, 어지러운 나라는 거주하지 않는다"를 강의하다가, 그 소주에서 주자가 "나라에 도가 행해지고 있으면 굳이 완전히 태평해지길 기다려서 벼슬에 나갈 필요가 없고, 나라에 도가 행해지지 않으면 굳이 아주 크게 혼란해질 때까지 기다려서 은거할 필요가 없다. 나라에 도가 행해지는 것은 마치 먼동이 트려 할 때 아직 분명히 밝아지지 않았더라도 이때부터는 밝아지는 방향으로 나아가는 것과 같다. 따라서 도가 행해지는 단서를 보면 벼슬에 나아가지 않을 수 없다. 도가 행해지지 않는 것은 마치 땅거미가 지려 할 때 아직 명확히 어두워지지 않았더라도 이때부터는 어두워지는 방향으로 나아가는 것

56　『퇴계선생언행록』(1773년 도산서원 간행본) 권3. 원문은 홍승균·이윤희 공역, 이원강 교열, 『퇴계선생언행록』, 퇴계학연구원, 1997 초판; 2007 개정판, 391~92면에 수록되어 있는 것에 의거했다.

과 같다. 따라서 도가 행해지지 않는 기미를 보면 떠나야 한다"라고 주석한 곳에 이르렀다.

우성전이 물었다. "밝아진다, 어두워진다고 한 것은 단지 임금의 현부만 살펴서 진퇴를 결정한다는 의미입니까?"

선생께서 대답했다. "비단 임금의 현부만 살피는 것이 아니다. 임금이 비록 뛰어나더라도, 국정을 맡은 대신이 방해하는 일이 있어서 내가 하려는 일을 실행할 수 없다면 벼슬할 수 없다. 그래서 주자가 효종의 시대를 만났을 때, 효종은 그 자질이 삼대[57] 이후로 드물게 보는 임금이었고 또 부르는 것이 몹시 정성스러워 벼슬에 나아갈 만했음에도, 선생은 벼슬에 나아가 국정을 맡은 재상이 불평하는 말을 한번 듣자마자, 곧바로 벼슬을 버리고 떠났다."

우성전이 물었다. "임금이 효종만은 못하더라도, 조정에 이처럼 방해하는 사람이 없다면 벼슬에 나아가도 괜찮습니까?"

선생이 대답했다. "그렇다. 영종寧宗은 자질이 비록 효종에는 크게 미치지 못했으나, 즉위 초에 주자는 부름을 받고 나아갔다가, 영종이 한탁주韓侂胄[58]를 신임한 다음에 이르러 물러났다."【우성전의 기록. ○ 이상 한 구절은 을축년(1565)에 들은 말이다. 이 말을 통해 선생께서 평소 나아가고 물러난 것의 대체적 기준을 알 수 있다.】

---

57   삼대: 하(夏), 은(殷), 주(周) 세 왕조를 가리킨다. 유교에서는 성군이 나와 다스렸던 이상적인 시대로 여긴다.

58   1152~1207. 자는 절부(節夫)이고, 남송 영종 때 권신으로 주희의 이학(理學)을 위학(僞學)으로 금지시켰고, 주희가 가담했던 조여우(趙汝愚) 일파를 실각시켰다. 악비(岳飛)를 악왕(鄂王)으로 추숭하여 봉했고, 주화파 진회(秦檜)의 관작을 추탈했다. 금나라를 공격하다 실패하여 피살되었고 그의 머리가 금나라에 보내져 화의를 맺는 데 이용되었다.

선을 행하다 받는 비방은 감수해야 하고, 명성에 부끄럽지 않도록 노력하는 것이 중요하다: 「노이재에게 답함」(경신)[59]

명사明師(이연경)께서 명예를 가까이하지 말라고 경계하신 말씀은 참으로 통절한 약입니다.[60] 그러나 이 처방 또한 일률적으로 적용해서는 안 됩니다. 사람 중에는 자신을 지혜가 있는 것처럼 포장하여 실상을 속이고 실제에 부합하지 않는 이름을 훔쳐 조작해서 명성을 얻는 사람이 있습니다. 그런 사람이 불행과 파탄에 빠지는 것은 본래 그 자신이 초래한 일입니다. 그러나 실력이 쌓여 재주 있는 모습이 밖으로 드러나고 규모가 커서 소리가 우렁차고 덕이 가득 차서 칭찬이 흘러넘칠 경우, 명성이 들릴 때 비방도 뒤따르는 일이 더러 그로 인해 피치 못하게 발생하기도 합니다. 그럴 경우, 모두 그 사람 자신의 잘못이라고 말할 수 있겠습니까?

옛사람이 "이름나는 것을 자꾸 피하려고만 하면, 선을 행할 길이 없다"라고 말한 적이 있습니다. 오늘날 사람들은 남에 대해 그가 선을 행하는 것을 드러내놓고 지척하고 공부에 열중하는 것을 공공연히 배척하면서 "명성을 가까이하는 모습이 싫고, 그러다 환란을 초래할까 경계하는 것이다"라고 말합니다. 선을 행하다 스스로 소홀히 하고 공부를 하다 중간에 놓아버리는 사람도 스스로 핑계 대기를 또한 그렇게 합니다. 나라 전체 풍속이 휩쓸려 날로 퇴락하는 데로 나아가고 있습니다. 아, 병을 치료하는 처방이 도리어 사람을 미혹에 빠뜨리는 독이 될 줄 누가 생각했겠습니까?

---

59 「答盧伊齋」(庚申). 1560년(명종 15, 60세) 8월 하순.『퇴계집』권10;『정본』6, 145~52면. 이 편지는 「별지」와 함께 노수신이 1558년 3월에 보낸 답장을 이때 받고 재차 답장한 것이다. 노수신은 처음 이황의 의견을 받고 자신의 견해와 더불어 김인후의 견해를 함께 보내왔다. 이황의 답장은 이들의 견해에 대하여 다시 답변한 것이다.『소재집』내집 상편의 「삼자논숙 홍유매잠해왕복록」에도 정리되어 있다.

60 명사(明師)는 노수신(盧守愼)의 장인인 이연경(李延慶)을 가리킨다. 이연경이 노수신에게 자신을 충실하게 하는 것에 힘써야지 명예를 좋아해서는 안 된다고 경계했던 것을 가리킨다.『국역퇴계전서』제4책 97면, 주 62 참조.

공께서 당한 곤경은 명성이 누가 되어 그렇게 된 것이 아니라고는 할 수 없습니다. 그러나 사람들과의 관계를 끊고 세상을 피해 자연에 파묻혀 살려는 것이 아니라면, 이런 곤경에 이름은 또한 어쩔 수 없는 일입니다. 오직 밖에서 이르는 외부적인 것들이 자신의 마음에 지장을 주지 않게 하면서 더욱 부지런히 힘써 노력하여 끝내 명성에 부끄러움이 없기를 바라면 될 것입니다.

부부 사이의 도리: 「이평숙에게 보냄」[61]

공자는 "천지가 있고 나서 만물이 있고, 만물이 있고 나서 부부가 있고, 부부가 있고 나서 부자가 있고, 부자가 있고 나서 군신이 있고, 군신이 있고 나서 예의가 행해질 곳이 있다"라고 했습니다. 자사는 "군자의 도는 부부에게서 시작되지만, 그 지극한 경계에 이르면 천지에 밝게 드러난다"라고 했고, 또 『시경』에 '아내가 화합하여 금슬琴瑟을 타듯 하고 (…)'라 했는데, 공자는 '부모가 편안하고 즐거울 것이다'라고 말씀했다"라고 했습니다.[62] 부부의 인륜이 막중하기가 이와 같은데, 정분이 잘 맞지 않는다고 하여 소박 놓아서 되겠습니까? 『대학』에 "그 근본이 어지러운데 말단이 다스려진 경우는 없다. 후하게 대할 곳에 박하게 대하는데, 박하게 대할 곳에 후하게 대하는 경우는 이제껏 없었다"라고 했습니다. 맹자는 그 말의 뜻을 풀어서 "후하게 대할 곳에 박하게 대하면, 박하게 대하지 않는 곳이 없다"[63]라고 했습니다. 아, 사람이 이미 박절한데, 부모를 어떻게 잘 섬기고, 형제와 종족과 마을 사람들에게 어떻게 잘 처신하겠습니까? 무엇으로 임금을 섬기고 대중을 부리는 근본으로 삼을 수 있겠습니까?

---

61 「與李平叔」, 1569년(선조 2, 69세) 9월. 『퇴계집』 권37; 『정본』 11, 166~67면.

62 공자의 말은 『주역』 「서괘(序卦)」에 나오고, 자사의 말은 『중용』에 나온다.

63 이 말은 『맹자』 「진심상」에 나온다.

부부 사이의 금슬이 순조롭지 못하다고 공께서 한탄한다는 말이 들리는 것 같던데, 모르겠습니다만 어떤 연유로 이런 불행이 생겼습니까? 내가 보기에 세상에 이런 근심을 가진 이가 적지 않습니다. 부인이 성품이 고약해서 교화하기 어려운 경우도 있고, 못생기고 지혜롭지 못한 경우도 있고, 남편이 제멋대로여서 행실이 좋지 않은 경우도 있고, 좋아하고 싫어하는 것이 상도와 어긋난 경우도 있는 등 그 변수가 다양해서 일일이 다 열거할 수 없습니다. 그러나 대의大義로 말해보면, 성품이 고약해 교화하기 어려워서 소박맞는 죄를 부인이 실로 자초한 경우를 제외하고, 나머지는 모두 책임이 남편에게 있습니다. 반성하여 자신을 더 많이 탓하고 힘써 계속 좋게 대해서 부부의 도리를 잃지 않으면, 중대한 인륜이 무너지고 훼손되는 지경에는 이르지 않을 것이고, 자신도 누구에게나 박절하게 대하기만 하는 지경에 빠지지는 않을 것입니다.

성품이 고약해서 교화가 어려운 경우에도 크게 법도에 어긋나 유교에 죄를 짓지 않았다면, 응당 상황에 맞게 대처해서 갑자기 이혼하고 관계를 끊는 데 이르지 않게 하는 것이 좋습니다. 옛날에 부인을 내보낼 때는 다른 곳으로 시집갈 수 있는 길이 그래도 있었습니다. 따라서 칠거지악七去之惡(부인을 내보내는 일곱가지 죄목)으로 쉽게 대처할 수 있었습니다. 오늘날 부인은 모두 평생 한 남편만 따라 살다 생을 마칩니다. 그런데 정의가 맞지 않는다는 이유로 모르는 사람처럼 대하거나 원수로 여겨서, 일심동체여야 할 사이가 반목하고 한 자리에 들던 사이가 천 리나 멀어져, 집안의 도리가 부부에게서 시작될 곳이 없고 만복에서 경사를 양성할 근원을 끊어버리는 것이 어찌 옳겠습니까?

『대학』「전傳」에 "자신에게 잘못이 없은 뒤에 남을 나무란다"라고 했습니다. 이 일에 대하여 내가 일찍이 겪은 일로 말씀드리겠습니다. 나는 두번 장가들었지만 한번은 매우 불행했습니다. 그러나 여기에서 마음을 스스로 박절하게 먹지 않고 계속 힘써 좋게 대한 것이 거의 십년은 됩니다.[64] 그사

178

이에 심할 때는 심사가 괴롭고 산란하여 번민을 견디지 못할 경우도 있었습니다. 그러나 감정대로 했다가 중대한 인륜을 소홀히 해서 홀로 계신 어머니에게 걱정을 끼치면 어찌 옳겠습니까? 질운邪惲[65]이 "(부부 간의 정에 대해서는) 부모도 자식을 어떻게 할 수 없다"[66]라고 한 말은 참으로 도를 어지럽히는 사악하고 입에 발린 말입니다. 이 말을 핑계로 삼아 공에게 충고하지 않을 수는 없습니다. 공께서는 거듭 깊이 생각해서 뉘우쳐 마음을 바꾸는 바가 있어야 합니다. 여기에서 끝내 마음을 바꾸어 도모하지 않는다면, 어떻게 학문한다고 하겠습니까? 어떻게 실천한다고 할 수 있겠습니까?

---

64 이황은 1521년(21세) 허찬(許瓚)의 여식과 혼인했지만, 6년 뒤 허씨가 둘째 아들 채(寀)를 낳고 한 달만에 별세했다. 1530년 권질(權礩)의 여식과 재혼했는데, 권씨 부인은 집안이 정치적 참화를 겪는 과정에서 정신질환을 앓게 되었고, 1547년 별세했다. 권씨 부인과 지낸 기간은 17년이지만, 원문은 "殆數十年"으로 되어 있다. 어머니가 돌아가신 해가 1537년이어서 그렇게 표현한 것이다.

65 후한 광무제 때 활동한 관료이자 학자이다. 『한시(韓詩)』 『엄씨춘추공양전(嚴氏春秋公羊傳)』을 연구했고, 천문역법에도 밝았다. 장사군(長沙郡) 태수를 지냈고, 황태자 유강(劉彊)에게 『한시』를 가르쳤다.

66 이 말은 본래 『사기』 「외척세가서(外戚世家序)」에 나오는 말이다. 질운이 곽황후(郭皇后)를 폐출시킨 광무제(光武帝)에게 이 말을 인용하여, "부부 간의 정에 대해서는 부모도 자식을 어떻게 하지 못하는데, 하물며 신하가 임금을 어떻게 할 수 있겠습니까?"라고 하면서 광무제를 위로하는 한편, 곽황후가 살아갈 수 있게 해주기를 요청했다. 태자에게도 태자의 지위에서 물러나 어머니를 봉양하게 권하여, 결국 모자가 모두 화를 면했다. 『후한서』 권59 「질운전(邪惲傳)」에 나온다.

4장
선현에 대한 평가와 전승

중국과 조선의 이학 전통: 「한거閒居 중에 조사경趙士敬(조목), 구경서
具景瑞(구봉령), 김순거金舜擧(김팔원), 권경수權景受(권대기) 여러 벗들이 지
은 시에 차운하다」(14수)[1]

시대에 유행하는 고운 단장 따라가기 어려워,
둥근 구멍에 네모지게 깎아 맞추는 격이네.
지난 일 크게 잘못된 것 이미 알았으니,
미래의 길 어찌 꼭 하늘에 물어야 알겠나.

구덩이에 빠질듯이 경계하는 공부 인욕을 물리치기 좋으니,
내 마음에서 혈투하는데 남이 무슨 상관이랴.
방치하면 산길 금세 풀에 덮히듯 하고,
다 없애지 못하면 봄바람에 또 돋아나듯 하지.

1　「閒居, 次趙士敬·具景瑞·金舜擧·權景受諸人唱酬韻」(十四首), 1551년(명종 6, 51세) 1월 하
　순. 『퇴계집』 권2; 『정본』 1 155~60면.

좋은 시대라 유학을 높여 바른 도 열렸는데

어찌된 것일까, 이 일을 도리어 두려워하고 의심하니,

학문을 왜곡하여 세상에 아부하게 두면

남장한 여자가 될 뿐이네.

젊은이는 앞길 창창하니,

발분하여 노력 깊어지면 문득 쇠퇴하지 않으리.

열아홉 사람 앞에서 비웃음을 어찌 두려워하랴,[2]

부끄러운 건 그대가 먼저 스스로 강직한 마음을 무너뜨린 것이지.

염계濂溪(주돈이)와 이천伊川(정이), 여러 현철 모두 떠나간 용이 되고,

남헌南軒(장식)과 주자, 여러 현철 역시 날아간 봉황이 되었네.

전해진 자취 말로만 하는 학문에 빌미 되었다 탄식하지 마라,

뒤에 흥기한 이들 함께 돌아간 것 장대하니.

【주자 문하의 말류가 소인의 학문으로 빠진 폐단에 대하여 초려草廬(오징) 등 여러 공 가운데 걱정스럽게 여긴 이가 많았다. 그러나 남송 말에서 원과 명에 이르는 사이 주자의 학문으로 서로 전수하여 얻은 바가 탁월했던 학자가 많다. 말류의 폐단으로 근본의 실질에 병이 있다고 생각해서는 안 된다.】

원의 오랑캐가 중원을 차지하여 더럽힌 것이 몇 해던가,

---

2   관련 고사는 『사기』 권76 「평원군열전(平原君列傳)」에 나온다. 조나라 평원군(平原君)이 초(楚)나라에 원병을 요청하러 갈 때, 식객 가운데 문무를 겸비한 자 20인을 선발했는데, 명성이 없던 모수가 스스로 자신을 천거하여 선발된 19인의 비웃음을 샀다. 그러나 초왕이 맹약을 망설이자 모수가 칼을 어루만지며 초왕을 위협하고 설득하여 맹약을 성사시켰다.

이 유학은 오히려 한번 일신할 수 있었네.

가련하구나, 덕을 더럽힌 것이 얼마던가,

산림에서 도를 강마한 선비들 없애지 못했네.

【삼대 이후로 나라에서 선비를 대우하는 도리가 송대보다 더 좋았던 적이 없었다. 그러나 당시 뜻을 얻은 소인들은 천하의 공론과 힘써 싸우며 군자를 간악하고 거짓 학문을 한다고 지목하고 쫓아내고 배격하여 세상에서 받아들여지지 못하게 했다. 오직 원대에 도리어 이런 일이 없어 선비가 도학을 기피하지 않게 했으니, 자못 가상한 일이었다.】

육학이 선禪임을 주자가 변석하여 어지럽히는 것 막자,

천하가 모두 정통을 향하는 것 거의 이루어졌었네.

말학이 입으로만 성리를 주장하자,

초려가 당시에 남몰래 근심했네.

【역사서에 보인다.】

반드시 후생이 지름길로 나아가게 하려 했으니,

치마를 지음에 여인의 고운 손 그르침과 무엇이 다르리.

주자의 길 신뢰하지 않고 도리어 육학에 기댔으니,

단비 충분히 내리는데 가랑비를 더하는 격이었네.

【삼은 가랑비다. ○ 초려는 입으로만 하는 학문의 잘못됨을 근심하여 되돌리고 싶어 했으니, 매우 훌륭한 일이었다. 그러나 주자께서도 그런 생각을 마음에 항상 가지고 있었을 뿐만이 아니었다. 주자의 학문을 따르면 본말을 함께 포괄하여 치우침이 없지만, 육학을 따르면 지름길을 바라서 이단의 학문으로 돌아간다. 초려의 견해에 병통이 없을 수 없기에 이렇게 말하는 것이다.】

주자께서 평소 문하에 경계했으니,

경敬을 중심에 견지하여 기미에서 파악함이 바른 길로 들어가는 것이네.

서산西山(진덕수)의 경문과 황돈篁墩(정민정)의 부주에서 힘쓴다면,

방향이 확립되어 길을 잃었다는 탄식 응당 하지 않으리.

【서산의 『심경心經』에 황돈이 주석을 부가하여, 존덕성尊德性을 근본으로 삼아 도문학道問學을 겸해서 수행했던 주자의 취지를 갖추어 서술했고, 또 황돈 스스로 서문을 붙여 "길을 인도하는 수레라고 할 만하다"라고 말했다.】

쓸쓸해진 도학 연구 재야로 숨을 때,

우리나라 학문은 사장에 힘썼네.

포은圃隱(정몽주)의 저술 민멸되어 아쉽고,

목은牧隱(이색)의 문장에는 황망한 이야기 많네.

【『포은집圃隱集』은 한권이다. 포은의 저술은 이것뿐이 아니었겠지만, 애석하게도 얻어볼 길이 없다. 목은은 매양 불교를 배우지 않았다고 스스로 말했지만, 불교를 거론하고 서술한 것이 많은데다 자세하기까지 하다. 그러나 우리 유학에 대해서는 매우 허랑하여 정확하게 설명한 곳이 없다.】

양촌陽村(권근)의 『입학도설入學圖說』은 모두 기특하네만,

천인합일天人合一을 형상할 때,

억지로 꿰맞춤이 많은 듯하네.

한스러운 건 바른 안목으로 내 시 교정해줄 이 없는 것이네.

【『입학도설』에서 이치를 설명한 것이 모두 치밀하다. 다만 심心 자로 천인합일의 이치를 형상한 것이 교묘하기는 했지만, 견강부회하는 병통에서 벗어나지 못한 듯하다. 괘를 그릴 때 바깥의 괘로부터 시작한 것 역시 이해할 수 없다.】

점필재佔畢齋(김종직) 문하는 백세에 이름이 났으니,

문장을 따라 도를 거슬러 올라가면 큰 선비를 만나네.

공을 이룸이 절반도 못 미쳐 한탄스럽게도 화란을 만났으니,

각성시켰지만 여러 혼매한 이들 여전히 깨어나지 않았네.

【점필재는 시문을 위주로 했지만, 문장이 전아典雅(법도에 맞고 아담하다)하여 도에 가까웠다. 그 문인으로 흐름을 따라 근원을 거슬러 올라가면 한훤당寒暄堂(김굉필) 등 여러 선생은 크게 분발하는 뜻이 있었다. 그러나 주요한 사업을 이루기도 전에 화란이 닥쳐 이 학문의 재앙이 되었고, 재앙은 지날수록 더 심해졌으니 한탄스러움 어찌 다 말할 수 있겠나.】

무릉武陵(주세붕)은 죽계竹溪의 이름 참으로 좋아하여,

서옥 크게 지어 후생을 가르쳤네.

도통에 올려 추존한 것이야 지나쳤지만,

혼매한 인심 어찌 각성함이 없었겠는가.

【주경유周景遊(주세붕)의 서원 창설은 매우 성대한 일이었다. 다만 문성공文成公(안향)을 곧바로 추존하여 도통의 전수에서 실제로 접한 분으로 삼고자 의도했는데, 이것은 전혀 가당치 않다.】

가슴에 품은 생각 창에 기대어 노래한 것 얼마던가.

필경 내용 없는 말 곡조를 이루지 못하지.

겹겹 싸두고 사람들 손 거치게 하지 마시라,

사람들 마음에서 꼭 수긍하지는 않으리니.

조광조 선생은 시대의 사표이다: 「정암 조선생 행장」[3]

우리나라 선현은 문왕 같은 성군이 나오지 않아도 스스로 도학을 일으켰지만, 그 결과는 결국 절의를·지키고, 경전에 대하여 주석하고, 문장을 잘 짓는 수준에 머물렀다. 전적으로 자신을 향상시키는 데 힘써 진실하게 실천하는 것으로 학문을 했던 분을 찾아보면, 오직 한훤당 김굉필金宏弼 선생이 그렇게 했다. 조광조 선생은 혼란한 시대를 만나 어려움을 무릅쓰고 한훤당을 스승으로 모셨다. 당시 강론을 통해 전해주고 전해 받은 내용은 알 수 없지만, 뒤에 선생께서 그처럼 도를 향해 정성을 다하고 사업에 우뚝하게 힘썼던 점을 볼 때, 그 발단은 실로 한훤당에게 수학한 데 있다. 알 수 있는 사실로 말해보면, 선생은 학문에서 『소학小學』을 독실하게 신뢰하고 『근사록』을 존숭하여 여러 경전의 연구에서 그 힘을 발휘했다. 평소 생활에서 항상 마음가짐을 단속하여 엄숙했고, 복장과 몸가짐이 잠시도 흐트러짐이 없었고, 말하고 행동할 때 매번 옛사람의 가르침에 의거했으니, 곧 경敬을 견지하는 방법이었다. 일찍이 천마산과 용문산에 들어가 강습하면서 틈틈이 해가 질 때까지 정좌하여 상제를 대하듯 마음을 전일하게 하고 본원을 함양했는데, 각고 노력하는 것이 다른 사람은 미칠 수 없었으니, 주정主靜(고요한 상태를 중심에 두는 것)의 학문이었다.

주나라가 쇠퇴한 이래로 성현이 전한 도는 한 시기도 실행되지 못했다. 다만【그 내용을 말로 설명하여 전한 탓에】모든 시대에 행해질 수 있게 되었다. 공자와 맹자, 이정과 주자의 덕과 재주라면, 성현의 도를 사용하여 왕도를 일으키는 것은 손을 뒤집듯이 쉬운 일이다. 그런데도 이분들이 끝내 성취한 것은 "입언수후立言垂後(성현의 도를 말로 설명하여 후세에 전함)"라고 하는 일에 지나지 않았다. 그 이유는 무엇이었을까? 하늘에 있는 이유야

3   「靜庵趙先生行狀」, 1564년(명종 19, 64세). 『퇴계집』 권48; 『정본』 15, 371~81면.

본래 알 수 없다. 그러나 사람에게 있는 이유도 네 분에 대하여 또한 일률적으로 말할 수 없다. 따라서 조광조 선생께서 조정에 출사한 것도 이미 그런 목적이었지만, 세상에서 사업으로 성취할 수 없었으니 이상할 것도 없다. 다만 한탄스럽게도 선생께서는 네 분과 달리 조정에서 물러나서 도학의 내용을 크게 밝혀 우리나라의 미래를 복되게 할 기회가 없었다.

게다가 하늘이 이 사람에게 중대한 임무를 장차 맡길 때, 초년에 한번 성취한 것으로 곧 자격이 충분할 수 있겠는가? 반드시 중년과 만년에 축적하여 더할 것이 없는 뒤에 자격이 크게 갖추어진다. 선생께서 애초 시대에 갑자기 쓰이지 않아, 벼슬하지 않고 지내며 재야에서 검약하게 생활하는 가운데 이 도학에 더욱 힘을 쏟아 연마하고 함양하면서 오랜 시간을 두고 축적했다면, 연구한 것은 이치를 관통하여 더욱 분명해지고 온축한 것은 높고 깊어서 더욱 넓고 돈후해져, 이정과 주자의 이학을 그 근저에서 탐구하면서 공자와 맹자의 도학을 명확히 전승할 수 있었을 것이다. 그러했다면 도를 실행할 만한 시대를 만나는 것은 행해져도 그만이요, 행해지지 않아도 그만이다. 오로지 의지하여 이 도와 이 인류의 터전으로 삼을 것은 입언수후立言垂後 한가지 일이 있을 뿐이다.

이제 선생께서는 그렇게 되지 못하고, 첫번째 불행하여 발탁됨이 너무 빨랐고, 재차 불행하여 조정에서 물러날 길을 찾았으나 이루지 못했고, 세번째 불행하여 유배 중에 생을 마쳤다. 앞서 말한 중년과 만년에 축적하여 더할 것이 없게 하는 일은 모두 시간이 없었고, 입언수후의 일도 이미 해볼 기회가 없었다. 그러니 하늘이 이 사람에게 중대한 임무를 맡기고자 한 뜻은 결국 어떻게 된 것인가? 이러한 이유들 때문에 오늘날 그 남은 자취를 찾아서 인심을 선하게 하고 정학正學(바른 학문)을 열어주는 시대정신으로 삼고자 해도 의거할 만한 명확한 곳이 거의 없다. 반면 헐뜯는 무리의 끝없는 평론은 도리어 화복과 성패 사이에서 벗어나지 못하여 세상의 기풍이 더욱 경박해졌다. 그 결과 선생을 방자하게 지목하며 서로 시끄럽게 비방하는 일이 생겨, 출세하려는 이들은 선생을 기피하고, 자식을 가르치는 이는 선생을 경계로 삼고, 선량한 이를 원수로 대하는 이들은 선생을 빌미로 이용하여, 거듭 우리 도의 병통이 되었다.

아, 이것이 어찌 요임금의 유지를 순임금이 잘 계승했던 것이어서, 유교의 도를 견지하고 나라의 기맥을 오래 보전하는 성대한 뜻이겠는가? 이것은 또한 뒤에 오는 성군과 어진 재상, 그리고 세도의 책임을 맡을 모든 이들이 깊이 우려하고 영구히 거울로 삼아 힘써 해결해야 하는 문제이다. 그러므로 근년 이래 방향을 전환하여 경장更張(고쳐서 혁신함)하면서 좋고 싫은 것의 선택을 명확히 보이는 이들이 한둘이 아니었다. 세상의 선비들도 오히려 왕도를 높이고 패도의 술수를 천시하며 정학을 숭상하고 이단을 배척할 줄 알고, 세상을 다스리는 도리가 반드시 수신에 근본하고 있어 쇄소응대灑掃應對의 인륜을 실천하는 가운데 이치를 궁구하고 본성을 다 발휘하는 경계에 이를 수 있음을 알아서, 조금씩 각성하고 분발하여 실제로 도모함이 있었다. 이것이 저 누구의 공로이겠으며, 누가 그렇게 하도록 이끈 것이겠는가? 하늘의 뜻을 여기에서 볼 수 있으니, 우리 조정의 교화도 여기에서 무궁해질 것이다.

도학에서 분발한 학문과 덕: 「회재 이선생 행장」[4]

선생은 유배 간 곳에서 『대학장구보유大學章句補遺』『속혹문續或問』『구인록求仁錄』을 저술하고, 『중용구경연의中庸九經衍義』[5]를 편성했다. 『중용

---

4   「晦齋李先生行狀」. 1566년(명종 21, 66세) 10월 18일. 『퇴계집』 권49; 『정본』 15, 383~96면.
5   『중용』 제20장의 '구경(九經)'에 대하여 이언적이 주석을 모으고 자신의 설을 부가한 책이다. 이언적이 집필 중 별세하여 손자 이준(李浚)이 마저 완성해서 간행했다. 구경(九經, 아홉 가지 기본 법도)은 국정을 운영하기 위해 군주가 갖추어야 하는 수신(修身, 자신을 수양하는 것), 존현(尊賢, 현능한 이를 존중하는 것), 친친(親親, 친한 이를 친애하는 것), 경대신(敬大臣, 대신을 공경하는 것), 체군신(體群臣, 여러 신하들을 자기 몸처럼 여기는 것), 자서

구경연의』는 완성하지 못했지만 힘을 기울인 것이 더욱 깊었다. 이 세 저서를 통해 선생의 학문을 엿볼 수 있지만, 가장 정밀하고 독창적인 견해는 「망기당 조한보에게 보내 무극과 태극을 논한 편지[與曹忘機漢輔論無極太極書]」 네다섯통이다. 편지의 내용을 보면, 우리 도의 본원을 밝히고 이단의 잘못된 설을 물리쳤고, 이학의 정미한 곳까지 관통하여 천리와 인사를 일관해서 설명한 것들은 순정하여 모두 바른 학문에서 나왔다. 그 뜻을 깊이 완미해보면, 송대 여러 유현이 남긴 맥락을 담지 않은 말이 없는데, 주자의 설에서 터득한 바가 더욱 많다.

아, 우리나라는 옛날부터 어진 현인(기자箕子를 가리킴)의 교화를 입었지만, 그 학문은 전승된 것이 없다. 고려 말과 본 조정에서 걸출한 선비로서 이 도에 뜻을 두었고 세상에서도 도학자로 일컬었던 분이 없지 않다. 그러나 살펴보면 생존 당시에 선의 이치를 밝히고 자신을 진실하게 하는 실제의 학문적 성취가 대개 미진하고, 그렇게 일컫는 뒷시대에서도 또한 근거할 연원이 없다. 그 결과 후대의 학인은 탐구하여 뒤따를 단서를 가지지 못해 오늘날에 이르러서도 계승되지 않는다.

우리 회재 선생은 학문을 전해 받은 곳이 없이 스스로 이 도학에서 분발했다. 은연중에 학문이 날로 빛나고 덕이 행실에 부합하며, 찬연히 글로 산출되어 그 내용이 후대에 전해지는 이를 우리나라에서 찾아보면 아마도 선생과 짝할 만한 분이 드물다. 참소하는 무리가 조정에 있을 당시 선생의 행적을 잠시 무함할 수 있었지만, 선생이 행한 도를 사람들은 이미 알아보았고 누구나 높이 받들어 분발하고자 했다. 따라서 어찌 선생의 덕업과 행적을 기술하여 세상에 전하지 않을 수 있겠는가?

민(子庶民, 서민을 자애하는 것), 래백공(來百工, 여러 공인을 오게 하는 것), 유원인(柔遠人, 먼 지역의 사람을 안무하는 것), 회제후(懷諸侯, 제후를 회유하는 것)의 아홉가지 조목을 뜻한다. 전통시대 『대학』의 8조목과 함께 치국의 지침으로 중시되었다.

5장
문치의 방략

왕정王政의 외교: 「왜사倭使를 끊지 말기를 건의하는 소」[1]

중훈대부中訓大夫·홍문관전한弘文館典翰·지제교겸경연시강관知製敎兼經
筵侍講官·춘추관편수관春秋館編修官·승문원참교承文院參校 신 이황은 진실
로 두려운 마음으로 주상전하께 삼가 의견을 올립니다. 신이 삼가 생각건
대, 사람들이 항상 하는 말이 있으니 모두가 이적(夷狄, 오랑캐)은 금수라고
말합니다. 이적 또한 사람입니다. 그럼에도 금수에 비견하는 것은 본래 비
하하여 심하게 말하는 것이 아닙니다. 그들이 예의를 몰라 군신과 상하의
분별을 두지 않고, 생활에 법도가 없어 무지하고 완악함이 거의 짐승과 다
름이 없기에, 비슷한 부류를 가져와 나란히 일컫는 것입니다.

따라서 금수에 맞는 법도로 금수를 기르면 금수가 그 본성을 얻고, 이
적에 맞는 법도로 이적과 응대하면 이적이 자신의 본분을 편안히 여깁니
다. 그러므로 왕자王者(왕도정치를 행하는 이)는 이적을 직접 다스리지 않지만,

---

1   「甲辰乞勿絶倭使疏」. 1545년(인종 1, 45세) 7월 27일. 『퇴계집』 권6; 『정본』 4, 7~13면.

『춘추』에서 융戎을 기록했던 것은 찾아오면 거절하지 않고 떠나가면 붙들지 않기 때문이었습니다. 다스리지 않는 방식으로 다스리는 것이 곧 이적을 깊이 다스리는 방법입니다.[2] 군신과 상하의 직분을 고집하여 예와 명교의 도리를 그들에게 요구하면서, 그들과 더불어 반드시 옳고 그름을 가리고, 왜곡된 것과 바른 것을 따지고, 거역과 순종 여부를 바로잡은 뒤에 만족하고자 하면, 그것은 이른바 금수에게 예악의 일을 행하라고 독촉하는 것입니다. 그렇게 요구하여 그들의 마음을 흔들어놓으면 고작 그 본성만 거스르게 되어, 붙잡아 매지 않으면 그들에게 물립니다.

묘苗의 백성이 반란을 일으켜 우가 정벌했지만 그래도 복속하지 않고, 완악함 또한 심했습니다. 우 쪽에서 간우干羽의 춤[3]을 추고서야 그들이 와서 이르렀고 우가 받아들였습니다. 우가 이전의 악행을 마음에 두고 거절했다는 말을 듣지 못했습니다. 험윤獫狁[4]이 국경 안으로 침범하여 국도 가까이 다가와, 반역이 이미 대규모였습니다. 그런데 장수에게 토벌을 명령할 때 국경 밖으로 내쫓는 것이었을 뿐, 반역과 순종 여부를 따져 영구히 절교했다는 말을 듣지 못했습니다.

지난번 섬나라 일본 오랑캐가 사량蛇梁에서 저지른 변란[5]은 개나 쥐가

---

2   『춘추공양전(春秋公羊傳)』「은공(隱公) 2년」, "은공이 잠(潛)에서 융과 회합했다(公會戎于潛)"의 주에서 하휴(何休)는 "왕자는 이적을 다스리지 않는다. 그런데 융을 『춘추』에서 기록한 것은 찾아오는 이를 거절하지 않고, 떠나가는 이를 붙들지 않기 때문이다(王者不治夷狄, 錄戎者, 來者勿拒, 去者勿追)"라고 주석했다. 소식(蘇軾)은 「왕자는 이적을 다스리지 않는 것에 대한 변론(王者不治夷狄論)」에서 하휴의 이 말에 의거하여 "다스리지 않음으로써 다스리는 것이 곧 깊이 다스리는 방법이다(治之以不治者, 乃所以深治之也)"라고 했다. 이황은 하휴와 소식의 논지를 가져와 일본과의 외교를 끊지 말아야 한다고 건의했다.

3   간(干, 방패)을 들고 추는 무무(武舞, 무의 덕을 표현하는 춤)와 우(羽, 깃발)를 들고 추는 문무(文舞, 문의 덕을 표현하는 춤)를 말한다. 우가 묘를 정벌했을 때 항복을 하지 않자, 철군하고 돌아와 문덕(文德)을 펼치고 간우의 춤을 추자 70일 만에 묘가 찾아왔다는 고사가 『상서(尙書)』「대우모(大禹謨)」에 나온다.

4   험윤(獫狁)이라고도 부른다. 고대 중국 북방의 소수민족으로 북적(北狄), 흉노(匈奴)로 불리기도 했다. 『시집전(詩集傳)』「소아(小雅)·유월(六月)」전(傳)에 관련 내용이 보인다.

5   1510년 삼포왜란 이후 조선은 일본과 교역을 중단했다가 일본의 지속적인 요청으로 규모

도둑질한 것에 불과합니다. 도적의 무리를 죽여 물리치고 또 그들이 머물던 관사를 일소하여 축출하자, 국가의 위세가 진동하고 왕법이 또한 바르게 되었습니다. 저들은 위세에 두려워하고 덕에 부끄러워하여 마음을 바꾸고 잘못을 고쳐서, 다른 왜구를 지목하여 변명하며 대국에 달려와 해명했고, 고개를 숙여 측은히 여겨주기를 소망하고 꼬리를 흔들며 가련하게 여겨줄 것을 구걸했습니다. 왕도王道는 관대하여 속일 것이라고 미리 짐작하지 않고 믿을 수 없다고 미리 억측하지 않습니다. 순종하겠다는 마음으로 이르면 받아들일 뿐입니다. 이제 왜노의 요청을 허락할 만한 상황 같은데, 허락하지 않고 있습니다. 그렇다면, 모르겠습니다만 언제쯤 허락할 수 있겠습니까?

조정 신료들이 왜노의 요청을 거부하려는 것은 그 생각에 저들의 죄는 중대하여 이제 막 거절했는데 갑자기 화해하면, 그 악행을 징계하지 못하고 도리어 모욕을 용납한 것에 대한 후회가 있을 것이라고 여기기 때문입니다. 이 주장은 그럴듯하지만, 전혀 그렇지 않은 점이 있습니다. 예전에 흉노 묵돌冒頓[6]은 한고조를 평성平城에서 7일 동안이나 포위했고, 혜제가 상주가 되어 고후高后(여태후)가 수렴청정할 때, 도리에 어긋나는 오만한 서신을 보내왔습니다. 그러나 고조는 예물을 후하게 보내서 포위에서 벗어

를 축소하여 교역을 허락하고 통제를 강화했다. 일본 측에서는 규모의 확대를 계속 요청했지만, 조선은 세견선 5척을 더 늘려주었을 뿐 종전의 상태로 회복시켜주지 않았다. 교역량의 축소에 불만이 많았던 일본인들은 계속 폭동을 일으켜 불만을 표출했고, 1544년 왜선 20여 척이 사량진(蛇梁鎭, 현 통영시 원량면 진리에 있었음)에서 사람과 말을 약탈해가는 왜변을 일으켰다. 피해 규모는 크지 않았지만, 조선에서는 이 사량진 왜변을 계기로 일본과의 교역을 전면 중지시켰다. 이후 무로마치 막부와 소이전(小貳殿)의 지속적인 요청과 대마도주의 간청에 따라 1547년(명종 2) 정미약조(丁未約條)를 체결하고 교역을 다시 허락했다.

6 ?~기원전 174년. 몽고명은 바타르이고, 묵돌(冒頓)은 음차한 것으로 모돈, 묵특으로 읽기도 한다. 바타르는 영웅이라는 뜻을 나타내며, 묵독(墨毒), 묵돌(墨突)로 표기되기도 했다. 기원전 209년부터 기원전 179년까지 재위하는 동안 한나라를 여러 차례 위협하여 한이 굴욕적인 화친관계를 맺게 했다.

낳고, 혜제는 말을 공손하게 낮추어 화해를 청했습니다.[7] 한문제 때 흉노가 한번 소관蕭關에 침입해서 북방 해당 지역의 도위都尉를 죽이고 정탐하는 기병이 옹雍과 감천甘泉에까지 이르자, 문제가 크게 진노하여 장상여張相如와 난포欒布에게 격퇴할 것을 명령했습니다. 그러나 변방으로 내쫓은 뒤 돌아와서 즉시 서신을 보내 화친을 청하고, 집안의 부자가 서로 친애하듯이 기뻐했습니다. 얼마 있다가 흉노가 약속을 배반하고 다시 운중雲中에 침입해 죽이고 노략질한 사람이 많아 봉화가 감천과 장안長安에 연락되자, 문제는 다시 여섯 장군에게 명령하여 나누어 주둔해서 대비하게 시켰을 뿐입니다. 한달 뒤 흉노가 변방에서 멀어지자 주둔했던 군대를 즉시 해산시켰습니다.[8]

이 몇 임금들은 흉노의 죄가 크다는 것을 모르지 않았습니다. 그러나 그들과 서둘러 화해한 이유는 금수란 서로 시비를 가릴 만한 존재가 정말 못되지만, 백성들이 당하는 피해가 심중했기 때문입니다. 이제 사량에서 도발한 사건은 저들과 비교할 때, 비록 죄가 되는 것은 같지만 경중에 차이가 있습니다. 어떻게 왜노가 자신을 쇄신하는 길을 허락하지 않아 우리 자손에게 화를 조성하겠습니까? 또 예컨대 당나라 때 돌궐突厥이 군사를 규합하여 침범해 와 위수渭水 편교偏橋 북쪽에 이르러 화친을 청하자 태종이 허락했습니다. 송나라 때 거란契丹이 크게 군사를 일으켜 침범해와 전연澶淵에 이르러 화친을 청하자 진종眞宗이 역시 허락했습니다. 이 당시 돌궐은 두려워하는 마음이 있었고, 거란은 기세가 꺾인 상태였습니다. 화친을 경솔하게 허락하면 모욕을 감수하는 후환이 있게 되고 악행을 징계할 계책

7　관련 내용은 『사기(史記)』「흉노(匈奴)열전」에 나온다. 한고조는 평성(平城, 현 산서 대동시에 있었음)에서 흉노에 포위되어 있었을 때, 묵돌의 부인 알씨(閼氏)에게 뇌물을 주어 탈출할 수 있었다. 고조가 사망하고 혜제가 상주로 거상하고 있을 때 고조의 부인 여태후가 수렴청정을 했는데, 이때 묵돌이 여태후를 희롱하는 서신을 보냈다. 여태후는 공손하게 묵돌을 달래는 답장을 보내 화친 관계를 회복했다.

8　관련 내용은 『사기』「흉노열전」에 보인다.

이 없게 되리라는 것을 당태종과 송진종 두 임금이 어찌 몰랐겠습니까?

그러나 또 하나의 주장이 있습니다. 이적과 화친하는 도리는 본래 화친 여부를 조종하고 변통하고 결정하는 주도권과 형세를 장악해서 이 주도권과 형세가 반드시 항상 우리 쪽에 있게 해야 하고 상대에게 있게 해서는 안 된다는 것입니다. 조정의 뜻도 이 점을 중시하여 화친을 그렇게 강경히 거부하는 의논을 한다는 것을 신 또한 알고 있습니다. 그러나 상대에게 죄가 있으면 거절했다가 상대가 자신을 쇄신하면 허락하는 것, 이것이 바로 주도권과 형세가 우리에게 있고 그 조치를 취할 만할 때 행하는 것입니다. 조치를 취할 만할 때 행사하는 것을 때에 맞다고 말합니다. 어찌 때를 어겨서 되겠습니까? 그 주도권을 쥐고 형세를 내세우지 않으면서 사심을 가지지 않고 조처하면 저쪽은 반드시 큰 은덕으로 여기고 마음에서 감동하여 기뻐할 것입니다. 이것이 이른바 감화시킨다는 것이니, 화친은 말할 필요도 없습니다. 순임금이 묘苗족에 대하여 이 도리를 사용했습니다. 오늘날 본받아야 할 사례입니다.

그러나 지금은 그렇게 하지 않습니다. 주도권을 잡고 그 형세를 끼고서 저들의 선을 향한 마음을 단단히 막아 허락하지 않으려 하니, 상대와 내가 서로 세력을 이루어 피차간에 각을 세워 대립하고 있습니다. 어리석은 이 미천한 무리가 반드시 크게 원한을 품을 것이고, 뒤에 끝없이 우환을 낳을 것입니다. 국경의 틈새가 한번 벌어져 병화로 이어져서 저들이 파도가 들끓듯이 고래가 날뛰듯이 발호하면, 감화시키고자 해도 더욱더 경색되고, 화친하고자 해도 그 주도권과 형세가 이미 전적으로 나에게만 있지 않고 상대와 나누어 가지는 상황이 될 것입니다. 그 형세를 저쪽과 나누어 가진 뒤에 청하여 화친하는 것이 어찌 형세가 전적으로 나에게 있을 때 저쪽이 애걸하는 것을 들어주는 것만 하겠습니까? 전쟁의 피해를 백성에게 입힌 뒤에 화친하는 것이 어찌 우리 백성을 보호하고 저 미천한 무리들을 돌봐주어 광대한 왕도를 행하는 것만 하겠습니까? 이것은 어느 쪽이 의리에 부합하고 이익에 유리한지 분명하게 말해줍니다.

주문공朱文公(주희)은 "금은 '화친'이라는 한마디로 송을 줄곧 우롱했는데, 송은 이 화친으로 시종 자신을 우롱했다"[9]라고 말씀했지만, 이때는 지금의 사태와는 전혀 달랐습니다. 송의 임금과 관료들은 금이 불구대천의 원수임을 잊고 한 귀퉁이에서 목전의 안일만 도모하여 죄가 하늘을 찌르는 오랑캐에게 기어가 화친을 애걸했습니다. 그런 대응은 조종하고 변통하고 결정하는 주도권과 형세가 금에 있고 송에 있지 않은 것입니다. 게다가 송은 좋다고 여기며 금의 조건을 받아들여, 금을 지시하고 호령할 겨를도 없이 날로 위태롭게 망해가는 지경으로 내달았습니다. 이 때문에 당시충신과 의사義士가 팔을 걷어붙이며 통탄했던 것입니다. 이제 조정에서 미천한 오랑캐에게 자신을 쇄신하는 길을 열어주는 것은 송이 스스로 자신을 우롱하는 결과를 초래했던 잘못과 같은 것이 아니라, 순임금이 묘족을바로잡은 탁월한 효과가 있을 것입니다. 무엇이 문제가 되기에 행하지 않으려 하십니까?

오늘날 하늘의 재변이 위에서 나타나고 인사人事가 아래에서 잘못되어, 큰 재화가 거듭 발생하고 국운이 어려움을 겪고 있습니다. 나라의 근본이위태롭고 변경의 방비가 허술한데, 병사는 부족하고 군량은 고갈되어 백성이 원망하고 귀신이 노하고 있습니다. 지금 우리나라가 어떤 때입니까? 태백성이 낮에 출현했으니 전쟁이 일어날 징조입니다. 신이 듣건대, 옛날성스럽고 명철한 임금들도 재화와 병란이 일어나지 않게 기필할 수는 없었습니다. 단지 발생하기 전에 스스로 자초하는 길을 만들지 않고, 발생하면 대응할 수 있는 대비책을 갖추는 것, 그렇게 할 뿐이었습니다. 이제 인사를 닦아 하늘의 재변에 대응하고자 하는데, 섬나라 오랑캐가 내조來朝하기를 소망하는 것을 끊는다면, 이것이 화를 자초하는 길을 만들지 않는다

---

9   출처 미상.

고 말할 수 있겠습니까? 병란을 초래할 단서를 열어놓고 전쟁의 조짐이 있는 재변에 대응하려 하니, 신은 그것이 가능한 방법인지 알지 못하겠습니다.

우리가 자초해놓고 잘 대응하는 것은 재난에 조심하여 대처하는 도리가 이미 아닙니다. 하물며 지금의 사세로 볼 때 반드시 잘 대응할 수 있는 형편도 아닌 데야 어떠하겠습니까? 또한 우리나라가 북쪽의 오랑캐와 사이가 벌어져 있으니, 저들에게 여러 추장 중 출중한 자가 이를 갈며 보복하려고 변방을 침범하고자 도모하지 않으리라고 어떻게 장담하겠습니까? 만에 하나 남과 북의 두 오랑캐가 동시에 함께 발호하면, 동쪽에서 버틸 때 서쪽에서 공격해 와 배 쪽을 지키는 동안 등 쪽이 무너질 것입니다. 모르겠습니다만 나라가 장차 무엇에 의지하여 그런 상황에 대처할 수 있겠습니까? 이것을 신이 크게 우려하는 바입니다.

동남은 재력이 나오는 곳이요 병력이 나오는 곳이니 더더욱 보전하지 않을 수 없습니다. 신의 소견으로는 지금 이때 그들의 화친 요청을 들어주고, 그들에게 "나라에 대사면의 조치가 있어 너희에게도 큰 은혜가 미치게 하지 않을 수 없다. 따라서 특별히 너희의 요청을 허락한다 (…)"라고 말해 이전의 화약을 회복하여 남방의 우환을 해소하면서, 근본이 되는 영역에서 인사人事를 더욱 정비하여 그 나머지 영역에까지 허점이 없게 해야 합니다. 그러면 서북에서 변고가 발생하여도 오히려 한쪽의 방비에 전념할 수 있어 창졸간에 무너지는 우환은 없을 것입니다. 사방으로 흩어져 싸우면서 명령에 쫓아다니다 지쳐 제대로 부응하지 못하는 것보다 어찌 낫지 않겠습니까? 그렇게 해도 오랑캐가 반목하여 여전히 사납게 무기를 들고 우리와 변방에서 전쟁을 벌인다면, 그것은 우리가 스스로 초래한 것이 아니니, 이른바 성군도 벗어나지 못한 일입니다. 또한 우리가 대응할 방법을 응당 다하는 것에 달려 있을 뿐입니다. 우리가 저 금수들을 어떻게 하겠습니까?

나라에서는 왜인에게 화친을 허락하는 것이 좋지만, 방비를 조금이라도 완화해서는 안 됩니다. 예로 응접하는 것이 좋지만, 허용하고 끌어주는 것이 지나쳐서는 안 됩니다. 양식과 폐백으로 그들의 마음을 묶어두고 실망하지 않게 하는 것은 좋지만, 만족할 줄 모르는 요구에 따르다 선물을 지나치게 남발해서는 안 됩니다. 속담에 "얼러 길러 방자해진 자식은 어머니도 꾸짖는다"라고 했습니다. 집안의 자식도 미리 단속하여 막지 않으면 반드시 방자해지고, 방자함이 그치지 않으면 더러 부모를 꾸짖는 데 이르기도 합니다. 이런 자식은 자식의 자격이 없지만, 자식이 이 지경에 이르게 하는 것은 또한 부모의 잘못입니다. 더구나 한번 거슬렀다고 평생 배척한다면 옳겠습니까? 그러므로 "미리 단속하여 막는 것만 못하다"라고 하는 것입니다. 이것 또한 오늘날 강구해야 할 바입니다.

신이 또 듣건대, 신하가 되면 사적으로 교제하는 일이 없고, 교제할 일이 있을 경우 반드시 명분과 의리가 있다고 했습니다. 김안국金安國이 왜인을 접대함이 지나치게 후하여 이들을 더욱 방자해지고 탐욕스럽게 만들었으니, 김안국이 죄가 없지 않습니다. 그러나 김안국이 그렇게 한 의도가 어찌 왜인에게 있었겠습니까? 그러나 저들은 망령되게 김안국이 자신들에게 마음을 다했다고 말하며 후추를 선물했고, 조정에서는 김안국의 집에서 수령하게 허락했습니다. 왜인이 모르고 한 짓이라면 사적으로 교제해서는 안 됨을 깨우쳐주고 물리쳤어야 합니다. 술수를 품고 한 짓이라면 그들의 술수에 빠져든 것이니 조정의 수치가 됨이 또한 심하지 않겠습니까? 본 조정의 신하를 시켜 일본에 마음을 다하도록 권하다니, 이것이 무슨 명분이고 무슨 의리입니까? 김안국의 집안에서 끝내 이 선물을 수령하게 한다면, 신의 생각에는 김안국이 지하에서 눈을 감지 못할까 염려됩니다. 앞서 대신臺臣(사간원 관원)이 논한 바가 사리에 매우 부합하오니, 재량해주시기를 요청합니다.

신은 평소 고질화된 허리증虛羸症(기가 허하여 야위는 병)을 앓았는데 근래에 더욱 심해져 겨우 목숨만 부지할 뿐으로 죽을 때가 가까워졌습니다. 그러나 조정에서 왜인의 요청을 거절했다는 소식을 듣고 마음속으로 놀라 한탄하며, 이 사안은 백년 국가의 우환에 연관되고 수많은 백성의 생명에 관계된 일이니, 한마디도 말하지 않고 죽어서 개인적인 한을 영구히 품어서는 안 되겠다고 생각했습니다. 따라서 병든 몸을 이끌고 고통을 감수하며 이 광망한 의견을 삼가 올립니다. 엎드려 바라건대, 전하께서는 신의 이 장소章疏를 자전에게 자문하시고 나아가 조정의 신하에게 널리 상의하시어, 마음을 가라앉히시고 가까운 곳에서 살피면서 절충하여 세심하게 조처하신다면, 어리석은 신의 행운일 뿐만 아니라 국가를 위해서도 다행한 일이 될 것입니다. 신은 참람하게 분수를 넘어 안절부절하며 지극히 두려운 마음을 견딜 길이 없습니다. 삼가 죽음을 무릅쓰고 아룁니다.

왕정을 위한 학문: 『『성학십도聖學十圖』를 올리는 차자』【『성학십도』를 함께 올림】[10]

판중추부사 신 이황은 삼가 두번 절하고 말씀드립니다. 신이 생각할 때 도는 형상이 없고 하늘은 말이 없습니다. 하도河圖와 낙서洛書가 출현하자 성인이 그것을 이용하여 괘와 효를 작성하면서 도道가 천하에 처음 드러났습니다. 그러나 도는 넓고 넓으니 어디에서 공부를 시작하겠습니까? 고인의 가르침은 천만 가지로 다양하니 어디로부터 들어가야 하겠습니까? 성학聖學(성인이 되는 학문)은 주요한 단서가 있고, 심법心法(마음을 다스리는 요법)에는 핵심이 있습니다. 그 단서와 핵심을 들어서 그림으로 제작하고 해설을 달아 사람들에게 도에 들어가는 문과 덕을 온축하는 기반을 제시해 준 것은 후대 선현들이 그만둘 수 없기에 그렇게 한 것입니다. 더구나 군주

---

10 「進聖學十圖箚」【并圖】. 1568년(선조 1, 68세) 12월. 『퇴계집』 권7; 『정본』 4, 64~68면. 『퇴계집』과 『정본』에 모두 차자 아래 『성학십도』가 부가되어 있다.

의 마음은 온갖 계기가 거기에서 나오고 모든 책임이 모이는 곳이요, 수많은 욕구가 서로 공략하고 갖가지 사욕이 번갈아 뚫고 들어오는 곳이어서, 한번이라도 소홀히 하여 마음대로 하는 일이 뒤이어지면, 산이 무너지듯 바다가 동탕하듯 하니 누가 막을 수 있겠습니까?

옛 성왕과 밝은 군주들도 이 부분에서 근심했습니다. 따라서 항상 전전긍긍하며 조심하고 두려워하기를 날마다 반복했습니다. 그럼에도 충분하지 않다고 여겨서 스승의 관직을 세우고 간쟁의 직책을 주어 앞에는 의疑, 뒤에는 승丞, 왼쪽에는 보輔, 오른쪽에는 필弼을 두었습니다.[11] 수레에 있으면 여분旅賁[12]의 규간이 있었고, 조정의 자리에 있으면 관사官師(관원의 우두머리)가 정기적으로 올리는 진언이 있었고, 안석에 의지해 있으면 훈송訓誦(악공이 외워 바치는 말)의 간언이 있었고, 침소에 있으면 설어褻御(가까이서 편히 부리는 신하)의 경계하는 말이 있었고, 전쟁에 임하면 고사瞽史[13]가 인도하는 말이 있었고, 편히 쉴 때는 공사工師[14]가 외워 바치는 간언이 있었으며,[15] 소반, 안석과 지팡이, 칼, 출입문과 창문에 이르기까지 무릇 눈이 닿는 곳과 몸이 머무는 곳마다 좌우명과 경계하는 말이 없는 곳이 없었습니다. 이 마음을 견지하고 이 몸을 방비함이 그처럼 극진했습니다. 그러므로

---

11 『상서대전(尙書大傳)』에 나오는 말로 바로 뒤이어 "천자가 의문이 날 때 대답하지 못하면 의(疑)를 문책하고, 뜻을 둘 수 있는데 두지 못하면 승(丞)을 문책하고, 바르게 할 수 있는데 바르지 못했으면 보(輔)를 문책하고, 떨쳐 펼 수 있었는데 펴지 못했으면 필(弼)을 문책한다"라고 했다. 관련 내용은 『예기』「문왕세자(文王世子)」에서도 볼 수 있다. 「문왕세자」에서 사(師)는 구체적 사안을 가지고 가르치면서 덕을 깨닫게 하는 사람이라고 했고, 보(保)는 세자에게 자기 몸을 신중히 하도록 도와서 도에 돌아가게 하는 사람이라고 했다.

12 왕의 수레를 경호하는 관직명. 『주례』「여분씨(旅賁氏)」조항에 "창과 방패를 들고, 왕의 수레를 끼고 따르는데, 왼쪽에 8인 오른쪽에 8인을 배치하며 수레가 멈추면 바퀴를 잡고 있다"라고 했다.

13 고(瞽)는 악관의 우두머리인 태사(太師)로 길흉을 담당하고, 사(史)는 사관의 우두머리인 태사(太史)로 예(禮)를 담당한다.

14 『국어(國語)』에는 "사공(師工)"으로 되어 있다. 악공을 가리킨다.

15 『국어』「초어상(楚語上)」에 나오는 설명들이다.

덕이 날마다 새로워지고 공업은 날마다 넓어져, 조그만 잘못도 저지르지 않고 큰 칭송이 따랐습니다.

후대의 임금들은 천명을 받아 하늘이 명한 군왕의 자리에 올랐으니, 그 책임의 중대함이 어떠하겠습니까? 그러나 자신을 다스리는 방안에 그처럼 엄격한 것이 전혀 없었습니다. 따라서 왕공 대신 위에서 억조 백성이 떠받드는 가운데, 교만하게 자신을 성인시하며 방자하게 제멋대로 하다가 끝내는 나라를 괴란시키고 멸망시키는 지경에 이르렀으니, 또한 어찌 이상할 것이 있겠습니까? 따라서 그러한 때 신하가 되어 임금을 도에 나아가게 인도하고자 했던 이들은 참으로 자신의 충심을 다하지 않음이 없었습니다. 예를 들면, 장구령張九齡[16]은 『금감록金鑑錄』을 제진했고, 송경宋璟[17]은 「무일도無逸圖」을 지어 올렸으며, 이덕유李德裕[18]는 「단의육잠丹扆六箴」을 헌상했고, 진덕수眞德秀[19]는 「빈풍칠월도豳風七月圖」를 바쳤습니다. 임금을 아끼고 나라를 걱정하는 정성스런 충심과 선을 진달하고 가르침을 바치는 간절한 뜻을 임금으로서 깊이 유념하고 공경히 따르지 않을 수 있겠습니까?

신은 지극히 어리석고 고루한 사람으로 여러 조대에 걸쳐 은혜를 저버리고 시골에 병든 몸으로 버려진 터라 초목과 더불어 썩기를 바랐습니다. 그런데 뜻밖에 허울뿐인 소문이 잘못 전달되어 막중한 경연의 강석에 부

---

16 672~740. 당 현종 때의 재상. 현종의 생일 곧 천추절(千秋節) 때 다른 신하들이 거울을 바쳐 축하했는데, 장구령은 역대 정치의 득실을 평론한 『천추금감록(千秋金鑑錄)』을 지어서 바쳤다.

17 662~737. 당 현종 때의 재상. 주공이 성왕(成王)을 경계하기 위하여 지었다고 하는 『상서』 「무일(無逸)」의 내용을 그림으로 설명한 「무일도」를 현종에게 올렸다.

18 789~849. 당 목종부터 여섯 황제를 보필했고 무종 때 재상을 지냈다. 경종(敬宗)에게 왕으로서 경계해야 하는 일들을 여섯개의 잠(箴)으로 제시한 『단의육잠』을 올렸다.

19 1178~1235. 주희의 재전 제자로 이종(理宗) 때 예부상서를 지냈고, 『대학연의(大學衍義)』를 지어 올렸는데, 「찰민정(察民情)」에 『시경』 빈풍(豳風) 「칠월(七月)」 시를 수록하여 왕을 경계시켰다. "칠월"은 1년 내내 농사일에 분주한 백성들의 고단한 생활을 노래한 시다.

르시니 너무 놀라고 두렵기만 한데 사양하고 피할 길도 없습니다. 신이 강석에 참여하는 이런 외람된 일을 하지 않을 수 없게 된 이상, 성학으로 권장하고 인도하며 임금의 덕을 보양하여 요순 같은 융성한 시대에 이르고자 기약하는 이 직무를 제가 능력이 안 된다고 사양하고 싶어도 어떻게 가능하겠습니까?

돌아보건대, 신은 학문이 소략하고 언변이 서툰데다 병까지 잇달아 도져 경연에 참여하는 것이 드물었고, 겨울에 들어서는 전폐하기에 이르렀습니다. 신의 죄는 만번 죽어 마땅하니 걱정스럽고 두려워 어찌할 바를 모르겠습니다. 신이 생각하건대, 당초 상주하여 학문을 논한 말이 임금의 뜻을 감발시키기에 부족했고, 경연에 참석하여 여러 차례 올린 설명[20]도 또한 임금의 예지를 도와드릴 수 없었습니다. 미천한 신하의 충정으로는 어떻게 해야 좋을지 모르겠습니다만, 다만 이전의 현인과 군자 가운데 성학을 밝혀 심법心法을 얻고서 그림과 해설을 지어 사람들에게 도에 들어가는 문과 덕을 쌓는 기반을 제시해준 분들이 있습니다. 지금 세상에서 전해지고 있어 그 내용이 해와 달처럼 분명합니다. 이제 감히 바라건대 이들 내용을 임금께 진달하여 고대에 제왕의 악공이 외워 바치고 기물에 경계하는 말을 새겼던 취지를 대신하고자 합니다. 아마도 지나간 시대에서 도움을 받아 미래에 유익함이 있을 것입니다.

따라서 삼가 그 내용 중에서 특히 두드러진 부분을 뽑았는데 일곱가지입니다. 그 가운데 「심통성정도」는 정복심程復心[21]이 제작한 그림에다가 제가 제작한 작은 두개의 그림을 부가했습니다. 나머지 세개의 그림은, 그림 자체는 제가 제작했지만 해설한 명문과 내용, 조목의 안배는 하나같이

---

20 1568년 8월 올린 「무진육조소」와, 12월 16일 『성학십도』를 바치기 전까지 경연에서 「사물잠(四勿箴)」 「서명(西銘)」 등에 대하여 올린 의견을 말한다.

21 1279~1368. 원대 이학자로 그가 지은 『사서장도(四書章圖)』에 「심통성정도」가 있어 이황이 『성학십도』에 수록하고 두편의 그림을 추가하여 제작하여 넣었다.

선현의 가르침을 가져와 서술한 것이지 제가 창작한 것이 아닙니다. 그 그림을 전부 합해서 『성학십도』로 편성하고 그림마다 그 아래에 저의 설명을 부가해서, 삼가 정사하여 올립니다.

그러나 신이 추위와 병에 시달리는 가운데 혼자 힘으로 이 『성학십도』를 제작하면서 눈은 어둡고 손이 떨려서, 글씨가 단정한 정자를 이루지 못한데다 글자의 배열도 규격에 맞지 않습니다. 만일 그냥 물리쳐버리지 않으신다면, 바라건대 이 본을 경연관에게 내려서 교정하고 수정한 다음, 다시 글씨를 잘 쓰는 이를 시켜 정본을 정사하여 만들고, 해당 부서에 맡겨 한개 병풍으로 제작해서 임금께서 쉬는 곳에 펼쳐두십시오. 혹 가능하면 별도로 한개 작은 장첩粧帖(모양을 내서 만든 수첩)을 가지고 첩자로 제작하여 항상 책상 위에 두고서, 생활하는 사이에 살피고 경계하는 바가 있으시기를 바랍니다. 그렇게 하신다면 충심을 다해 돕고자 하는 제 마음에 그 이상 행복한 일이 없겠습니다.

다만 그 그림들의 뜻에 대하여 다 드러내지 못한 것이 있어, 청컨대 신이 부연하여 말씀드리겠습니다. 제가 듣기로 맹자가 한 말에 "마음은 생각을 담당하니, 생각하면 얻고 생각하지 않으면 얻지 못한다"[22]라고 했습니다. 기자箕子가 무왕에게 홍범洪範(큰 지침)을 진달할 때도 또한 "생각하면 슬기로워지고, 슬기로우면 성聖(사리에 통달함)의 경계가 된다"[23]라고 했습니다. 마음은 한 촌의 심장에 갖추어져 있지만, 완전히 비어 있고 지극히 영명합니다. 이치는 도서圖書에 드러나 있어 지극히 분명하고 지극히 실제적입니다. 완전히 비어 있고 지극히 영명한 마음으로 지극히 분명하고 실제적인 이치를 찾으니 당연히 얻지 못하는 일이 없습니다. 따라서 생각하면 얻고 슬기로워져서 성聖의 경계가 됩니다. 어찌 오늘날이라 해서 징험함이 있기에 부족하겠습니까? 그러나 마음이 비어 있으면서 영명해도 주

---

22   이 말은 『맹자』 「고자상」에 나온다.
23   이 말은 『상서』 「홍범」에 나온다.

재함이 없으면 일을 만나 생각하지 못하고, 분명하고 실제적인 이치를 살펴서 관할 수 없으면 눈으로 항상 접해도 알아보지 못합니다. 이것이 또한 그림을 통해 생각을 다하는 일을 소홀히 할 수 없는 이유입니다.

또한 제가 들건대, 공자는 "배우기만 하고 생각하지 않으면 잊어버리고, 생각하기만 하고 배우지 않으면 위태롭다"[24]라고 했습니다. 배운다는 것은 그 일을 익혀서 진정으로 실천하는 것을 뜻합니다. 공자 문하의 학문은 마음에서 추구하지 않으면 어두워져 얻는 것이 없습니다. 그러므로 반드시 생각하여 그 은미한 부분까지 통해야 합니다. 그 일을 익히지 않으면 위태롭고 불안합니다. 그러므로 반드시 배워서 그 실제의 내용을 실천해야 합니다. 생각하는 것과 배우는 것은 서로 일깨워주며 서로 이익을 줍니다. 삼가 바라건대, 밝으신 임금께서 이런 맥락을 깊이 살피시어, 모름지기 먼저 뜻을 세워서 "순은 어떤 사람이었던가? 나는 어떤 사람인가? 노력하여 행하면 또한 그와 같게 된다"[25]라고 여기고 분발하여 생각하고 배우는 두 가지 노력에 힘쓰셔야 합니다. 그리고 경敬(전일한 마음 상태)을 견지하는 것은 생각하는 것과 배우는 것을 아우르고, 활동할 때나 활동하지 않을 때나 일관하고, 마음 안에서나 마음 밖에서나 합일하고, 드러날 때와 은미할 때에 한결같아지는 길입니다.

공부의 실천 방법은 이렇습니다. 반드시 마음을 정갈하고 엄숙하며 또렷하고 전일한 상태에 있게 하면서, 배우고 묻고 생각하고 변석하는 과정에서 그 이치를 궁구합니다. 외물과 접촉하기 전 보이지도 들리지도 않는 때에 미리 경계하고 두려워하기를 더욱 엄정하고 더욱 공경히 하면서, 감추어져 있어 자신만 감지하고 있을 때 살피기를 더욱 분명하고 더욱 치밀하게 합니다. 한 그림에 나아가 생각할 때 다른 그림이 있다는 것도 모르는 듯이 이 그림에만 전념해야 합니다. 한가지 일에 나아가 익힐 때 다른 일이 있

---

24   이 말은 『논어』 「위정」에 나온다.
25   이 말은 『맹자』 「등문공상」에 나온다.

다는 것도 모르는 듯이 이 일에만 전념해야 합니다. 아침과 저녁으로 그렇게 하여 일정함이 있고, 오늘과 내일 그렇게 하여 계속하면서, 정신이 맑을 때 더러 자세히 완미하고, 일상에서 응접할 때 더러 징험하고 배양합니다.

처음에는 부자연스럽고 모순된다는 근심이 없을 수 없고, 또 때로는 몹시 힘들어 시원하지 못한 불편함도 있을 것입니다. 그것이야말로 옛사람이 말한 장차 크게 진보할 기회로 좋은 소식의 단서가 됩니다. 절대로 그런 때에 스스로 포기하지 말고 더욱 자신을 믿고 더욱 힘써야 합니다. 진지한 노력이 많이 쌓이고 노력이 오래되면 저절로 마음과 이치가 물이 배듯 서로 맞아 들어가 자신도 모르게 원만하게 이해하여 관통합니다. 익히는 것과 일이 서로 익숙해지면 점차 순탄해져 편안히 행하고 있음을 알게 됩니다. 처음에는 각각 하나의 그림이 각자의 도리를 이루고 있는 것에 전념했지만, 나중에는 전체가 하나의 도리로 화합합니다. 이 경계는 실로 맹자가 논했던 깊이 나아가 자득하는 경계[26]이고 즐거우면 절로 생겨 그만둘 수 없음을 징험하는 일[27]입니다. 그런 징험을 따라 부지런히 힘써서 내 재주를 다 쏟으면 3개월을 인仁에서 벗어나지 않았던 안자顔子의 마음[28]이 되어 나라를 다스리는 공업이 그 안에 있게 되고, 증자가 공자의 도라고 말했던 충서忠恕로 일관하여[29] 도를 전하는 책임이 자신에게 있게 됩니다. 두

---

26 『맹자』 「이루하」에 "군자가 도로써 깊이 나아가는 이유는 자득하기 위해서다. 자득하면 거처함이 편안해지고 거처함이 편안하면 일에서 취함이 깊어진다. 일에서 취함이 깊어지면 가까이에서 취하여 활용할 때 그 근원을 만난다. 그러므로 군자는 자득하고자 한다"라고 했다.

27 『맹자』 「이루상」에 "음악의 실질은 이 두가지(부모를 섬기는 것과 형제에게 공경하는 것)를 즐거워하는 것이다. 즐거우면 두가지에 대한 마음이 생겨난다. 생겨나면 어떻게 그만둘 수 있겠는가? 그만둘 수 없으면 발이 뛰고 손이 춤춘다"라고 했다.

28 안자는 공자의 제자 안회(顔回)를 가리킨다. 『논어』 「옹야」에 "안회는 석달을 인에서 어긋나지 않았다. 그 밖의 사람은 하루나 한달에 한번 인에 이를 뿐이다"라고 했다.

29 증자는 공자의 제자 증삼(曾參)이다. 충(忠)은 자신의 진심을 다하는 것을, 서(恕)는 자신의 마음을 미루어서 다른 사람의 마음을 헤아리고 응접할 때 다른 사람에게도 똑같이 적용하는 것을 뜻한다. 공자가 증자에게 자신의 도가 하나로 관통해 있다고 말했을 때 증자가 알아들었다. 증자의 제자가 그 내용을 묻자 증자는 충서(忠恕)일 뿐이라고 대답했다. 『논어』 「이

려워하고 공경하는 노력이 일상생활에서 떨어지지 않아 마음의 본래 중정함을 보전하면서 응접에서 중절함을 이루어 천지가 제자리에 있고 만물이 화육되는 공업을 이룰 수 있으며, 덕행이 인륜에서 벗어나지 않아 하늘과 사람이 합일하는 묘용妙用(자연스러운 결과)을 얻을 수 있습니다.

이 『성학십도』는 도와 해설로 편성한 것을 단지 열폭의 지면에 가져와 서술한 것입니다. 생각하고 익히는 공부를 평소 한가할 때 그저 공부 일정을 따라 하시겠지만, 도리를 온축하여 성인의 경계가 되는 요령과 본바탕을 바르게 하여 좋은 정치를 펼치는 근원이 낱낱이 여기에 갖추어져 있사오니, 오직 임금께서 마음과 뜻을 두시고 시종 반복하여 공부하시면서 하찮다고 소홀히 하시거나 번거롭다고 치워두지 않으신다면, 종사를 위해서나 신민을 위해서나 참으로 다행한 일이 될 것입니다. 미천한 백성이 어리석게나마 임금을 돕고 싶은 정성을 신은 참을 수 없어 임금의 위엄에 모독이 됨에도 무릅쓰고 이 『성학십도』를 바치니 두려운 마음에 숨도 쉬지 못합니다. 삼가 살펴보시고 판단해주시기 바랍니다.

어린 선조에게 권고한 여섯 조목의 정책: 「무진육조소」[30]

첫째, 대통의 계승을 존중하여 인효仁孝의 도리를 온전하게 지키는 것입니다. 신이 듣건대, 천하의 일에 인군의 종통을 하나로 통일하는 것보다 더 중차대한 일은 없습니다. 막중한 종통을 아버지가 아들에게 전하고 아들은 아버지께 이어받습니다. 그 일의 중요함이 어느 정도이겠습니까? 옛날부터 지극히 중대한 종통을 계승하지 않은 인군이 없었습니다. 그러나 왕통이 지니는 지극히 중대한 뜻을 잘 아는 인군은 적어서, 효孝의 덕에 부끄럽게 하고 인仁의 도리를 다하지 못한 인군이 많았습니다. 적자에게 정상

인」에 관련 내용이 나온다.

30 「戊辰六條疏」. 1568년(선조 1, 68세) 8월 7일. 『퇴계집』 권6; 『정본』 4, 37~57면.

적으로 계승한 경우도 오히려 그러했습니다만, 방계에서 더러 양자로 들어와 왕통을 이은 인군은 인효의 도리를 다하는 경우가 더욱 적어 인륜의 가르침에 대해 잘못을 저지르는 인군이 비일비재했습니다. 어찌 깊이 두려워할 일이 아니겠습니까?

아, 하늘에 두 해가 없고, 백성에게 두 임금이 없고, 집안에 두 가장이 없고, 상사喪事에 두번 참최복斬衰服(상중에 입는 옷)을 반복하지 않습니다. 옛 성인은 자신을 낳아준 부모의 은혜가 중대함을 모르지 않았지만, 예법을 제정할 때 남의 후사가 된 이는 후사로 삼은 이의 아들이 되게 했습니다. 그의 아들이 된다고 했으니, 인효의 도리는 후사를 삼아준 양부모에게 전심해서 행해야 하고 자신을 낳아준 부모의 은혜를 거기에 병립시킬 수 없습니다. 그러므로 성인은 종통을 높이는 의리에 의거하여 자신을 낳아준 부모의 은혜를 낮추었고, 양부모에 대한 은혜를 높여서 후사로 삼아준 양부모에 대한 의리를 완수하게 했습니다.

『주역周易』에서는 "전일하게 함致一」"31을 밝혔고『맹자』에서는 "근본을 둘로 세우는 것二本」"32을 경계했으니, 기준이 정해져 있고 인륜의 법도가 명백합니다. 더구나 방계로 들어와 종통을 이음에 천명을 받아서 보위에 오르셨으니, 종묘사직이 부탁하는 바가 어떠하겠습니까? 신민臣民들이 우러러 받듦이 무슨 이유이겠습니까? 인효의 도리를 다할 곳을 감히 개인적

---

31 이 말은『주역』「계사하」에 나온다. 손괘(損卦)의 육삼효(六三爻)의 효사인 "세 사람이 가면 한 사람을 줄이고, 한 사람이 가면 그 봉우를 얻는다(三人行則損一人, 一人行則得其友)"라고 했다. 계사에서 천지만물의 화생(化生)을 말하면서 이 효사를 인용하여 그 뜻이 전일하게 함에 있다고 했다. 천지만물의 화생은 전일하게 함으로써 이루어짐을 뜻한다. 이황은 선조에게 왕위를 계승하여 이은 종통과 자신을 낳아준 본생부모 사이에 두 마음을 두어서는 안 된다는 취지로 계사의 말을 인용한 것이다.

32 이 말은『맹자』「등문공상」에 나온다. 묵가에 속한 이지(夷之)가 "사랑하는 것엔 차등이 없고, 단지 시행하는 것을 부모로부터 시작한다(愛無差等, 施由親始)"라고 주장하자, 맹자는 이것이 남의 부모와 자신의 부모를 똑같이 여기는 것으로 자신을 낳아준 근본을 둘로 삼는 것과 같다고 비판했다.

인 판단에 따라 바꾸고 그 때문에 후사로 삼아준 분에게 융숭한 도리를 다하지 않는다면 되겠습니까?

삼가 생각건대, 주상전하께서는 왕실의 막중한 지친으로 선왕 명종께서 미리 택하신 명을 받아 후사로 들어와서 대통을 이으셨으니, 하늘의 뜻과 인심이 서로 일치했습니다. 명종의 상에 슬퍼하심이 극진했고, 친애하고 공경하심은 선왕을 계승하시기에 아무 부족함이 없었습니다. 선왕의 뜻과 과업을 계승하여 행하시는 일들이 지극한 성품과 진실한 마음에서 우러나오지 않음이 없었습니다. 따라서 인효의 도리에 대하여 융숭함을 다하지 못하실까는 걱정되지 않습니다. 위로 종묘와 사직의 신령으로부터 아래로 신민의 마음에 이르기까지 진실로 이미 서로 기뻐하고 서로 경하하고 있습니다.

그러나 마음이란 쟁반의 물을 엎지르지 않기보다 더 어렵고, 선함은 바람에 흔들리는 촛불보다 보전하기 더 어렵습니다. 옛말에 "나무가 썩으면 벌레가 생기고, 효도하는 마음은 아내와 자식에게 마음을 쏟는 데에서 줄어든다"라고 했습니다. 이제 전하의 마음은 아직 물결치지 않는 물과 같고 아직 때 묻지 않은 거울과 같습니다. 따라서 인애의 마음이 몽실몽실 나와 막힘이 없습니다. 효순의 행실은 순수하여 중단됨이 없습니다. 그러나 다른 때에 이르러 눈과 귀를 가리는 것이 잡다하게 베풀어지고, 좋아하고 싫어하는 마음을 현혹하는 것들이 다투어 진상되어, 세월이 오래되면서 그런 일에 익숙해지고 마음에 거리낌이 없어질 텐데, 모르겠습니다만, 전하께서 외물에 영향을 받지 않고 마음에서 우뚝하게 선함을 주장하기를 지금처럼 변함없이 하실 수 있겠습니까? 그렇게만 하실 수 있다면, 항상 복을 받으시어 조금도 근심할 일이 없을 것입니다. 그러나 혹 불행하게도 성상의 마음 깊은 곳에서 저 외물에 의해 조금이라도 동화되어 변하면, 종묘를 받들어 장구한 즐거움을 지속하는 도리를 전하께서 걸핏하면 어기고 소홀히 여길 뿐 아니라, 사람들 가운데는 전하께서 치우치고 사사롭게 처신하는 틈을 타 강령을 속이고 의리를 훼손하는 이설로 부추기고 영합할 것입니다. 그럴 때 자각하지 못하는 사이에 응당 높여야 할 곳을 낮추고 낮추어야 할 곳을 높이는 사태에 이르는 일이 반드시 없으리라고 어떻게 보장하겠습니까? 이것은 예로부터 후사로 들어와 대통을 이은 인군이 인륜의 가르침에 죄를 지음이 많았던 원인으로, 오늘날 마땅히 지극한 경계로 삼아야 할 바입니다.

그러나 신은 낳아주신 본생부모에게 전하께서 박절하게 대하도록 감히 유도하는 것이 아닙니다. 높여야 함은 성왕이 제정한 법에 그렇게 되어 있고, 낮추어야 함은 선유의 정론이 법으로 삼을 만하여 그렇게 하는 것입니다. 한쪽을 높이고 한쪽을 낮춤은 곧 천리와 인륜의 지극한 법도이니, 이 법도를 한결같이 준행하고 조금이라도 개인적 생각을 개입시키지 않은 뒤에야 인仁이 되고 효가 됨을 논할 수 있다고 생각할 뿐입니다. 비록 그렇지만 효는 모든 행실의 근본이 됩니다. 한번 행실에 하자가 있게 되면 효는 순일한 효가 되지 못합니다. 인은 모든 선함의 우두머리입니다. 하나의 선함이라도 갖추어지지 않으면 인은 온전한 인이 되지 못합니다. 『시경』에 "시작은 누구나 하지만, 끝까지 해내는 이는 드물다네"라고 했습니다. 밝으신 성상께서 오직 생각을 여기에 두신다면 매우 다행이겠습니다.

둘째, 참소하고 이간하는 일이 안 생기게 하고 두 궁宮[33]과 가깝게 지내는 것입니다. 신이 듣건대, 부모가 자식을 사랑하는 것이 자慈(자애)이고, 자식이 부모를 잘 모시는 것이 효孝입니다. 효도하고 자애하는 도리는 천성에서 나와 모든 선함의 으뜸이 됩니다. 그 은혜는 지극히 깊고, 그 윤리는 지극히 중대하고, 그 인정은 가장 절실합니다. 지극히 깊은 은혜로 지극히 중대한 윤리에 따라 가장 절실한 인정을 행하는 것이니 의당 누구나 마음을 다하지 못함이 없을 법합니다. 그러나 효도하는 도리에 자식이 부족

---

33   인종의 비 인성왕후(仁聖王后)와 명종의 비 인순왕후(仁順王后)를 가리킨다.

함이 있으면 자애하는 부모 또한 자애를 다하지 않는 사태에 이르기도 하고, 심한 경우 지극히 가까운 부자가 원수로 변하여 돌보지 않기도 합니다. 보통 사람도 그런 불행에서 본래 자유롭지 못하지만, 제왕가는 그런 우환이 더욱 많습니다. 그 이유가 무엇이겠습니까? 무릇 인정과 사세事勢는 막히기 쉬운데 참소와 이간은 그럴수록 더욱 많아지기 때문입니다.

인정과 사세가 막히기 쉽다고 말씀드리는 이유는 대비(인순왕후)께서 거처하시는 궁전으로 날마다 문안드릴 때, 위치가 존엄한 분(인성왕후)의 궁전에 가까워 사세가 혹 막히기도 하고, 일이 복잡다단하여 인정이 혹 펴지 못하고 막히기 때문입니다. 참소와 이간이 더욱 많아진다고 말씀드린 이유는 양 궁 사이에 곁에서 모시고 사적으로 심부름하는 자들이 모두 환관과 부녀자 들이기 때문입니다. 이들의 성품은 으레 대부분 음흉하고 교활하여, 간사함과 사심을 품고 분란과 재앙을 좋아하고 즐길 뿐, 효도와 자애가 무엇인지, 예의가 어떤 것인지 모릅니다. 오직 자신들이 모시는 분만 소중히 여기며 이쪽과 저쪽으로 세력을 나누어 대치하여 많고 적음을 다투면서, 은혜로 여기거나 원망하는 마음이 잠깐 사이에 생기고 향배에 따라 이해를 달리합니다. 없는 일을 있다 하고 옳은 일을 그르다고 하며 그 마음 쓰는 것이 귀신과 물여우처럼 변화무쌍하여, 혹은 충동질하여 분노하게 만들고 혹은 속여서 두렵게 만듭니다. 한번이라도 이들의 말에 귀가 솔깃하여 믿게 되면 자신은 불효에 빠지고 부모를 자애롭지 못한 곳에 빠뜨리는 일이 반드시 일어납니다.

집안의 법도가 엄정하고 양 궁이 화락하면, 이 무리는 자신의 그 간사함이 용납될 곳이 없어 이익을 얻지 못합니다. 따라서 반드시 서로 얽혀 의심해서 주인이 사리에 어두워지고 윤리가 어그러진 뒤에야 그 술수를 부리고 참소를 할 수 있고 큰 이익을 얻을 수 있습니다. 이것이 소인과 여자 들을 공통으로 근심하는 이유입니다. 그렇지만 이들은 그 임금의 덕이 어진지 비루한지, 다스리는 법도가 엄정한지 방종한지에 따라, 그림자나 메아리처럼 재빠르게 반응합니다. 따라서 인군은 자신의 처신이 어떠한지 돌아볼 뿐입니다. 스스로 잘 처신하고 있다면 또한 무슨 걱정이 있겠습니까?

신이 지난해 서울에 머무를 때 길에서 소문을 들었습니다. 전하께서 즉위하신 초기에 이런 무리들 가운데 잠저潛邸(즉위 전의 시기) 때 모셨던 옛 은정恩情이 있다 해서 왕명을 기다리지도 않고 감히 나온 자가 전하께서 준엄하게 내치신 명령을 급히 받고 물러가자, 대성인의 조치가 일반 사람보다 이렇게 훨씬 뛰어난 것에 온 나라 사람들이 모두 숭앙했다 합니다. 이후로 성덕이 날로 알려지고 인과 효가 끊어짐이 없었으니, 앞으로도 계속 이대로만 하시면 어떤 음흉한 자인들 복종하지 않겠으며, 어떤 악인인들 감히 방자할 수 있겠습니까?

그렇지만 전하께서 이것만 믿고, 서리를 밟으면 곧 겨울이 올 것을 알고 미리 대비하는 경계를 소홀히 해서는 절대 안 됩니다. 또한 전하께서 성심으로 효도하시어 한 나라로 봉양함을 극진히 하시니, 그 효 또한 큰 것입니다. 그러나 자식의 직분에 해야 할 일이 무궁무진합니다. 내가 부모를 섬기는 도리가 이미 충분하니 다른 걱정이 없다고 어떻게 말할 수 있겠습니까. 또 오늘날 전하께서 부모를 섬기심은 이른바 의리로 은혜를 높이고, 변례로 상례에 대처하시는 것입니다. 이 두가지 상황은 실로 소인과 여자 들이 틈을 엿보고 분란을 조성하는 곳입니다. 신이 전대의 일을 살피건대, 위로 자애로운 부왕이 있고 아래로는 어진 후사後嗣가 있어도 해치는 환관과 참소하는 궁첩이 부왕과 후사 사이에서 서로 싸워 그 효를 끝까지 마치지 못한 경우가 얼마나 많습니까? 하물며 지금 대궐에 전조 인종와 후조 명종의 논의에서 깊이 우려한 것 같은 오래되고 노회한 간흉과 소인배 들이 여전히 다 제거되지 않았습니다. 이것은 유약한 돼지가 날뛰는 정도만은 아닐 것으로 염려됩니다.[34]

바라건대, 전하께서 『주역』 가인家人괘의 뜻을 거울로 삼고 『소학』 「명륜明倫」편의 교훈을 법도로 삼아, 자신을 다스리기를 엄격하게 하고 집안을 바르게 하는 데 힘쓰시며 효도를 독실하게 행하시고 자식 된 직분을 다 하십시오. 그리하여 가까이 익숙하게 부리는 이들이 모두 두 궁의 지극한 정에 효도와 자애가 막중하여 자신들의 참소와 이간이 그 사이에서 통할 수 없다는 것을 환히 알게 하십시오. 또한 그 효도와 자애를 이루게 하면 복을 받고, 양 궁 사이에 틈을 만들면 죄를 얻는다는 것도 알게 하십시오. 그러면 저절로 음험하고 간사한 무리가 분란을 일으키는 우환이 없어지고 효도에 부족함이 없을 것입니다. 또 이 마음과 이 정성을 미루어 공의전恭懿殿(인성왕후)에게 효도와 공경을 바치심에 마음과 노력을 다하시면, 도는 계속 높아지고 인과 의가 지극하게 행해져 세 궁이 즐겁게 화합하고 만복이 모두 이를 것입니다. 『시경』에 이르기를, "조금씩 벌어지고 벌어져 이 남방의 기성箕星을 이루네"[35]라고 했고, 또 "효도를 생각하는 것 영구히 지속하니, 효도를 생각함이 법칙이 된다"[36] 했습니다. 밝으신 전하께서 여기에 유념하신다면 매우 다행이겠습니다.

셋째, 성학聖學(성인이 되는 학문)을 독실하게 익혀 치평治平의 근본을 확립하는 것입니다. 신이 듣건대, 제왕의 학문과 심법心法(마음을 다스리는 법도)의 요체는 순舜이 우禹에게 명한 말에서 근원합니다. 그 말에 "인심人心은 위태롭고 도심道心은 은미하다. 오직 마음을 정밀하게 살피고 전일하게 해야 진실로 치우침이 없는 중정한 마음(中)을 능히 견지할 것이다"[37]라고 했습니다. 천하를 서로 전하는 것은 천하를 평안하게 하려는 것입니다. 그 부탁

---

34 『주역』구(姤)괘 초육(初六)의 효사에 "유약한 돼지가 날뛰는 데 힘쓴다(贏豕孚蹢躅)"고 했다. 유약한 돼지는 초육의 음효를 가리킨다. 마구 날뛰는 돼지처럼 소인배가 군자를 해치려고 도모하는 상황을 비유한 것이다. 화란을 막기 위해서는 군자가 중정한 덕으로 소인배들을 미리 통제하여 날뛰지 못하게 해야 함을 강조한 것이다.

35 『시경』소아(小雅)「항백(巷伯)」의 구절이다. 기성은 기(箕, 키) 모양의 별자리로 28수(宿)에 속하고, 동방의 7수 중 하나이다. 이 구절은 참소하는 이가 사실이 아닌 것도 사실로 만들어 성사시킴을 비유한 것이다.

36 이 말은 『시경』대아(大雅)「하무(下武)」에 나온다.

37 이 말은 『상서』「대우모(大禹謨)」에 나온다.

하기 위한 말이라면 응당 정사를 다스리는 것보다 더 급한 일이 없을 것입니다. 그럼에도 순이 우에게 간절하게 경계한 말이 이 몇 구절에 불과했습니다. 학문으로 덕을 성취하는 것을 통치의 근본으로 삼고, 마음을 정밀하게 살피고 전일하게 하는 것을 학문의 기본 방법으로 삼은 것이 아니겠습니까? 기본 방법을 따라 근본을 확립하면 천하의 정사는 모두 여기에서 풀려 나옵니다. 옛 성왕의 원려가 이와 같습니다. 그러므로 신처럼 어리석은 사람도 성학이 지극한 선정의 근본이 됨을 또한 알아 외람되게도 말씀드리는 것입니다.

그러나 순舜은 이 말을 하면서, 마음이 위태롭고 은미하다고만 말하고 그 이유는 언급하지 않았습니다. 단지 마음을 정밀하게 살피고 전일하게 하라고만 가르쳐주고, 정밀하게 살피고 전일하게 견지하는 방법은 보여주지 않았습니다. 그리하여 후대 사람들은 이 말에 의거하여 도를 참되게 알아서 실천하려고 했지만, 또한 어려웠습니다. 그 뒤 여러 성인이 서로 이어받아 공자에 이르자 그 방법이 크게 갖추어졌습니다. 『대학』의 격물格物(사물의 이치를 탐구함), 치지致知(이해를 철저하게 함), 성의誠意(생각을 진실하게 함) 그리고 정심正心(마음을 바르게 함)[38]과, 『중용』의 명선明善(선을 밝게 앎), 성신誠身(자신을 진실하게 함)[39]이 그 방법입니다. 그리고 여러 선유가 번갈아 나와 주씨朱氏(주희)에 이르자 그 방법에 대한 설명이 크게 분명해졌습니다. 『대학장구大學章句』와 『중용장구中庸章句』, 『대학혹문大學或問』과 『중용혹문中庸或問』[40]이 그 책들입니다. 오늘날 이 두 책을 힘써 연구해서 참되게 알아 실천하는 학문을 행하는 것은, 비유하면 밝은 대낮이어서 눈만 뜨면 볼 수

---

38 수신(修身), 제가(諸家), 치국(治國), 평천하(平天下)와 더불어 대학(大學)의 8조목이 된다.

39 『중용』 20장의 "선(善)에 밝지 않으면 몸을 진실하게 할 수 없다(不明乎善, 不誠乎身矣)"라는 구절에서 취한 말이다.

40 모두 주희의 저서로, 앞의 두 책은 『예기』에 수록된 「대학」 「중용」 편을 독립시켜 편장을 나누고 주석을 더하여 편찬한 것이다. 뒤의 두 책은 문답 형식으로 『대학』과 『중용』에 대한 이학(理學)의 이론을 설명한 것이다.

있는 것과 같고, 대로가 앞에 있어 발만 내디디면 다닐 수 있는 것과 같습니다. 그러나 걱정스럽게도 세상의 인군 중에 이 학문에 능히 뜻을 두는 이는 드뭅니다. 더러 뜻을 두었더라도 시종일관 지속하는 이는 더욱 드뭅니다. 아! 이것이 도道가 전해지지 못하고 정치가 옛날만 못한 이유입니다. 또 후대에 누군가 나오기를 기다려서 그런 것이겠습니까?

삼가 생각건대, 전하께서 신성한 자질을 천부적으로 타고나 명철한 공부가 날마다 새롭게 진보하시니 유신儒臣(경연에 초빙되어 참여하는 재야 학자)과 강관講官(경연에 참여하는 관원)이 모두 감복하고 찬탄해 마지않습니다. 그러므로 전하께서는 이 성학에 자질이 있고 뜻도 있으십니다. 치지致知의 방법과 역행力行(힘써 실천함) 공부와 관련해서도 전하께서는 시작했다고 말할 만합니다. 그러나 어리석은 신이 망령되게 생각건대, 이것만 견지하면서 문득 능히 알고, 능히 실천한다고 말해서는 안 됩니다.

신이 먼저 치지致知의 방법에 대하여 말씀드리겠습니다. 내 마음과 몸 그리고 날마다 행하는 인륜 같은 비근한 것에서부터 천지만물과 고금의 변화 같은 복잡다단한 것에 이르기까지 지극히 충실한 이치와 지극히 합당한 법도가 거기에 들어 있지 않음이 없습니다. 곧 이른바 "본래부터 저절로 있는 중정함(中)"[41]입니다. 그러므로 학문은 넓게 하지 않을 수 없고, 질문은 상세히 하지 않을 수 없고, 생각은 신중하게 하지 않을 수 없고, 변석은 분명하게 하지 않을 수 없습니다. 이 네가지는 치지致知의 조목입니다. 이 네가지 가운데 생각을 신중하게 하는 것이 더욱 중요합니다. 생각한다는 것은 무엇입니까? 마음에서 찾아보았을 때 징험됨이 있고 얻은 바가 있는 것을 말합니다. 마음에서 능히 징험하여, 천리와 인욕 그리고 선함과 악함이 갈라지는 기미를, 의리와 이익 그리고 옳음과 그름의 구별을 명확히 변석하여 정밀하지 않음이 없고 조금의 어긋남도 없게 되면, 이른바 위

---

41   『대학혹문』과 『주자어류』 등에 정자(程子)의 말로 인용되었다.

태로운 것과 은미한 것의 이유나 정밀하게 살피는 것과 전일하게 견지하는 것의 법도가 그와 같아 의심할 것이 없음을 참되게 알 수 있습니다.

이제 전하께서는 네가지 공부에서 시작을 열고 단서를 일으켰습니다. 저는 전하께서 단서를 일으킨 것을 이어서 축적해가는 공부를 더욱 철저히 하시길 요청합니다. 그 순서와 절목은 『대학혹문』에 상세히 제시된 바에 따라서 먼저 경敬(마음을 전일하게 함)을 위주로 하면서, 만나는 일과 대상들에서 그렇게 해야 하고 그렇게 되는 근거를 궁구합니다. 침잠하여 거듭 생각하고 충분히 음미하여 철저하게 이해하면서, 그 지극한 이치를 충분히 파악합니다. 그렇게 세월이 오래 쌓여 공부가 깊어지면 어느 날 자신도 모르게 시원하게 풀리고 막힘 없이 두루 통하는 것이 생깁니다. 그러면 이른바 "체體와 용用이 근원을 같이하고 드러난 것과 은미한 것 사이에 끊어짐이 없다(體用一源 顯微無間)"[42]라는 말이 정말로 그러함을 비로소 알아 위태로운 인심과 은미한 도심의 구별에 헷갈리지 않고, 마음을 정밀하게 살피고 전일하게 하는 것에 어둡지 않아, 중정한 마음을 견지할 수 있습니다. 이것을 일러 '참되게 안다(眞知)'고 말합니다.

저는 다시 역행力行(힘써 실천함)의 일을 말씀드리겠습니다. 성의誠意(생각을 진실하게 함)를 실천할 때는 선악이 나뉘는 기미처에서 반드시 세밀하게 살펴서 진실하지 않음이 조금도 없게 합니다. 정심正心(마음을 바르게 함)을 실천할 때는 마음이 고요하고 움직이는 곳에서 정밀하게 살펴서 한가지 일도 바르지 않은 것이 없게 합니다. 수신修身(자신을 닦음)을 실천할 때는 마음이 편벽되지 않게 하고, 제가齊家(집안을 다스림)를 실천할 때는 한쪽으로만 친숙하지 않게 합니다. 매사 미리 경계하고 혼자 자각할 때 조심하면서 뜻을 강고하게 가져 쉬지 않고 노력해갑니다. 이 몇 가지가 역행의 조목입니다만 그 가운데에서도 마음(心)과 생각(意)이 가장 관건이 됩니다.

---

42   정이(程頤)의 『역전서(易傳序)』에서 언급되는 말로 정이의 철학적 관점을 집약하여 보여준다.

마음은 천군天君(주재하는 주인)[43]이고 생각은 마음이 활동을 시작하는 것입니다. 먼저 그 시작을 진실하게 하면, 한번 진실하게 하는 노력으로도 모든 거짓을 소멸시킬 수 있습니다. 그럼으로써 주재하는 마음을 바르게 하면, 온 몸이 마음의 명령을 따라 행하는 것마다 충실하지 않음이 없습니다. 이제 전하께서는 이 몇 가지 공부와 관련하여 역시 그 시작을 이미 열었고 단서를 일으켰습니다. 신은 그 단서를 일으킨 것을 이어서 몸소 절실하게 실천하는 공부를 더욱 철저하게 하시기를 요청합니다.

역행 공부의 체제와 종지는 이렇습니다. 두 책에서 제시하는 교훈에 따라 경敬을 위주로 하면서, 항상 그리고 모든 곳에서 생각마다 주의하고 일마다 조심하여 모든 얽매임과 사욕을 마음에서 깨끗이 제거하고, 인륜에 따른 처신이 지선至善에 이르도록 갈고 닦습니다. 평소 생활하고 응접하는 가운데 의리를 함양하고, 잘못을 고쳐 사욕을 막고 선한 쪽으로 옮겨가면서 마음을 진실하고 전일하게 하는 데 힘을 기울입니다. 그리고 지식을 넓히고 심화하는 동안에도 예법에서 벗어나지 않게 하고, 사업에 참여하여 돕고 경영하는 동안에도 모든 일을 마음에 한점 부끄러움이 없게 하는 것에 근본을 둡니다. 그렇게 노력하여 참된 것이 많이 쌓이고 시간이 오래 지나면 자연히 의義에 정밀해지고 인仁에 익숙해져 그만두고 싶어도 그만두지 못합니다. 그리고 홀연히 자신도 모르는 사이에 치우침이 없고〔中〕 절도에 맞는〔和〕 성현의 경계에 들어갈 것입니다. 실천의 효과가 여기에 이르면 인륜의 도리가 이루어지고 덕이 확립되어 나라를 다스리는 근본이 여기에서 세워지고 인재를 등용하는 법도가 자신에게서 벗어나지 않을 것입니다. 그리하여 여러 현능한 인재들이 골고루 임용되고 사업이 모두 빛나서 시대를 태평한 치세로 이끌고 백성을 어질게 장수하는 세상에 들여놓는

---

43 『순자(荀子)』「해폐(解蔽)」편에 나오는 말이다. 순자는 마음의 인식기관을 천관(天官), 그로부터 나오는 정(情)을 천정(天情) 등으로 언급하여 마음의 주체적인 능력을 천(天)에 근거하는 것으로 파악하고 있다.

것이 어렵지 않음을 저절로 알 것입니다.

어떤 이는 "제왕의 학문은 경전을 연구하는 박사나 학생이 공부하는 것과 같지 않다"라고 말합니다. 이것은 문장의 뜻에 집착하고 글을 짓는 것에 힘쓰는 부류들을 두고 하는 말입니다. 경敬으로 근본을 삼고 이치를 궁구하여 철저하게 이해하고 자신에게 돌이켜 실천하는 것, 이것은 심법에 묘합하고 도학을 전수하는 요체입니다. 제왕과 보통 사람 사이에 어찌 차이가 있겠습니까? 그러나 '참되게 아는 것(眞知)'과 실천은 수레의 양 바퀴와 같아서 한쪽이 빠지면 진행할 수 없습니다. 사람의 두 다리와 같아서 서로 의지해서 진보합니다. 그러므로 정자는 "이해를 철저히 하는 데 경敬을 견지하지 않고서 된 경우가 없다"라고 했고, 주자는 "몸소 실천하는 곳에 공부가 되어 있지 않으면 이치를 궁구할 곳도 없다"라고 했습니다. 그러므로 두가지 공부는 합해서 말하면 서로 시작이 되고 끝이 됩니다. 나누어서 말하면 또한 각자 그 자체로 시작과 끝이 있습니다.

아! 시작하지 않으면 물론 끝맺을 일도 없습니다만, 시작해놓고 끝맺음이 없다면 시작한 것이 무슨 의미가 있겠습니까? 그러나 인군은 학문을 대부분 시작은 하지만 끝맺음이 없고, 처음에 부지런하게 애쓰지만 끝에 가서 게으르고, 처음에는 경敬을 견지하지만 끝에 가서 방자해져, 나가고 들어오는 일정치 않은 마음으로 하다 말다 하는 식으로 노력하니 결국 자신의 덕을 무너뜨리고 나라를 혼란에 빠뜨리는 데로 돌아갑니다. 왜 그렇겠습니까? 더할 나위 없이 위태로운 것이 인심人心으로, 사욕에 쉽게 빠지지만 천리를 회복하기는 어렵습니다. 더할 나위 없이 은미한 것이 도심道心으로, 이理에 따를 때는 잠시 열리다가도 사욕에 금방 닫힙니다. 이제 쉽게 빠지는 인심이 물러나 도심의 명령을 들어 날뛰지 않게 하고, 잠시 열리는 도심이 서로 이어져서 끊어짐이 없게 하여, 제왕이 서로 전수한 중中(치우침이 없는 마음)을 견지하는 공부에서 성취하기를 바란다면, 정밀히 살피고 전일하게 견지하는 공부가 아니고 무엇을 가지고 하겠습니까? 부열傳說[44]은

"학문은 오직 뜻을 겸손하게 하라. 생각이 시종 학문에 종사하는 데 있으면, 그 덕이 모르는 사이에 닦여질 것이다"[45]라고 했으며, 공자는 "이를 곳을 알아 이르면 더불어 일의 기미를 알 수 있으며, 마칠 데를 알아 마치면 더불어 의리를 보존할 수 있다"[46]라고 했습니다. 오직 명철하신 전하께서 여기에 유념하신다면 매우 다행이겠습니다.

넷째, 도술道術(도덕과 학술)을 밝혀 인심을 바로잡는 것입니다. 신이 듣건대, 도가 융성했던 요순과 삼대의 시대에는 도술이 크게 밝아서 다른 길에 미혹됨이 없었습니다. 그러므로 인심이 바르게 될 수 있었고 교화가 쉽게 젖어 들었습니다. 주나라가 쇠퇴한 이후 인륜의 학문이 밝혀지지 않아 이단의 사특한 학설이 한꺼번에 일어났습니다. 따라서 인심이 바르지 않아, 다스려도 다스려지지 않았으며 교화시켜도 교화되기 어려웠습니다.

무엇을 도술이라고 합니까? 천명에서 나와 인륜으로 행해지는 것입니다. 세상의 모든 시대 사람들이 함께 따르는 길입니다. 요순과 삼왕三王[47]은 이것을 밝혀서 천자의 자리를 얻었습니다. 그러므로 은택이 천하에 미쳤습니다. 공자, 증자, 자사, 맹자는 이것을 밝혔으나 천자의 자리를 얻지 못했습니다. 그러므로 그 도가 만세에 전해졌습니다. 후대의 인군은 그 가르침에 따라 그 도를 얻어 한 시대에 드러내 밝히는 일을 하지 못했습니다. 그리하여 참된 도리를 어지럽히는 이단의 학설과 정의를 혼탁시키는 공리功利의 무리들이 선동하고 날뛰어 인심을 무너뜨릴 수 있었고 그 재앙이 하늘을 뒤덮어도 구하지 못했습니다.

중간에 송대의 여러 학자들이 이 도를 크게 천명했지만 이들 모두 세상에 쓰이지 못했습니다. 그리하여 인륜을 밝히고 인심을 바르게 하는 일은

---

44 은(殷)나라 고종(高宗)의 신하이다.

45 이 말은 『상서』「열명(說命)」에 나온다. 부열이 고종에게 성학(聖學)을 권하는 말이다.

46 이 말은 『주역』「문언(文言)」에 나온다.

47 하(夏), 은(殷), 주(周)를 창업했던 우(禹), 탕(湯), 문왕(文王)과 무왕(武王)을 가리킨다.

당시 한 시대에 실질적 효과를 이루지 못하고 단지 도학을 만세에 전했을 뿐입니다. 더구나 우리나라는 해외 한구석에 외겨 있어 기자箕子의 홍범을 실전한 이래 역대로 막막하게 지냈습니다. 그러다 고려 말에 이르러 정자와 주자의 저작이 처음 도입되면서 도학이 밝혀질 수 있었습니다. 본조에 들어와 훌륭한 왕들이 서로 이어서 나라를 세우고 계통을 전했는데, 그 체제와 전장典章은 대개 이 도를 일으켜 밝힌 것입니다. 그러나 나라를 건국한 때부터 지금까지 이백년이 되었지만, 다스린 결과를 살펴보고 선왕의 도로 헤아려볼 때, 여러 성인의 마음에서 보면 미흡한 점이 있음을 면할 수 없습니다. 이것은 다른 이유가 있는 것이 아닙니다. 도술은 밝혀지지 않고 다른 학설이 사람의 마음을 어지럽히는 것이 많기 때문입니다.

이제 전하께서는 요순의 자질로 제왕의 학문을 몸소 궁구하며, 옛 법도를 따라 행하는 데 뜻을 두고 목마른 이가 물을 찾듯이 치세를 추구합니다. 이것은 장차 유교를 흥기시켜 한 시대를 요순과 삼대의 융성한 시대로 이끌고자 함이니, 진실로 우리나라에는 천재일우의 기회가 됩니다. 조정과 재야에서 기뻐하며 모두 기대하면서 서로 축하합니다. 그러나 이럴 때 선왕의 도술을 밝혀 한 시대의 방향을 정함으로써 모범을 보여 이끌지 않는다면, 또 어떻게 나라의 모든 사람이 해묵은 미혹에서 벗어나 여러 이단을 버리고 일변하여 자신을 지극히 중정한 가르침에 따르게 할 수 있겠습니까?

그러므로 신은 반드시 도술을 밝혀 백성들의 마음을 바르게 하는 일을 새로 시작한 정치의 기본 정책으로 삼을 것을 건의합니다. 그렇지만 도술을 밝히는 일에는 또한 시행할 때 근본이 되는 것과 지엽적인 것, 먼저 해야 할 것과 뒤에 해야 할 것, 서둘러 할 것과 늦추어 할 것의 순서가 있습니다. 근본이 되는 것과 지엽적인 것에도 또한 허상이 되거나 충실한 결과가 되는 차이가 있습니다. 인군이 몸소 행하여 마음으로 체득한 것에 바탕을 두고서 백성이 날마다 행하는 인륜의 가르침을 시행하는 일이 근본이 됩니다. 법제를 추종하고 문물의 아름다운 점만 습취襲取해서 현재 제도를 혁파하고 옛 제도를 본받아 모방하고 비교하는 것은 지엽적인 일이 됩니다.

근본적인 일은 먼저 급하게 해야 하고, 지엽적인 일은 뒤에 천천히 해도 됩니다. 그러나 그 도를 얻어 군주의 덕이 이루어지면, 근본적인 일과 지엽적인 일이 모두 충실해져 요순의 정치가 되지만, 그 도를 잃어 군주의 덕이 잘못되면 근본적인 일과 지엽적인 일 모두 허상이 되어 말세의 재앙이 일어납니다. 실로 헛된 명성에 의지해서 성왕의 치세를 이루고자 해서도 안 되고, 또 핵심적인 방법에 어두운 채 마음에서 체득하는 신묘한 경지를 추구해서도 안 됩니다.

이제 전하께서는 헛된 명성에 의지할 수 없다는 것을 참으로 잘 아시어 핵심이 되는 방법으로 도학을 밝히기를 추구하고 계시니, 청컨대 제가 앞에서 말씀드린 참되게 알아 실천하는 것에 대한 설명을 깊이 받아들여 경敬으로 시작하여 경으로 마치십시오. 시작할 때는 아는 것이 더러 어둡고 분명하지 않은 경우가 있고, 행하는 것도 모순되어 도리에 맞지 않는 경우가 있습니다. 청컨대, 이것 때문에 싫어하며 꺼리는 마음을 내지 마십시오. 성현들은 결코 우리를 속이지 않으나 단지 나의 노력이 미진하기 때문임을 알아서, 부지런히 가르침에 따라 힘쓰고 중도에 포기하지 말아야 합니다. 이렇게 노력하는 것이 오래 쌓여 순숙해지면, 의리義理를 정밀하게 알고 자유롭게 응대하는 경지에 올라 눈에는 소가 전체로 보이지 않게 되고[48] 얼굴과 몸에 덕이 가득 차 어디서나 도의 근원과 만나는 상태에 저절로 이르게 될 것입니다.[49] 이것을 가리켜 "몸소 실천하고 마음으로 얻어서 도가 자신에

---

48 관련 내용은 『장자』 「양생주(養生主)」에 나온다. 백정이 소를 처음 잡을 때는 감각기관을 통해 소를 보아 소가 전체로 보였으나, 도를 체득한 뒤에는 도에 따라 소를 대하여 외형적인 소를 보지 않게 되었음을 말한다.

49 관련 내용은 『맹자』 「진심상(盡心上)」에 나온다. 인륜이 마음에 바탕하여 드러나서 모든 행동이 절로 합당한 것을 말한다.

게서 밝혀진다"라고 말하니, 순요堯임금과 문왕文王이 자신의 덕을 잘 밝혔던 것이 바로 그 사례입니다. 이를 미루어 나아가면 어디를 가도 도에 맞지 않음이 없고, 구족九族을 친애하고 백성을 고르게 다스려서, 관저關雎와 인지麟趾[50]로부터 작소鵲巢와 추우騶虞[51]의 덕화에 이를 것입니다. 그러면 오늘날이 어찌 요堯와 문왕의 시대와 다르겠습니까? 덕에 의한 교화로 훈도되고 안과 밖이 융화하여, 조정에서는 공경하고 겸양하며 가정에서는 효도하고 우애하며, 선비는 학문을 알고 백성은 의리를 알 것입니다. 그러면 사람의 마음에 바르지 않은 것이 생기겠으며, 도술에 밝혀지지 않은 것이 있겠습니까?

순자荀子는 "인군이란 그릇이다. 그릇이 네모나면 물도 네모진다. 군자는 푯대이다. 푯대가 바르면 그림자도 곧다"[52]라고 했습니다. 어찌 사실이 아니겠습니까? 그렇지만 미천한 저의 우려와 판단으로는 인심을 미혹시키는 이단의 주장에서 특별히 더 느끼는 바가 있습니다. 신이 삼가 살피건대, 우리나라에서 해를 끼치는 이단 가운데 불교가 심합니다. 고려 왕조가 그 때문에 멸망하는 데 이르렀습니다. 좋은 정치를 행하고 있는 우리 왕조에서도 여전히 그 뿌리를 끊어내지 못하여, 종종 시세의 틈을 타고 번성합니다. 비록 선왕께서 곧바로 그 잘못된 것을 자각하여 신속히 일소했지만 잔재가 여전히 남아 있습니다. 노장의 허탄한 주장도 더러 탐닉되고 숭상되어 성학과 예악을 모멸하는 풍조가 간간이 일어납니다. 관중管仲과 상앙商鞅의 술수와 사업은 다행히 전수된 바가 없지만, 공리를 추구하는 폐단

50 『시경』국풍「주남(周南)」의 처음 시와 끝의 시이다. 관저는 주 문왕의 후비(后妃)가 지닌 덕을 노래했고, 인지는 관저의 덕화가 행해져 예에 어긋남이 없고 돈후한 풍속을 노래했다. 두 시는 서로 짝을 이루어 집안에서 덕화가 나라의 돈후한 풍속으로 발현됨을 상징한다.

51 『시경』국풍「소남(召南)」의 처음 시와 끝의 시이다. 작소는 부인의 덕을 노래했고, 추우는 교화가 이루어져 백성이 인후하고 재화가 번성해짐을 노래했다. 두 시는 서로 짝을 이루어 집안의 덕화에 바탕하여 나라의 풍속이 후하게 되고 재화가 번성해짐을 상징한다.

52 이 말은『순자』「군도(君道)」에 나온다.

은 오히려 굳어져 있습니다. 덕을 어지럽히는 향원의 풍습이 세상에 아첨하는 말류들에서 생겨나고, 방향을 잃은 저속한 학문이 명리를 추구하는 과거생에게서 확산되고 있습니다. 하물며 벼슬길에 올라 기회를 틈타서 공격하고 입장을 수시로 바꿔 배반하고 속이는 무리들이 또한 전연 없다고 어떻게 말할 수 있겠습니까?

이로 보건대 오늘날 인심은 바르지 못함이 심합니다. 설령 불행하게도 전하께서 도를 향한 마음이 조금이라도 처음만 못해져서 해이해진 마음이 혹 좋아하고 싫어함이 치우친 데서 드러나고, 사사롭게 처신하는 틈으로 누설되기라도 하면, 위에서 말씀드린 이 여러 종류의 인간들이 반드시 잡다하게 한꺼번에 몰려들 것입니다. 그리하여 잡귀들처럼 술수를 부려 현혹시키면서 온갖 방법을 동원하여 빈틈을 뚫고 공격할 것입니다. 만에 하나 걸려들면 곧 저들에게 함께 동화되어버릴 것입니다. 저들에게 동화되면 이쪽에 대한 태도도 변하여, 전하께서는 저쪽을 좋아하여 이쪽을 싫어하고, 저들과 당파를 이루어 이쪽을 원수로 여길 것입니다. 예로부터 인군이 처음에는 맑고 밝아서 그 정치가 볼만하지만, 얼마 지나 간사한 무리에 걸려들고 이단에 현혹되어 정사를 그르치고 나라를 망하게 했습니다. 예컨대 송의 철종哲宗, 휘종徽宗, 영종寧宗, 이종理宗 임금이 행한 정치가 그러했으니, 어찌 이루 다 열거할 수 있겠습니까?

삼가 바라건대, 전하께서는 옛사람이 도를 잃었던 사례를 현재의 거울로 삼으십시오. 뜻을 금석처럼 굳게 견지하시어 시종일관 마음을 흐트러뜨리지 마시고 해와 달처럼 도를 밝히시어 사악한 기운을 걷어내서 방해하지 못하게 하십시오. 도를 강구하는 것이든 정사를 잘 다스리는 것이든 모두 오래 지속하여 중단하지 않으려고 노력하십시오. 그렇게 하면 성군이 나오기를 기다리는 선비[53]나 자신을 쇄신하는 백성이 모두 좋은 정치

---

53   『맹자·진심상』10장. "待文王而後興者, 凡民也. 若夫豪傑之士, 雖無文王猶興."

를 위한 대도人道로 나아갈 뿐만 아니라, 이전의 여러 사특한 무리도 장차 신묘한 덕화에 변화되기 바쁠 것입니다. 어찌 이들이 더러 나와서 감히 우리의 우환거리가 되겠습니까? 『주역』에 "성인이 그 도를 오래도록 행하면 천하에 교화가 이루어진다"[54] 했고, 맹자는 "군자는 강령이 되는 도에 돌아갈 뿐이다. 강령이 바르면 서민이 흥기하고, 서민이 흥기하면 이에 사특한 일이 없어진다"[55]고 했습니다. 총명하신 성상께서 오로지 이 점을 유념하시면 매우 다행이겠습니다.

다섯째, 정치를 재상에게 위임하고 언로를 소통시키는 것입니다. 신이 듣건대, 한 나라의 국체는 한 사람의 몸과 같습니다. 사람의 몸은 머리가 위에 머물러 통솔하여 군림하고, 복심腹心(배와 가슴)이 중앙에서 이어받아 주관하여 운영하고, 이목耳目(귀와 눈)이 두루 통하여 호위하고 알려줍니다. 그런 뒤에 몸이 편안할 수 있습니다. 임금은 한 나라의 머리이고, 대신은 그 복심이며, 대간臺諫은 그 이목입니다. 삼자가 서로 의지하여 서로 이루어주는 것은 나라를 다스림에 실로 바꿀 수 없는 항상된 형세로 천하 고금이 함께 알고 있는 바입니다.

옛날 임금 중에도 대신을 신임하지 않고 대간의 말을 듣지 않은 임금이 있었습니다. 이는 비유하면 사람이 스스로 자신의 복심을 잘라내고 자신의 이목을 막는 것과 같습니다. 머리만으로 사람을 이루는 이치는 본래 없습니다. 더러 대신을 신임하더라도 그 합당한 방법을 따라 하지 않아, 대신을 구할 때 바로잡아 구제하고 보완하여 도울 수 있는 현인을 찾지 않고, 아첨하고 뜻에 순종하는 자만 찾아서 자신의 사욕을 채우고자 도모하는 경우가 있습니다. 이렇게 얻은 인물은 간사하여 정치를 어지럽히는 사람이 아니면 반드시 흉악하게 해치며 권력을 농단하는 자입니다. 임금이 이런 사람으로 사욕을 채우는 복심으로 삼으면, 신하는 이 임금을 사욕을 채

---

54   『주역』 항괘(恒卦).

55   『맹자·진심하』 38장.

우는 우두머리로 삼아 위와 아래가 서로 비호하며 견고하게 결속해서 어느 누구도 사이를 벌어지게 할 수 없습니다. 어쩌다 강직한 선비가 나와 그 칼날과 부딪쳐 맞서면 반드시 귀양을 보내거나 사형시키는 형벌을 가하여 박살 낸 뒤에야 그만둡니다.

이 때문에 충직하고 어진 선비들이 모두 쫓겨나 나라 안이 텅 비고, 임금의 이목이 되는 간관은 모두 집권한 권신의 하수인이 됩니다. 그렇게 되면 이른바 이목은 우두머리 임금의 이목이 아니라, 집권한 권신의 이목이 됩니다. 그럴 때 이목임을 빙자하여 기세를 선동해서 당을 지어 권신의 악행을 조장하고, 복심임을 이용하여 죄악과 재앙을 쌓아, 혼매한 임금의 악행을 양성하면서도 잘난 체하며 각자 바라는 바를 얻었다고 스스로 말합니다. 그러나 머리를 해치는 짐독鴆毒이 복심에서 나오고, 복심을 해치는 독충이 이목에서 시작됨을 알지 못합니다. 이것은 옛날부터 지금까지 똑같이 답습하는 전철로, 앞에서 이미 뒤엎어졌는데 뒤에서 경계할 줄 모르고 서로 이으면서 끝나지 않으니 참으로 통탄스럽습니다.

오늘날 조정의 사안은 이와 다릅니다. 성상의 지혜로운 덕이 만물 가운데 으뜸으로 뛰어나시고, 바른 자리에서 체體에 머물러 한 나라의 으뜸이 되시면서, 복심의 자리와 이목의 관직에 또한 모두 많은 사람 가운데 선발하여 그 책임을 무겁게 해주었습니다. 『주역』에서 "같은 소리가 서로 호응하고, 같은 기가 서로 찾는다. 물은 습한 곳으로 흐르고 불은 건조한 곳으로 전진한다. 구름은 용을 따르고 바람은 호랑이를 따른다"[56]라고 말하지 않았습니까? 위에 훌륭한 임금이 계시니 어진 신하가 없으리라 걱정하지 않습니다.

신은 엎드려 바랍니다. 성상께서는 오직 이 하늘의 밝은 명령만 돌아보며 자신을 공손하게 하여 임금의 자리에 계시면서, 복심을 성심으로 대하

56　이 말은 『주역』 건괘 「문언(文言)」에 나온다.

고 이목이 두루 통달하게 하고 백성에게 중도中道를 세우고 신하에게 황극皇極(통치의 기준)을 세워서 조금의 사의도 그 사이에서 어지럽히지 않게 하십시오. 그러면 재상의 자리에 있는 신하는 반드시 모두가 생각을 개발하고 계책을 건의하고 도리를 논하고 나라를 경영하는 일로 자신의 소임을 삼을 것입니다. 간쟁의 자리에 있는 신하는 면전에서 비판하고 조정에서 간쟁하고 결점을 보충하고 잘못을 바로잡아주는 일로 자신의 직무를 삼지 않는 이가 없을 것입니다. 임금, 재상, 그리고 대간 삼자의 권력이 밝게 통하여 정신을 결집시켜 일체가 될 것입니다. 그렇게 하고도 조정에 선정이 없고 나라에 선치가 없어 한 시대가 융성하고 태평한 시기에 이르지 못하는 것을 신은 들어본 적이 없습니다.

비록 그러하지만, 익益이 순임금을 경계시켜 "우환이 없을 때 경계하고 법도를 잃지 말고 편안할 때 자적自適하지 말고 즐거움에 빠지지 말고, 현재賢才를 등용하여 의심하지 말고 사특邪慝한 자를 제거할 때 주저하지 마시오"라고 했습니다. 임금께서 마음으로 경계하기를 한번 소홀히 하여 편안하고 즐거운 데로 빠지면, 법도의 붕괴가 하루도 걸리지 않아 현재를 끝내 등용하지 못하고 사특한 자를 능히 제거하지 못하게 되는 것은 이치의 형세가 반드시 그렇습니다.

그러므로 잘 다스려지는 태평한 조정도 간혹 불행하게 한번 이런 조짐이 생기면, 대신 가운데 반드시 임금의 악행에 영합하여 권력을 훔치려고 꾀하는 자가 나오고, 소신 중에도 반드시 실세에 아부하여 자신의 이익을 탐하는 자가 나와, 이전의 복심腹心(재상)이 이제 도적으로 변하고 이전의 이목耳目(간관)이 이제 장막으로 변해, 이전에 한 몸이었던 것이 이제 따로 떨어진 남북으로 변합니다. 그리고 쇠퇴하고 어지러워지는 형세와 위태롭고 망하는 일들이 다른 날을 기다리지 않아도 눈앞에 당장 나타납니다.

고요皐陶의 노래에 "임금이 번쇄煩瑣(너저분하고 자질구레하다)하면, 고굉股肱(신임하는 중신)이 나태해지고 모든 일이 무너진다"[57]라고 했습니다. 만사가 무너지는 책임이 임금에 있음을 말한 것입니다. 송나라 왕개王介의 말에 "재상이 궁중의 의향을 받들고, 급사給舍[58]가 재상의 의향을 받들면 조정의 기강이 사라진다"[59]라고 했습니다. 사적인 통로로 운영하는 해로움은 복심이든 이목이든 차이가 없음을 말한 것입니다. 여공필呂公弼이 인종에게 간언한 말에 "간관은 이목이고, 집정執政(재상)은 고굉입니다. 고굉과 이목이 반드시 서로 역할을 발휘할 수 있게 된 뒤에 몸이 편안하고 머리(임금)가 높아집니다"[60]라고 했습니다. 그러므로 신은 재상과 간관이 사적인 통로를 따르지 않고 서로 능히 역할을 발휘하는 것이 최선의 길이라고 생각합니다. 부디 밝으신 임금께서 유의하신다면 참으로 다행이겠습니다.

여섯째, 수신을 진실하게 하여 하늘의 사랑을 받는 일입니다. 신이 듣건대, 동중서가 무제에게 고한 말에 "도리를 그르치는 실정이 나라에 발생하려 하면 하늘이 미리 재해를 내려 경고하고, 반성할 줄 모르면 다시 재이災異(특이한 자연현상)를 내려 경각시키고, 그래도 변할 줄 모를 때 영토를 상실하고 패망하는 사태가 비로소 이릅니다. 이것으로 하늘의 마음은 임금을 사랑하여 나라가 어지러워짐을 막으려 한다는 것을 압니다"[61]라고 했습니다. 참으로 의미 깊은 말입니다. 정녕코 만세 임금의 귀감으로 소홀히 해서는 안 되는 말입니다.

비록 그러하지만, 임금은 여기서 하늘이 자신을 사랑함이 무엇 때문에 그러한지 응당 알고, 또한 자신이 하늘의 마음을 받드는 것이 어떻게 하면 되는지 응당 알아서, 깊이 숙고하고 거듭 강구하여 실제로 하늘의 뜻을 몸

---

57 이 말은 『상서(尙書)』 「익직(益稷)」에 나온다.

58 급사중(給事中), 또는 중서사인(中書舍人)을 지칭하는 말로, 여기서는 간쟁을 담당한 간관(諫官)을 가리킨다.

59 이 말은 『송사(宋史)』 권400 「왕개전(王介傳)」에 나온다.

60 이 말은 『송사』 권311 「여공필전(呂公弼傳)」에 나온다.

61 『전한서』 권56 「동중서전(董仲舒傳)」에 나온다. 동중서가 치국의 책략에 대하여 답변한 「현량대책(賢良對策)」의 일부이다.

소 실행한 뒤에야, 하늘의 사랑을 누리고 임금의 도리를 다할 수 있습니다. 신은 전하를 위해 하늘이 임금을 사랑하는 그 이유를 말씀드리겠습니다. 제가 생각건대, 천지의 큰 덕을 생生(생명을 발현하는 것)이라고 합니다. 무릇 천지간에 생명을 지닌 부류는 각양으로 많은데 움직이거나 땅에 뿌리를 두고 서 있거나 크거나 작거나 모두 하늘이 덮어주고 사랑해주는 바입니다. 하물며 우리 백성은 하늘을 닮아 가장 영명하여 천지의 마음으로 삼는 존재인데 어떠하겠습니까? 그러나 하늘이 이 사랑하는 마음을 가지고 있어도 스스로 시행할 수 없습니다. 반드시 가장 영명한 존재 가운데 나아가 귀신과 인간에 대하여 밝고 선량하고 덕이 부합하는 자에게 더욱 마음을 두어 임금으로 삼아서 인애의 정사를 행하게 합니다. 명령하고 도와주고 사방에서 임금을 총애합니다. 그러고도 혹시라도 게을러져 소홀히 하는 가운데 곤경이 발생할까 염려하여 이때 이른바 재이災異로 경고를 가하는 일이 있습니다.

하늘이 임금에게 반복하여 정성으로 경계하기를 이처럼 하는 것은 다른 이유가 없습니다. 인애의 책무로서 중책을 여기에 맡겼으니, 이쪽에서도 자연히 인애의 정사로 보답하기 위해 항상 마음을 쏟아야 합니다. 임금이 된 이가 하늘이 자신을 사랑함이 이처럼 공연히 그렇게 하지 않는 것임을 정녕 안다면, 임금 노릇 하는 것이 어려움을 반드시 잘 알고, 천명을 따르는 일이 쉽지 않음을 반드시 잘 알고, 높고 높은 위에서 날마다 이곳을 감독하고 있어 한 터럭도 속일 수 없음을 반드시 잘 알 것입니다. 능히 이처럼 알고 있으면, 평소 마음과 몸을 다잡아 단속하여 공경하고 진실하게 해서, 상제로부터 분명히 받은 것에 그 도리를 다하지 않음이 없을 것입니다. 재이의 경고를 만나면, 반드시 허물을 살피고 정사를 정비하여 신중하고 신실하게 해서, 하늘의 뜻을 감동시켜 이르게 하기에 더욱 마음을 다할 수 있을 것입니다. 그러하면 어지러워지기 전에 안정책을 마련하고 위태로워지기 전에 나라를 보위하여, 태평하고 안정된 상태를 지속하고 재난과 패망이 없기를 거의 기대할 수 있을 것입니다. 그러나 하늘의 마음을 모르고 자신의 덕을 조심하지 않는 이는 모든 것을 반대로 합니다. 따라서 상제가 진노하여 재난과 패망을 내리니, 하늘이 그만둘 수 있는 것이 아닙니다. 또한 매우 두려워할 만한 일입니다.

현재 전하께서 임금의 자리에 오른 지 1년이 되었습니다. 무릇 위로 하늘을 공경하고 아래로 백성을 돌보며 덕을 쌓고 국정을 운영하는 사이에, 전하께서 인심에 어긋남을 자초하거나 상제를 섬김에 죄를 지은 일이 있음을 듣지 못했습니다. 그렇지만 천문의 현상이 자주 변하고 시후의 이변이 함께 일어나 조화로운 기운이 호응하지 않아 밀과 보리 농사가 모두 못쓰게 되었습니다. 수재의 참혹함은 전례가 없는 규모이고 강풍과 우박, 황충의 재해 등 온갖 이변이 출현하고 있습니다. 모르겠지만, 하늘은 어떤 부분에서 전하에게 노하여 이렇게 하는 것일까요?

천도가 비록 멀리 떨어져 있다고 하지만 실은 가까이 있습니다. 하늘의 위엄은 지극히 엄하여 가벼이 다루기 어렵습니다. 제가 우매하여 함부로 억측해서 말씀드리지 못합니다만, 혼자 동중서의 말로 추론하건대 이것은 하늘의 마음이 전하를 사랑함이 깊어서 전하를 경계시킴이 지극한 탓입니다. 게다가 이제 전하께서는 하늘의 보살핌을 받아 임금이 되셨으니, 즉위하여 선치를 도모하는 초기, 상喪 중에서 선치의 방법을 생각하는 때가 곧 근본을 바로잡아 시작을 올바르게 할 기회이자 현명하게 처신할 때입니다. 만일 한갓 평온한 총애만 있는 줄 알고 벼락같은 위엄이 있는 줄 모르면, 염려하고 두려워하는 마음은 날로 해이해지고 사특하고 치우친 마음은 갈수록 방자해져서 강둑이 터지듯 할 것입니다. 그러면 또한 어떤 악행인들 이르지 않겠습니까? 그러므로 이미 재해를 출현시켜 경고하고 재이를 출현시켜 경각시키고 두려워하게 한 것이니, 하늘의 마음이 전하를 사랑함이 깊어서 간절하고 밝게 드러났다고 할 만합니다. 모르겠습니다만, 전하께서는 장차 어떻게 수신하여 하늘의 뜻에 부응하고 화란의 싹을 해소하시겠습니까?

옛날 공광孔光[62]은 천도는 걱정할 필요가 없다[63]고 말했고, 왕안석王安石[64]은 자연의 이변은 두려워할 만한 것이 못 된다[65]고 말했습니다. 모두 아첨하고 속이는 말로 당연히 하늘에게 크게 죄를 받았습니다. 동중서와 유향劉向[66]의 무리는 또 어떤 재이는 어떤 잘못에 대한 응답이라고 하면서 또한 지나치게 얽매이고 고루했습니다. 그리하여 간혹 서로 조응하지 않는 경우가 생길 때마다 인군에게 하늘을 두려워하지도 걱정하지도 않는 빌미만 기껏 열어주었을 뿐이니 또한 잘못입니다. 그러므로 신은, 임금은 하늘에게 자식이 부모에 대한 것과 같다고 생각합니다. 부모가 자식에게 노하는 마음이 있을 때, 자식이 염려하고 두려워하며 자신을 닦고 돌아보면서 노한 일이거나 노한 일이 아니거나 따지지 않고 일마다 성심을 다하여 효를 바치면, 부모는 진실한 효에 기뻐하여, 노했던 일도 함께 흔적도 없이 풀어집니다. 그렇지 않고 단지 한가지 일을 특정하여 염려하고 두려워하면서 자신을 닦고 돌아볼 뿐 나머지 일에 대해서는 여전히 마음대로

---

62 기원전 65~기원후 5. 공자의 14대손으로 성제(成帝) 때 박사(博士), 상서령(尙書令)을, 애제(哀帝) 때 승상을, 평제(平帝) 때 태부(太傅)를 역임했다.

63 기원전 2년 일식이 있고 10여일 뒤에 부태후(傅太后)가 사망했다. 애제(哀帝)는 물러나 있는 공광을 다시 기용하여 일식에 대처할 방법을 물었다. 공광은 군주가 정덕(正德, 자신의 덕을 바르게 하는 것)에 힘써야 한다고 답하면서 다음과 같이 말했다. 『상서』「대고(大誥)」에 '하늘은 진실한 말을 돕는다'라고 했습니다. 진실한 도리를 행하면 하늘이 도와줌을 말한 것입니다. 천도를 받들어 순응하는 법은 덕을 높이고 널리 베풀기를 정성을 다해 행하여 날마다 힘쓰는 데 있음을 밝힌 것입니다. 세속에서 복을 구하고 재앙을 쫓는 자잘한 술수들은 하늘에 보응하여 재이를 막고 화란을 해소하고 복을 일으키는 일에 끝내 무익함이 매우 분명하여 의심할 것이 없습니다(天棐諶辭, 言有誠道天輔之也. 明承順天道, 在於崇德博施, 加精致誠, 孳孳而已. 俗之所禳小數, 終無益於應天寒異, 銷禍興福, 較然甚明, 無可疑惑).

64 1021~1086. 자는 개보(介甫), 호는 반산(半山)이다. 북송 신종 시기 신법(新法)으로 불리는 정치 개혁을 주도했고, 문장에서도 당송팔대가에 들었다.

65 이 말은 『송사』 권327 「왕안석전」에 나온다.

66 기원전 77~기원전 6. 중국 전한 말기의 학자이자 관료이다. 본명은 갱생(更生), 자는 자정(子政)이다. 유흠(劉歆)의 아버지다. 『춘추곡량(春秋穀梁)』을 공부했고, 음양휴구론(陰陽休咎論)으로 시정(時政)의 득실을 논하여 외척의 정치 참여를 경계했다.

하면, 효도를 바치는 데 정성을 다하지 않고 거짓으로 하는 것이 됩니다. 어떻게 부모의 노여움을 풀어드려 부모가 기뻐하는 마음을 얻을 수 있겠습니까?

바라건대, 전하께서는 부모를 섬기는 마음을 미루어 하늘을 섬기는 도리를 다하시고, 어떤 일이든 자신을 닦고 돌아보고 어느 때든 염려하고 두려워하십시오. 임금께서 과실이 없더라도 마음을 쓰는 은밀한 사이에 병통은 산처럼 쌓이니 깨끗이 씻어내지 않을 수 없습니다. 궁중에 본래 가법이 있지만, 친인척의 음험한 무리들이 배알하러 모여들 것이니 엄정하게 방비하지 않을 수 없습니다. 전하께서 간언을 수용하실 때 신속하고 순순하게 따르는 훌륭함이 있으시지만, 때로 사적인 이유로 완고하게 거부하시는 점은 응당 고쳐야 합니다. 선을 좋아하심이 미색을 좋아하듯 진실하시지만, 더러 마음에 없이 억지로 요구하는 데 이르기도 하시니 응당 살펴야 합니다. 벼슬과 상을 남발하여 공적이 없는 자가 요행으로 받고 공적이 있는 자가 마음을 떠나게 해서는 안 됩니다. 사면을 자주 하여 악한 자가 사면되고 선한 자가 피해를 입게 해서는 안 됩니다. 절의를 높이고 염치를 권장하여 명교名敎(유교의 가르침)의 수호를 튼튼하게 하는 일을 소홀히 해서는 안 됩니다. 검약을 숭상하고 사치를 금하여 공사 간의 재력을 여유 있게 하는 일을 늦추어서는 안 됩니다. 조종祖宗의 전장에서 오래되어 폐단이 생긴 것은 다소 변통을 가하지 않을 수 없지만, 그러나 본래 좋은 제도와 아름다운 취지까지 변경하여 바꾸면 반드시 큰 환란을 초래할 것입니다.

사대부 가운데 바른 의논을 시기하고 다른 의견을 기피하면서 틈을 엿보아 사단을 일으키는 자에 대해서는 본래 미리부터 제압하지 않을 수 없습니다. 그러나 더러 스스로 현명하고 선한 부류들과 스스로 어긋나 서로 배격하면 반드시 거꾸로 상처를 입을 것입니다. 이전의 법규를 준수하고 상규만 따르는 신하에 전적으로 의지하면 선정을 일으키는 데 지장이 있을 것입니다. 신진기예로 일을 벌이기를 좋아하는 인사들에 치우쳐 임용하면 또한 화란의 단서를 조성하는 데 이르게 됩니다. 서울과 지방의 서리와 노복 들은 공납품을 뜯어먹는 것도 부족하여 창고를 도둑질합니다. 진鎭과 포浦의 장수들은 군졸들을 착취하고도 오히려 부족하여 그 이웃과 친족 들까지 해칩니다. 기근과 흉년이 이미 극에 달했는데 진휼하는 대책이 없으니 온갖 도둑이 크게 일어날까 두렵고, 변방의 방비가 허술하여 남북으로 분쟁이 발생하면 좀도둑이 졸지에 침입해 올까 우려됩니다.

무릇 이런 부류들은 신이 일일이 다 들어서 헤아릴 수 없습니다. 오직 전하께서 하늘이 전하를 사랑함이 이처럼 공연히 그런 것이 아님을 깊이 알아서, 안으로 몸과 마음에서 자신을 돌아보기를 한결같이 경(敬, 전일하게 함)으로 하여 중단함이 없고, 밖으로 국정 운영에서 정비하여 시행하기를 한결같이 성(誠, 진실함)으로 하여 속임이 없어, 하늘과 사람 사이에 처신함에 그 지극한 도리를 행하지 않음이 없기를 앞에서 말씀드린 것처럼 하십시오. 그러하면 수해와 가뭄의 재난이나 하늘이 견책하고 경각시키는 재이가 발생하여도 염려하고 경계하며 수신하고 돌아보는 노력을 가할 수 있고 하늘이 주신 인애의 마음을 받들 수 있어, 신이 말씀드리는 열여섯가지 일들도 또한 점차 해소되고 변화되어 태평한 시대에 이를 것입니다.

혹시라도 그렇게 하지 않아 자신에게 근본을 두지 않고 시운에 맡겨 잘 다스려지기를 바라며, 자신의 덕을 한결같이 견지하지 않고 하늘에 보답을 요구하면서, 평상시 하늘을 공경하고 백성을 진휼할 줄 모르다 재난을 당해도 그저 형식적인 조처로 범범히 대응하면, 신은 염려하건대, 형통함이 다하여 막힘에 이르고 치란이 바뀌어 수백년 태평한 끝에 근심할 만한 국사가 지금의 폐단보다도 장차 날마다 배로 증가하여, 하늘이 전하를 사랑했던 마음도 거꾸로 전하가 스스로 포기하여버리는 결과가 될 것입니다. 『상서』에 "하늘은 친애함이 없다. 잘 공경하는 이를 오직 친애한다. 백성은 고정적으로 그리워함이 없다. 어진 이를 그리워한다. 귀신은 고정적으로 흠향欽饗함이 없다. 능히 진실하는 이를 흠향한다"라고 했습니다. 『시경』에 "하늘의 위엄을 두려워하여 이에 보전한다"라고 했습니다. 오직 밝으신 성상께서 유의하신다면 참으로 다행이겠습니다.

이상 말씀드린 여섯 조목은 모두 세상을 놀라게 하고 사람들의 이목을 번쩍 뜨이게 하는 주장들이 아닙니다. 그러나 실로 인륜의 가르침에 삼가 주의하여 본성의 도리에 근본을 두고, 성현의 가르침을 종지로 삼아 『중용』과 『대학』에서 그 논거를 세우고, 역사서와 전기에서 고증하고 당대의 사실에서 검증하여 작성한 것입니다. 바라건대 전하께서는 비근한 내용이어서 실행하기에 부족하다고 여기지 마시고, 현실에 맞지 않아 행할 필요가 없다고 여기지 마십시오. 먼저 앞의 두 조목으로 근본을 삼아 성학의 공부에 부지런히 면려하십시오. 빨리 이루려거나 반대로 못한다고 미리 단정하지 마시고 최선을 다하십시오. 여기에서 과연 얻는 바가 있으면, 다른 조목의 일도 물론 날이 갈수록 사안을 접할수록 더욱 분명해지고 더욱 충실해질 것입니다. 천리와 의리가 마음에 즐거운 것은 고기가 입에 맛있는 것과 참으로 같고, 우리 인간의 성정은 참으로 요순이 될 수 있습니다. 비근하고 하찮은 일에서 벗어나지 않아도 높고 깊고 원대해서 무궁한 것이 실로 그 가운데 있습니다. 옛사람이 "연원을 탐구하여 다스림의 도리를 내고, 본말에 관통하여 큰 중도〔大中〕를 확립한다"[67]라고 한 말이 애초에 여기에서 벗어나 있지 않습니다. 여기에 이르신 뒤에 비로소 소신의 말이 모두 연원에 근거한 바가 있고 가공의 설을 억지로 지어서 전하를 기만한 것이 아님을 믿으실 것입니다.

그렇지만 신은 이제 학문을 한 것이 너무 늦은데다 병 또한 고질이 되어, 힘써 실천하여 자신의 실질적인 것이 되게 하지 못했기에 전하의 성대한 뜻에 부응할 수 없었습니다.[68] 그리하여 위축되고 부끄럽고 황공하고

---

67 이 말은 『회암집(晦菴集)』 권11 「임오응조봉사(壬午應詔封事)」에 나온다.

68 1567년 6월 선조가 즉위하고, 이황은 거듭 사직서를 올려 8월 예조판서에서 체직되자 곧바

곤혹스러워 감히 조정에 나오지 못했습니다. 이제 성상의 뜻에 부응하기 위해 나오게 된 이상, 또 이들 조목의 소견을 감추고 다른 말로 대신할 수 없었습니다. 전하께서 제가 부족하다고 하여 그 말까지 버리지 않으시고 이들 조목에서 취하신다면, 이제 이 공경대부들은 모두 이 조목의 설을 외워 익히고 그 도리를 펼치는 데 종사하는 이들이니, 위에서 좋아하면 아래에서는 반드시 더 열심히 하는 법입니다. 전하께서 묻기를 좋아하고 비근한 데서 살피시며 남에게 취해서 선을 행하기를 즐기시어 계속해서 덕을 밝게 하는 노력을 날마다 더하신다면, 신하 가운데 누가 감히 마음을 순정하게 하여 성덕을 이루어주고자 돕지 않겠습니까? 그렇게 되면 제가 병들어 시골에 있더라도 날마다 성상을 모시는 것과 어찌 차이가 있겠습니까? 산간에서 늙어 죽어도 또한 모든 생령과 함께 성상의 은택이 흘러 두루 미치는 속에서 함께 젖어들 것입니다. 신은 간절히 바라는 제 지극한 마음을 견딜 수 없어 삼가 죽음을 무릅쓰고 아룁니다.

로 집에 돌아와 있었다. 11월 선조는 관료들의 건의를 수용하여 이황을 자헌대부 지중추부사 동지경연·춘추관사에 임명하고, 조정에 나오라는 교서를 계속 내렸다. 이황은 1568년 세 차례 사직소를 올리고 계속 도산에 머물다가 명종의 소상(小喪)에 맞추어 6월 서울로 올라왔다. 그리고 경연에 참여하여 8월 7일 이 「무진육조소」를 올리고, 12월 16일에 『성학십도』와 차자를 올렸다. 이후 치사(致仕)하겠다는 소를 거듭 올린 끝에 1569년 3월 고향에 돌아왔다.

6장
서원과 향약의 선도

백운동서원의 사액과 서원 제도의 확산을 건의하다: 「심방백에게 올림【통원○기유】」[1]

서원이라는 이름은 고대에는 없었습니다. 과거 남당南唐[2]의 시대에 이발李渤[3]이 은거했던 여산廬山의 백록동白鹿洞에 학교를 세우고 선생과 학생을 두어 교육했는데, 이 학교를 국상國庠이라고 불렀습니다. 이것이 서원이 시작된 유래입니다. 송나라에서 이어받았는데 중엽에도 아직 성행하지는 않아 천하에 네곳의 서원이 있었습니다. 남송 이후 전쟁으로 혼란한 시기에도 민閩(복건), 절浙(절강), 호湖(호북), 상湘(호남) 지역에 유학이 왕성하게 발흥하여 선비들의 강학이 날로 성행해서 서로 본받아가며 곳곳에 서원이 증설되었습니다. 오랑캐 원이 중원을 훔쳐 웅거했지만 가장 먼저 태극서

---

1   「上沈方伯【通源○己酉】」. 1549년(명종 4, 49세) 12월. 『퇴계집』 권9; 『정본』 5, 7~13면.

2   937~975. 5대10국 가운데 한 나라.

3   773~831. 자는 예지(濬之), 호는 백록선생(白鹿先生)이다. 당 덕종(德宗) 때 형 이섭(李涉)과 함께 여산의 백록동에 은거했다가, 여러 관직을 역임했다. 지상(智常) 선사와 교류가 깊었다고 전한다.

원太極書院을 세워서 천하를 창도할 줄 알았습니다. 우리 명조 시기에 이르러 문교의 교화가 크게 일어나 학교 제도가 더욱 정비되었습니다. 오늘날 『명일통지』에 기재된 것만 살펴보아도 중국의 서원이 전체 300여곳이 됩니다. 기재되지 않은 곳 또한 많으리라 생각됩니다.

왕궁과 서울에서부터 여러 군현에 이르기까지 학교가 없는 곳이 없었는데, 서원에서 무엇을 취하길래 중국은 저렇게 숭상했겠습니까? 은거하여 자신의 뜻을 추구하는 선비와 도를 강마하며 성학을 익히는 이들은 거의 다 세상의 시끄러운 경쟁에 염증을 냅니다. 이들은 전적典籍을 짊어지고 한가한 평야나 조용한 물가로 도망가 선왕의 도를 노래하고, 차분히 천하의 의리를 열람하면서 덕을 기르고 어진 마음을 순수하게 하는 것, 이것으로 즐거움을 삼고자 합니다. 따라서 즐거이 서원에 나갑니다. 국학과 향교가 조정과 시장이 있는 도성 안에 있어 한쪽으로는 학교의 규정에 구애를 받고 한쪽으로는 도가 아닌 다른 것에 마음이 빼앗기는 것에 비하면, 그 공부 효과를 어떻게 같이 말할 수 있겠습니까? 그런 점에서 말씀드리면, 선비의 공부만 서원에서 힘을 얻는 것이 아니라, 나라에서 인재를 얻는 것 역시 반드시 서원일 것이고, 학교와 향교보다 더 나을 것입니다.

옛날 명철한 임금들도 그 점을 알았습니다. 따라서 송태종은 강주江州의 태수 주술周述의 요청에 따라 백록동서원에 구경九經을 역마 편에 보내주었고 또 그 서원의 원장 명기明起를 발탁하여 등용했습니다. 그 뒤 직사관直史館 손면孫冕이 병으로 사직하면서 백록동서원의 원장이 되어 돌아가길 원하자 그 청을 들어주었습니다. 이종理宗은 유학을 숭상하여 고정서원考亭書院 같은 곳에 모두 편액을 하사하여 아껴주고 영예롭게 해주었습니다.[4] 이것으로 보건대, 중국에서 선비의 기풍이 뛰어난 것은 선비들 자체가 뛰어난 것일 뿐만 아니라 나라에서 양성한 바에 따른 결과입니다.

---

4 이상의 내용들은 『회암집』 권99 「백록동첩(白鹿洞牒)」에 나와 있다.

우리나라의 교육 방법은 모두 중국의 제도를 따랐습니다. 그리하여 서울에는 성균관과 사학四學이 있고 지방에는 향교가 있으니 잘 갖추어졌다고 할 만합니다. 그러나 서원의 설치에 대해서는 이전에 들어보지 못했습니다. 이것은 우리나라의 한가지 큰 결함입니다. 주세붕 군수가 서원을 처음 세웠을 때 세속에서는 자못 의아스럽고 괴이하게 여겼습니다. 그러나 주 군수는 뜻을 더욱 독실하게 가져 대중에게 비웃음당하는 것을 무릅쓰고 여러 비방을 물리치며 이전에 없던 성대한 일을 이룩했습니다. 아, 하늘이 아마도 이를 계기로 우리나라에서 서원의 교육을 흥기시켜 중국과 나란할 수 있게 하려는 뜻이겠습니다. 그렇지만 제가 생각하건대, 교육은 반드시 위에서 시작하여 아래에 이릅니다. 그런 뒤에 교육은 근본을 가져서 멀리 이를 수 있고 오래 지속할 수 있습니다. 그렇게 하지 않으면, 근원이 없는 물이 아침에 가득 찼다가도 저녁이면 없어지는 것과 같습니다. 어떻게 오래 지속할 수 있겠습니까? 위에서 인도하면 아래에서 반드시 따르고, 한분 임금이 높이면 온 나라가 사모합니다.

 이제 주 군수가 시작한 일이 진실로 위대하고 안공安公(안현)이 성사시킨 것[5] 또한 매우 완벽하지만, 이것은 한 군수와 한 방백方伯이 한 일입니다. 일은 왕명을 거치지 않았고, 이름은 국사國史에 오르지 않았습니다. 따라서 사방의 여론을 추동하고 대중의 의혹을 진정시켜, 나라 전체가 본받게 하여 오래오래 전해지게 할 수는 없을 듯합니다. 제가 풍기군에 부임한 이래 서원 한가지 일에 대해서는 마음을 다하고 싶지 않은 적이 없었습니다. 그러나 졸렬하고 무능한데다 파리해지는 병까지 겹쳐, 분발시키고 고무시켜서 많은 훌륭한 선비들을 권면하는 일을 전혀 하지 못했습니다. 기풍은 날로 쇠퇴하고 학생들은 점점 게을러져 흩어지니, 예전 현인이 이학의 전통을 일으켰던 곳에 우리나라 사람이 처음 서원을 세워 보여준 아름다운

---

5   1543년 주세붕이 풍기군수로 재직하면서 백운동서원을 세운 뒤, 안현(安玹, 1501~1560)이 경상도 관찰사로 재직할 때 서원에 노비와 어염을 제공했던 일을 말한다.

일이 결국 쇠락하여 추락할까 크게 두렵습니다. 망령스럽게도 조정에 말씀드려 청해서 혹시라도 재가를 받기를 바랐지만, 지역이 멀고 제 말이 미천한 탓에 두렵고 염려스러워 감히 말씀드리지 못했습니다.

삼가 생각건대, 합하閣下(상대를 높이는 말)께서 왕명을 두루 알리고 직책을 맡아 교화를 펼치는 일을 높이 받들어 수행하고 있습니다. 따라서 무릇 한 면의 이해에 관계되는 일이어도 또한 임금께 진달해야 할 것입니다. 하물며 성세聖世의 큰 계획과 관련된 이 일이야 어떻겠습니까? 문득 합하께서 나무꾼에게 묻는 것을 옳지 않다고 여기지 않아, 그 말을 취해 적절히 정정하고 이어 임금께 진달하신다면, 송나라 때 고사에 따라 서적과 편액을 내려주고 아울러 토지와 노비를 주어 그 재력을 넉넉하게 하기를, 그리고 또 감사와 군수에게 다만 육성방안과 재정에 필요한 것을 살펴보게 하고 지나친 명령이나 번거로운 조치로 속박하지 말게 하기를 요청하고 싶습니다.

군수로서 황黌처럼 용렬하고 병에 시달리는 자에 대해서는 합하께서 직무를 비우고 감당하지 못한 죄를 신속하게 지적하여 명확히 면직시키고, 조정에 요청하여 선비들 가운데 덕망과 지식, 절의節義와 풍의風義에서 사림士林의 모범이 될 만한 이를 따로 선별해서 군수로 임명하고 그 직임을 책려해야 합니다. 그렇게 하면, 서원은 한 읍邑이나 한 도道의 학문에 머물지 않고 한 나라의 학문으로 될 수 있을 것입니다. 그렇게 하면, 교화가 위의 임금으로부터 나와서 선비들이 즐거이 모여들고, 서원의 학문은 영원히 전하여 무너지지 않을 수 있을 것입니다. 그렇게 되면, 사방에서 흠모하고 다투어 본받아 선정先正의 자취가 향기를 발하는 곳, 가령 최충崔沖, 우탁禹倬, 정몽주鄭夢周, 길재吉再, 김종직金宗直, 김굉필金宏弼 등이 살았던 곳에 서원을 세우지 않을 리 없습니다. 국가의 명으로 세워지기도 하고 개별적으로 세워져서 학문에 전념하는 곳이 되어 인문을 높이는 국가의 교화와 교육을 즐거워하는 밝은 시대의 성대함을 크게 드날릴 것입니다. 그렇게 되면, 우리나라의 문교文敎가 크게 밝아져 추노鄒魯, 민월閩越[6]과 나란히 그 훌륭함을 칭송할 수 있게 됨을 볼 것입니다.

제가 보건대, 오늘날의 국학은 진실로 현철한 선비를 배출하는 관문입니다. 그러나 군현의 학교는 한갓 시문을 짓는 도구를 갖추고 있을 뿐, 교육의 방책이 크게 무너져 선비들은 향교에서 공부하는 것을 도리어 수치로 여기고 있습니다. 그 피폐함이 극에 달했지만 구할 방도가 없으니 한심한 일입니다. 다만 서원의 교육이 오늘날 흥성한다면 교육정책의 폐단을 구제할 수 있을 것입니다. 학생들은 돌아가 의지할 곳을 갖게 되어 선비의 기풍도 따라서 크게 변하고 습속도 날로 좋아져 왕도王道의 교화를 이룰 수 있을 것이니, 성조聖朝의 정치에 기여하는 바가 적지 않을 것입니다. 하찮은 저의 정성이 위로 미칠 수 있다면, 병들어 산골에 물러나 죽더라도 여한이 없을 것입니다. 미천한 소원을 참지 못하여 죽을죄를 무릅쓰고 글을 올려 아룁니다.

제가 전례를 살펴보건대, 무릇 서원에서는 반드시 동주洞主 또는 산장山長[7]을 스승으로 삼아 교육을 관장하게 합니다. 이것은 하나의 중대한 사안이라 우선적으로 시행해야 합니다. 다만 은거한 선비나 한직에 있는 관원 가운데 선발하는데, 재주와 덕망이 일반 사람보다 뛰어나게 우수하여 우뚝하게 한 시대의 사표가 되는 이라야 될 것입니다. 만일 합당한 인물을 얻지 못하여 한갓 동주의 칭호만 훔치게 된다면, 지금 교수敎授나 훈도訓導로서 직임을 감당하지 못한 이들과 차이가 없어, 뜻 있는 선비들은 실망하여 떠나고 서원의 학문에 도리어 해만 될 것으로 염려됩니다. 따라서 지금 함부로 이 사안을 함께 요청하지 못하겠습니다. 이것에 대해서는 합하께서 인물의 적합성 여부를 재량하고, 조정에서 가부를 판단하여 정하는 것을

---

6   추(鄒)는 맹자가 태어난 지역이고, 노(魯)는 공자가 태어난 지역이다. 민월(閩越)은 주자가 태어난 지역이다.

7   서원의 원장을 가리킨다.

어떻게 하느냐에 달려 있습니다. 황滉은 또한 두번 절하고 올립니다.

조선시대 서원 학규의 전형: 「이산서원 학규」[8]

1. 원생의 독서는 사서와 오경을 근본으로 삼고 『소학』과 『가례』를 입문서로 삼아, 나라에서 인재를 양성하는 방안을 따르고 성현의 친절한 가르침을 지킨다. 원생은 모든 선이 자신에게 본래부터 갖추어져 있음을 알고 옛 도가 오늘날 실천할 수 있음을 믿으면서, 몸소 실천하고 마음에 얻는 공부와 원리를 밝히고 실용에 부합하는 학문을 힘써 행한다. 역사서와 제자서 및 문집, 문장과 과거시험 공부도 널리 통달하도록 아울러 힘쓰지 않으면 안 된다. 그러나 안과 밖, 근본과 말단, 중시할 것과 가볍게 할 것, 먼저할 것과 천천히 할 것의 순서를 알아 항상 스스로 분발해서 퇴보하지 않게해야 한다. 나머지 속이고 괴이하고 음란한 서적은 서원에 들여와 가까이하여 도를 어지럽히고 뜻을 미혹시켜서는 일체 안 된다.

1. 원생 가운데 뜻을 확고하게 세우고 지향을 바르고 곧게 하며, 사업은원대한 성취를 이루고자 기약하고 행실은 도의를 귀착처로 삼는 학생은학문을 잘하는 것이다. 마음가짐이 비루하고 선택할 때 유혹에 이끌리며,지식은 저속한 데서 벗어나지 못하고 생각이 오로지 이욕에 가 있는 학생은 학문을 잘못하는 것이다. 만일 품행이 상도에서 어긋나고 예법을 멸시하며, 성현을 업신여기고 근본 도리를 위반하며, 추악한 말을 하여 부모를욕되게 하고 무리를 손상시키며 법도에 따르지 않는 학생이 있으면 서원사람들이 함께 논의하여 내쫓는다.

1. 원생은 항상 각자의 숙소에서 조용히 머물며 독서에 전념해야 한다.의리를 강구하고 토론하는 일이 아니면, 남의 숙소에 공연히 들려 한담으

---

8   「伊山院規」. 1559년(명종 14, 59세) 8월. 『퇴계집』 권41; 『정본』 14, 60~62면.

로 시간을 허비하면서 자신과 상대 모두 생각을 허황하게 하고 학업을 폐하는 것을 초래해서는 안 된다.

1. 이유 없이 또 알리지 않고 서원을 빈번하게 드나드는 일은 일체 없어야 한다. 무릇 복장과 기거, 그리고 언행에서 각자 절차탁마하면서 서로 상대의 장점을 보며 향상하는 데 힘써야 한다.

1. 성균관 명륜당에는 이천伊川 선생의 「사물잠四勿箴」,[9] 회암晦庵 선생의 「백록동규白鹿洞規」 10조목,[10] 진무경陳茂卿의 「숙흥야매잠夙興夜寐箴」[11]을 써서 붙여놓았다. 그 의도가 매우 좋다. 서원에서도 이 글들을 벽에 붙여놓고 서로 경계해야 한다.

1. 서적은 서원 밖으로 반출할 수 없고, 여색은 서원 안으로 들일 수 없다. 술을 빚을 수 없고, 형벌을 사용할 수 없다. 서적은 반출되면 잃어버리기 쉽고, 여색은 들이면 오염시키기 쉽다. 술을 빚는 것은 학문하는 곳에서 할 일이 아니다. 형벌은 유자儒者의 일이 아니다.【형벌은 원생 또는 유사有司가 사적인 분노로 바깥사람을 때리는 등의 일을 말한다. 이런 일은 단서를 결코 열어놓으면 안 된다. 서원에 속한 사람이 죄를 지은 경우, 온전히 벌을 면해주어서는 안 된다. 작은 죄는 유사가 벌을 주고, 큰 죄는 상유사上有司와 같이 상의하여 벌을 정한다.】

1. 서원의 유사有司는 근처에 사는 청렴하고 일을 잘 주관하는 관원 2인으로 임명한다. 또한 유학을 하는 선비 가운데 사리를 알고 도의를 실천하여 대중이 존경하고 따르는 사람 1인을 택하여 상유사上有司로 삼는다. 유

---

9   이천은 정이(程頤)의 호이다. 『논어』 「안연」에 공자가 제자 안회에게 극기복례의 지침으로 예에 맞지 않으면 보지도 듣지도 말하지도 행하지도 말라고 권고했던 에피소드가 나온다. 「사물잠」은 정이가 공자의 말에 의거하여 지은 「시잠(視箴)」 「청잠(聽箴)」 「언잠(言箴)」 「동잠(動箴)」을 가리킨다.

10   회암은 주희의 호이다. 「백록동규」는 주희가 1180년 백록동서원을 재건하고 제정한 학규(學規, 교육지침)이다.

11   무경은 진백(陳栢)의 자이다. 호는 남당(南塘)이다. 「숙흥야매잠」은 기상에서 취침까지 하루의 일과에 따라 견지해야 하는 자세를 제시한 글이다.

사와 상유사 모두 2년마다 교체한다.

1. 원생과 유사는 예를 갖추어 서로 응접하고 공경과 신의로 서로 대하도록 힘쓴다.

1. 서원에 소속된 사람들에 대하여 빠짐없이 구휼한다. 유사와 원생은 항상 아랫사람을 아끼고 보호해야 한다. 서원과 숙소의 일 이외에 누구도 사적으로 일을 시키지 말아야 하고, 사적인 분노로 벌주지 말아야 한다.

1. 서원을 세워 선비를 양성함은 나라에서 문교를 숭상하고 학문을 진흥하여 인재를 진작시키려는 뜻을 받들어 행하는 것이다. 누구인들 마음을 다 쏟지 않겠는가? 이후 현에 부임하는 이가 서원의 일에 대하여 반드시 그 규모를 늘려주는 일은 있어도 그 규약을 줄이는 일이 없다면 유교를 위해 어찌 매우 다행한 일이 아니겠는가?

1. 아동은 수업을 받거나 부름을 받은 경우가 아니면 입덕문入德門[12] 안으로 들어가지 못한다.

1. 임시 학생은 관례冠禮(성인례) 여부를 따지지 않으며 정해진 수가 없다. 재목을 이루면 원생으로 승격시킨다.

예안에 동학들과 우탁禹倬을 향사하는 서원을 세우니, 서원은 선비가 소인이 아닌 군자로서 유자가 되는 곳이다: 「역동서원기」(1568)[13]

서원의 제도가 근래 우리나라에서도 시작되었는데 영남 지역에서 건립된 서원이 여러 도와 여러 읍에 비해서 설립 시기가 가장 이르고 수도 가장 많다. 무릇 선현이 자취를 남기고 영향을 준 곳마다, 서로 사모하고 경

---

12   아동기에 『소학』을 공부하고 성년이 되면 『대학』부터 공부하는데, 『대학』을 덕에 들어가는 문이라고 말한다. 입덕문 안으로 들어오지 않게 함은 아동을 성인 학생의 영역에 들이지 않는 것을 뜻한다.

13   「易東書院記」, 1568년(선조 1, 68세) 4월 16일. 『퇴계집』 권42; 『정본』 15, 57~61면.

쟁적으로 본받아 건립하지 않는 곳이 없다. 덕을 숭모하여 현인을 표창하고 즐거이 인재를 기르는 일은 인심이 본래 하나같이 원하는 것이요 왕정이 의당 장려해야 할 일이다.

우리 예안현은 지역이 외지고 작지만 산천이 수려하고 인물이 많아, 아주 예전부터 학문과 학자의 고장으로 일컬어졌다. 향교 외에 산수에 따라 한적한 곳에다 유학의 강관을 건립하여 도를 강학하고 학문을 익힘이 어찌 없어서 되겠는가? 더구나 고려조에 좨주를 지낸 우탁禹倬(1263~1342) 선생이 만년에 은거한 곳이 실로 이 지역으로, 오늘날에 이르기까지 그 자손이 여전히 남아 있다. 사서의 기록을 상고하면, 선생의 충직하고 의로운 절개는 천지에 진동하여 산악을 움직이기에 충분하고, 경학에 밝고 출처가 바른 것이 다른 사람보다 크게 뛰어났다. 따라서 후학의 사표가 되어 영구히 사당에서 제사를 받을 만한 분은 선생이 아니고 누구이겠는가? 그러므로 예안의 평소 여론은 오래전부터 사당과 서원의 건립에 뜻이 있었지만, 단지 재력이 미치지 못해 추진하기를 어려워했다.

가정嘉靖 계해년(1563), 포산苞山 곽황郭𧺝(1530~1569)이 예안에 군수로 부임하여 청렴하고 검소하며 명철하고 관대함으로 다스리자 몇 년 안 되어 읍 전체가 크게 안정되었고, 관이나 민간이나 여유가 있었다. 이때 생원 김부필金富弼(?~?), 조목趙穆(1524~1606), 금응협琴應夾(1526~1596), 금난수琴蘭秀(1530~1604)가 대중과 상의하여 "우리 지역에 사당과 서원을 건립하지 않으면 그만이지만, 건립한다면 지금이 적기로 때를 놓쳐서는 안 됩니다"라고 했다. 그러고 나서 같은 말로 군수에게 건의했다. 군수는 즐겁게 그들과 함께 계획하고 조치해서 제반 소요 비용과 인원을 전담 또는 보조하기로 하는 등 일이 성사될 수 있도록 기약했다. 이들은 돌아와 지역의 어른 및 선비 들과 마음을 모아 상의해서 각자 차등 있게 재력을 출연하고, 현의 동북쪽에 선생의 고택에서 10여 리 떨어진 곳에 터를 마련했다. 강은 오담鼇潭으로 실로 낙동강 상류이니, 태백산에서 발원하여 청량산을 거쳐 남쪽으로 흐르다 이곳에 이르러 소를 이루었다. 산은 동병東屛(영지산 동쪽 자락)에서 나와 구불구불 서쪽으로 벋어 이어지다 오담에 임하여 멈추었다. 이에 구릉이 있어 산에 의지하여 강을 굽어보는데, 깊고 넓으면서도 크고 평활하여 자연히 형세를 이루었다. 멀리 또는 가까이 산봉우리와 강물이 감싸듯 둘러싸고 고리처럼 띠를 두르고 있어 터를 점치니 이곳을 대신할 만한 곳이 없었다.

정묘년(1567) 2월에 공사를 시작하여 가을에 사당과 서원의 강당을 순차적으로 완공했다. 모든 사람의 의중이 나에게 맡겨 건물 명칭을 짓게 하려하기에, 감히 분수에 어긋지만 내가 요청하여 사당은 상현사尙賢祠, 본 강당은 명교당明敎堂, 좌우의 곁방은 정일실精一室과 직방실直方室, 동쪽과 서쪽의 기숙사는 사물재四勿齋와 삼성재三省齋, 대문은 입도문入道門이라고 명명하고 전체를 역동서원易東書院이라는 명칭으로 총괄했다. 이때 군수가 환수해야 하는 사원전과 다른 전지 몇 결, 양인과 노비 몇 명을 서원에 소속시키고, 베와 곡식을 많이 내어 주고 떠나갔다. 미처 마치지 못한 공사는 또한 현재 재임하고 있는 동래 정유일鄭惟一(1533~1576) 군수와 밀양 박계현朴啓賢(1524~1580) 감사의 정성스런 지원을 받았고, 지역의 선비 가운데 전지를 자원하여 출연한 이가 김부필 이하 또 7명이 있었다.

아, 우리 지역의 재력과 서원의 건립 비용을 생각할 때, 곽황 군수의 선정과 향인의 미풍에다 현재 군수와 감사의 지원이 이어지지 않았다면, 어떻게 중간에 좌절됨이 없이 이 일을 해낼 수 있었겠는가! 그러나 사당을 건립하고 학관을 개설하는 것은 그 근본 취지와 실제 행하는 일이 참으로 우연하지 않다. 모르겠지만, 우리 지역 인사와 멀리 또는 가까이에서 와서 유숙하는 이가 무엇을 닦고 힘써야 이곳에 욕되게 함이 없을 수 있겠는가?

일찍이 생각해보니 좨주 우탁 선생께서 태어나신 것은 고려 말엽으로 당시는 오랑캐 원이 천명을 장악하여 상하사방이 어둡고 막혀서 천하가 무도한 것이 극에 달한 때였다. 위로 이정과 주자의 시대로부터 또한 일이

백년 뒤로 그 서적이 처음 우리나라에 들어왔으니, 비유하면 음이 쌓인 끝에 양의 덕이 일어나 장차 형통하려는 때로, 밝히고 드러내 알려서 그 도가 세상에 크게 행해지게 할 책임이 우리 유자의 무리에 있었다. 그러나 역사에 보이는 이로 겨우 백이정白頤正(1247~1323) 등 몇 분만이 있었고, 그 행한 일도 그저 있었다고만 언급될 뿐이어서 지리멸렬했음을 알 수 있다. 그런데 우탁 선생에 대해서는 사서[14]에 "선생은 경전과 역사에 통달했고, 역학에 더욱 조예가 깊었다. 정이의 『역전易傳』이 처음 들어왔을 때 내용을 알 수 있는 이가 없었는데, 선생이 두문불출 연구하여 그 뜻을 알아냈고 학생들에게 가르쳤으니 의리의 학문이 처음 행해졌다"라고 했다. 따라서 선생의 학문은 세상에서 익히던 비루한 내용에서 벗어나 이정이 남긴 뜻에서 발분한 바가 있다. 경전과 역사에 통달했다고 하고 의리의 학문이 행해졌다고 했으니, 정이의 『역전』을 이어서 여러 경전에 통달하여 학업을 넓히고 힘써 노력했음을 또한 알 수 있다. 『주역』은 우리 유교 학문의 근원이고, 정씨의 『역전』은 선유가 밝히지 못한 것을 밝혔다. 선생은 『역전』이 처음 우리나라에 들어왔을 때 뜻을 알아냈고, 이 예안에서 강의했다. 그 자취가 민멸하여 전하는 것이 없다고 해서 그 뜻을 밝혀 계승하지 않을 수 있겠는가? 이것이 역동易東이라는 명칭으로 서원의 이름을 표방한 이유이다. 우리 후학이 응당 힘써야 할 바이다.

그러나 학문에는 또한 여러 길이 있어도 끝에 이르러 하나로 일치한다. 그러므로 오륜을 밝히는 것에서 요와 순 그리고 하은주 삼대가 동일했다. 정밀하게 살피고 전일하게 하여 중도를 견지하는 것은 순과 우가 전했던 심법이다. 경敬으로 안을 곧게 하고 의義로 밖을 바르게 하는 것은 주공과 공자가 『주역』에서 체인했던 학문이다. 사물四勿[15]과 삼성三省[16]은 안씨와

---

14 『고려사절요』 무신(戊申) 34년(1308) 10월 기유일 조목 기사를 가리킨다.

15 『논어』 「안연」에 나온다. 안연이 공자에게 인을 실천하는 지침을 요청하자, 공자는 보고, 듣고, 말하고, 행동하는 네가지에서 예에 맞지 않으면 보지 말고, 듣지 말고, 말하지 말고, 행동

증씨가 인을 실천했던 노력이자 도에 들어갔던 실제적 방법이었다. 도의 큰 근원은 하늘에서 나와 사람의 마음에 갖추어져 있으니, 지혜로운 사람이라고 해서 더 많지도, 어리석은 사람이라고 해서 더 적지도 않다. 성현의 말씀으로 사람들에게 가르치고 문헌에 남겨진 것들이 예전에는 처음 들어온 상황이었지만, 지금은 모두 갖추어졌다. 사람들의 병통은 찾아서 공부하지 않는 것이니, 찾아서 공부하면 모를 이치가 없다. 사람들의 병통은 실천하지 않는 것이니 실천하면 모두 실행할 수 있는 도리이다. 자르고 쪼는 것으로부터 시작하여 갈고 연마하는 데로 향상하고, 입문하는 데에서 시작하여 높은 수준을 이해하는 데 이르고, 혼자 기뻐하는 데에서 시작하여 함께 즐거워하는 데에 이르고, 단비에 감화되는 데에서 시작하여 쑥이 자라듯 크게 성장하는 데 이르면서, 위의威儀를 갖추어 서원에서 어울려 지내고 부지런히 성취하여, 안에서는 인의를 가슴에 품고 나가서는 임금을 높이고 백성을 보호한다면, 이른바 근본 취지와 실제로 행하는 일을 여기에서 말할 수 있을 것이다.

그러나 더러 불행하게도 이런 방향으로 나아가지 않을 경우, 처신하는 것이 용렬하고 사모하는 것이 비루한 말단이어서, 좋은 학문을 물리치고 남에게 즐겨 양보하면서 엉뚱한 책을 기웃거리며 쓸모없는 지식이나 쌓기를 좋아하고, 암송하는 데만 힘쓰고 문장의 조탁에 공들이며, 허겁지겁 서둘러 과거 시험을 준비해서 이록利祿을 도모한다. 그렇게 하여 뜻을 얻으면 성명性命의 올바른 길을 무너뜨려 부귀를 탐하고, 그 도모했던 뜻을 잃으면 지켜야 할 예의를 내던지고 빈천한 신세를 증오한다. 그 결과, 그 사람으로 말하면 출사하든 물러나 있든 모두 발을 헛디뎌 넘어지고, 그 서원

하지 말라고 조언했다.

16　『논어』「학이」에 나온다. 증삼은 남을 위해 일을 도모할 때 진실하지 않았는지, 친구와 교제할 때 신실하지 않았는지, 전해온 것을 익히지 않았는지, 날마다 세가지로 자신을 되돌아보았다.

으로 말하면 근본 취지와 실제의 일을 모두 잃게 된다. 이것은 지극히 수치스럽고 심히 두려워할 만한 일이 아니겠는가?

공자는 자하子夏에게 "너는 군자로서의 유자가 되고 소인배로서의 유자가 되지 말라"고 했다. 군자의 유자는 자신의 덕을 이루기 위해 노력하니, 앞에서 말한 바가 이에 해당한다. 소인배의 유자는 남에게 보이기 위해 노력하니 뒤에서 말한 바가 그에 해당한다. 자하 같은 현인에게도 공자는 오히려 이런 경계를 했다. 나머지 사람들이야 응당 어떻게 해야 하겠는가? 그러므로 맹자는 "기술은 신중하지 않을 수 없다"라고 했다. 무릇 서원에 들어오는 우리 선비들은 군자로서의 유자가 되고자 하는가, 소인배로서의 유자가 되고자 하는가. 여기에서 그 택할 바를 안다면, 잘못되는 길에서 면할 수 있을 것이다. 서원의 이름이 정해지자 여러 사람이 또 나에게 기문記文(기념하는 글)을 요구했다. 비록 늙고 병들었지만, 같은 지역 사람으로 성대한 일을 목도할 기회를 가졌으니 구차히 사양하고 싶지 않아 대강의 내용을 이상과 같이 간단히 밝힌다. 나머지 다른 사정들은 조군조목의 기록에서 상세하게 밝혀놓았다.

융경隆慶 2년 무진년(1568) 4월 16일 진성 이황이 쓴다.

이현보의 유지를 받들어 수립한 예안향약: 「향에서 제정한 향약 조목의 서문」【향약 조목을 부가함】[17]

옛날 향대부鄕大夫의 직무는 덕행과 학문으로 지도하여 따르지 않는 사람을 형벌로 바로잡는 일이었다. 사士(벼슬하지 않는 선비)도 또한 집에서 수신하여 향당에서 드러난 이후에 국가에 인재로 선발될 수 있었다. 그렇게 한 것은 무슨 이유일까? 효제孝弟(친애하고 공경함)와 충신忠信(충직하고 신의가

---

17   「鄕立約條序」【附約條】. 1556년(명종 11, 56세) 12월. 『퇴계집』 권42; 『정본』 15, 13~17면.

있음)은 인도의 큰 근본이고, 집과 향당은 실로 그 도리를 실천하는 공간이다. 선왕의 교육은 이 효제와 충신을 중시했다. 따라서 법제로 제정한 것이 그와 같았다. 후세에 이르러 그 법제는 비록 없어졌지만, 인륜의 기본 준칙은 본래 그대로이다. 옛날과 현대의 시대 사정을 참작하여 권장하고 경계하지 않을 수 있겠는가?

오늘날 유향소留鄕所는 옛날 향대부 제도의 취지가 남은 기구이다. 그 직임에 합당한 사람을 얻으면 향당 전체가 공경하여 엄전해지지만, 합당한 사람을 얻지 못하면 향당 전체가 인심이 이반하여 흩어진다. 더군다나 시골 풍속은 조정의 교화에서 멀리 떨어져 있어, 좋아하는 자와 싫어하는 자가 서로 공격하고 강자와 약자가 서로 충돌하면 효제와 충신의 도리가 더러 막혀서 행해지지 않기도 한다. 그러면 예의를 팽개치고 염치를 내던지는 행태가 날로 심해지고, 점점 타락하여 이적과 금수로 돌아간다. 이것이 실로 왕정의 큰 걱정거리이다. 그 바로잡는 책임이 곧 유향소에 있으니, 아, 책임이 또한 무겁다.

우리 향은 위치가 구석지고 규모도 작지만, 본래 학문과 선비의 향으로 이름이 있었다. 유교를 공부한 선배들이 연속으로 나와 왕조를 보필함이 앞뒤로 계속 이어졌고, 사람들은 윗사람의 풍도를 본받아 감발하고 변화하여 향당의 기풍이 가장 아름다웠다. 근년 이래로 역운이 좋지 않은 때를 만나 존경받았던 여러 공들이 잇달아 서거했지만, 오래된 가문의 유풍이 여전히 남아 있고 문장과 대의가 성대하다. 이런 기풍으로 서로 이끌어 좋은 나라를 만들어간다면 안 될 것이 어디 있겠는가? 그런데 어째서 인심이 한결같지 못하고 습속이 점점 나빠져, 고결한 덕행은 들리는 것이 드물고 화란을 부르는 일만 간간히 발생하는가? 이 상황에서 미리 막지 못하면 끝내는 못하는 짓이 없는 지경에 빠지고 말 것이다.

고인이 되신 숭정대부 지중추부사 농암 이현보[18] 선생께서 이런 변화를 걱정하시어, 일찍이 향약 조목을 제정해서 풍속을 가다듬으려고 몇 번 시도했으나 제정하지 못했다. 이제 농암 선생의 자제들이 고을에서 거상 중이고 나 또한 병으로 집에 와 머물자, 향의 어른들이 모두 우리 몇 사람을 시켜 선생의 유지를 완수하고 싶어 했다. 지극정성으로 책임을 맡기니 사양해도 소용이 없었다. 그래서 함께 상의하여 기본 조목을 아래와 같이 제시하고, 다시 향당 사람들에게 두루 보여서 가부를 자세히 살피게 한 뒤에 확정했다. 거의 오래오래 실행해도 폐단이 없기를 기약했다고 하겠다.

어떤 사람은 교화의 항목을 먼저 세우지 않고 처벌 조항만 사용하는 것이 아니냐고 의심한다. 그 말은 물론 맞다. 그러나 효제와 충신은 타고난 인륜의 본성에 기반한다. 거기에 더하여 나라에서 학교를 세워 교육할 때, 그 내용이 효제와 충신을 권장하고 인도하는 방책이 아닌 것이 없는데, 우리가 따로 조목을 세울 필요가 어디 있겠는가? 맹자는 "도는 가까운 곳에 있는데 멀리서 찾고, 일은 행하기 쉬운 곳에 있는데 하기 어려운 곳에서 찾는다. 사람들이 부모를 친애하고 어른을 공경하면 천하가 화평해질 것이다"[19]라고 했다. 이것이 공자가 말한 지극한 덕이자 핵심적인 도리[20]로 선왕이 인심을 선하게 했던 방법이다. 이제부터 고을의 우리 선비들이 타고난 본성의 이치에 근본을 두고 국가의 가르침을 준수하여 집안에서나 향당에서나 각자 인륜의 법도를 충실히 실천하면, 곧 왕도가 행해지는 나라의 길사吉士(어진 선비)가 되어 출세하거나 못거나 서로 도움이 될 것이니, 별도로 교화의 조목을 세워 권장할 필요가 없을 뿐 아니라 처벌 조항도 쓸일이 없을 것이다. 그 취지를 모르고 여기에서 벗어나 의리를 어기고 예의

18　1467~1555. 1498년 문과에 급제한 뒤 조광조, 김안국 등과 같은 시기에 활동하다, 1542년 고향인 안동에 은퇴하여 풍속을 안정시키기 위해 힘썼다. 부역에 공동으로 대처하기 위해 마을 사람들과 함께 결부항식(結夫恒式)을 정했다. 향약을 제정하여 시행하려 했지만 이루지 못했는데, 이황이 그 유지를 이어받아 예안향약을 수립했다. 이현보는 동향의 후배인 이황을 시종 아끼고 존중했고, 이황 역시 평생 존중하며 가깝게 지냈다.

19　이 말은 『맹자』 「이루상(離婁上)」에 나온다.

20　이 말은 『효경』 「개종명의(開宗明誼)」에 나온다.

를 침해하여 우리 고을의 풍속을 무너뜨린다면, 이들은 하늘이 내버린 백성이니 벌을 주는 일이 없기를 바란다고 해도 가능하겠는가? 이상이 오늘날 향약의 조례를 제정하지 않을 수 없는 이유이다. 가정 병진년(1556) 12월 마을 사람 이황이 서문을 쓴다.

　　──부모에게 순종하지 않은 자.【불효죄에 대해서는 나라에 정해진 형벌이 있다. 따라서 그다음에 들어가는 죄목을 우선 열거한다.】

　　──형제 간에 서로 싸운 자.【형이 잘못하고 동생이 옳으면 함께 똑같이 처벌한다. 형이 옳고 동생이 잘못했으면 동생만 처벌한다. 잘잘못이 서로 있는 경우 형은 가볍게 동생은 무겁게 처벌한다.】

　　──집안의 법도를 어지럽힌 자.【부부 사이에 구타하고 싸운 경우, 정처를 내쫓은 경우【처가 사납고 패역한 경우 감등한다】, 남녀 사이에 분별을 지키지 않은 경우, 정처와 첩의 위치를 뒤집어 첩을 아내로 삼은 경우, 첩자를 적자로 삼은 경우, 적자가 첩자를 보살피지 않은 경우, 첩자가 적자를 능침한 경우이다.】[21]

　　──사안이 관청의 규정에 어긋나고 향당의 풍도와 관계된 자.

　　──함부로 위세를 부려 관청을 흔들고 사적인 일을 행한 자.

　　──고을의 어른을 모욕한 자.

　　──수절하는 과부를 유혹하고 협박하여 더럽히고 간음한 자.

이상은 극벌極罰(가장 무거운 처벌)에 해당한다.【상, 중, 하의 등급이 있다.】[22]

　　──친척 사이에 화목하게 지내지 않은 자.

　　──정처를 박대한 자.【정처에게 죄가 있는 경우 처벌의 등급을 감한

21　　夫妻 (…) 陵適:『族稧立議』 '夫妻歐罵, 男女無別, 黜其正妻, 嫡妾倒置, 以孽變嫡, 嫡不撫孽'.

22　　上中下:『族稧立議』에는 뒤에 【上罰, ○官司科罪不通水火, 中罰, 削籍不齒鄕○, 下罰, ○徒不○公會】가 있다.

다.】

　　—마을 사람들과 화목하게 지내지 않은 자.

　　—동년배 사이에 서로 치고 싸운 자.

　　—예의 염치를 돌아보지 않아 선비의 풍도를 더럽히고 무너뜨린 자.

　　—강함을 믿고 약한 사람을 능멸하고 침탈하여 분쟁을 일으킨 자.

　　—무뢰배들과 무리 지어 패악한 짓을 많이 저지른 자.

　　—공적 또는 사적으로 모여 관청의 정사를 비방한 자.

　　—말을 조작하고 없는 사실을 얽어서 남을 죄에 빠뜨린 자.

　　—환난을 도울 재력이 있으면서도 좌시하고 구제하지 않은 자.

　　—관청에 차출되어 공무를 핑계로 폐해를 일으킨 자.

　　—혼사, 상사, 제사에 이유 없이 시기를 넘긴 자.

　　—집강執綱(사무 담당관)을 무시하고 유향소의 명령에 따르지 않은 자.

　　—유향소의 논의에 승복하지 않고 도리어 원한을 품은 자.

　　—집강이 되어 사적으로 규정에 어긋나게 향안鄕案(향약 참여자 명단)에
등록시킨 자.

　　—전임 관원의 전별식에 이유 없이 참석하지 않은 자.

　　이상은 중벌中罰(중간 단계의 처벌)에 해당한다.【상, 중, 하의 등급이 있다.】

　　—공적인 자리에 늦은 자.

　　—자리를 어지럽혀 법도를 잃은 자.

　　—좌중에서 떠들고 다툰 자.

　　—자리를 비워놓고 물러나 편한 대로 한 자.

　　—이유 없이 자리에서 먼저 나간 자.

　　이상은 하벌下罰(낮은 단계의 처벌)에 해당한다.【상, 중, 하의 등급이 있다.】

　　—악행을 주동하는 향리鄕吏(고을에서 세습하는 아전)와 인리人吏(관청에서

248

사무를 보는 아전)로서 백성에게 폐해를 끼친 자. 공물사貢物使로서 공물을 대납하는 값에 해당하는 물품을 과다하게 징수한 자. 서인으로서 사족을 모욕한 자.

고법과 시속의 대립: 「향당에서의 처신」[23]

퇴계 선생께서 향당의 모임에서 좌석을 신분의 귀천에 따라 배치하는 것이 잘못임을 논하시고 옛날 법도대로 연령 순으로 배치해야 한다고 말씀하셨다. 김부필은 "옛날과 지금은 사정이 달라 그렇게 할 수 없습니다"라고 말했다. 선생께서는 고금의 논거들을 동원하여 종일토록 자세히 변론하셨다. 제생들이 시를 한 수 올렸다. "선생께서는 태고의 법도 논하시고, 제자들은 말세의 풍속을 말하네. 서원의 체제가 정해졌으니, 향당의 좌석을 꼭 구분할 필요가 있으랴."

향당에서 자리 서열은 신분이 아닌 연령이 기준이다: 「조기백 문목에 답함」(무진)[24]

향당에서 나이로 서열을 삼는다는 것은 나이의 많고 적음을 기준으로 좌석의 순서를 삼는 것을 말합니다. 만일 신분으로 구분한다면 이것은 벼슬의 높고 낮음으로 서열을 삼는 것입니다. 어떻게 나이로 서열을 삼는 것이라고 말하겠습니까?

『예기』 「왕제王制」에 "왕의 태자, 왕의 서자, 제후들의 태자, 경과 대부

---

23 「處鄕」, 『퇴계선생언행록』(1773년 도산서원 간행본) 권2. 원문은 홍승균·이윤희 공역, 이원강 교열, 『퇴계선생언행록』, 퇴계학연구원, 1997 초판; 2007 개정판, 375면에 수록된 것에 의거했다.

24 「答趙起伯問目」(戊辰) 1568년(선조 1, 68세) 1월 16일. 『퇴계집』 권38; 『정본』 11, 185~88면.

그리고 원사元士의 적자, 국인國人 가운데 준사俊士와 선사選士가 모두 악정樂正에게 나아가 배운다. 무릇 입학해서는 나이를 기준으로 삼는다"라고 했습니다. 주석에 "오직 다만 나이의 순서로 차례 지우고 신분의 귀천은 따지지 않는다"라고 했습니다.

『주례』「당정黨正」에 "나라에서 귀신을 찾아서 제사하면, 당정黨正이 예로써 백성들을 모으고 서序에서 술을 마시며 그를 통해 나이에 따른 위차位次를 바로잡는다. 일명一命(처음 관작을 받은 낮은 품계)은 향리의 자리에서 나이를 기준으로 삼고, 이명二命(두번 관작을 받은 중간 품계)은 부계 친족의 자리에서 나이를 기준으로 삼는다. 삼명三命(세번 관작을 받은 높은 품계)은 나이를 기준으로 삼지 않는다"라고 했습니다. 주석에 "향리의 자리에서 나이를 기준으로 삼는 것은 나이의 많고 적음을 기준으로 좌석의 순서를 삼는 것을 말한다. 부계 친족의 자리에서 나이를 기준으로 삼는다는 것은 부계 친족 가운데 빈賓이 된 이가 있으면 그 사람과 나이를 기준으로 서로 차례를 세우고, 이성이면 비록 연장자라고 해도 그보다 위에 자리한다는 뜻이다. 나이를 기준으로 삼지 않는다는 것은 술동이의 동쪽에 자리하는 것으로 이른바 법에 따른다는 뜻이다"라고 했습니다.

『예기』「향음주의鄕飮酒義」에 "향음주례에서 60세인 사람은 앉고 50세인 사람이 서서 모시면서 행례의 명령을 듣는 것은 연장자를 존중하는 뜻을 밝히기 위함이다. 60세인 사람에게 두豆(음식을 담는 그릇)를 3개 진설하고, 70세인 사람에게 두를 4개 진설하고, 80세인 사람에게 두를 6개 진설하고, 90세인 사람에게 두를 6개 진설하는 것은 노인을 봉양하는 뜻을 밝히기 위함이다. 백성들이 연장자를 존중하고 노인을 봉양할 줄을 안 뒤에야 집 안에 들어가서는 효도하고 공손할 수 있다. 백성들이 집 안에 들어가서 효도하고 공손하며, 집 밖에 나가서 연장자를 존중하고 노인을 봉양한 뒤에야 교화가 이루어진다. 교화가 이루어진 뒤라야 나라가 편안할 수 있다. 군자가 말하는 효도는 집집마다 찾아가서 날마다 살펴보는 것이 아니다. 향사례에 모이게 하고 향음주례를 가르치면 효도하고 공경하는 덕행이 확립된다"라고 했습니다.

선왕이 향의 법과 예를 세울 때 반드시 나이를 기준으로 서열을 세운 것은 이처럼 그 본뜻이 심원하고 사체事體(일의 체모)가 중대합니다. 한때 한 고을에서 한두 사람이 미천하여 그들보다 아래 자리에 머무는 것이 수치스럽다고 하여 고금의 변치 않는 전례를 경솔하게 변경해서, 부형과 종족이 앉는 정상적인 반열을 놔두고 스스로 한 줄을 만들어 향의 예의를 무너뜨리고 어지럽히며 성인의 가르침을 멸시하여 내버릴 수 있겠습니까? 천하에 통용되는 존귀한 기준이 셋이니 덕, 관작, 그리고 나이입니다. 태학에서는 덕의를 중시했기 때문에 천자와 제후의 자식도 오히려 일반 백성의 준사, 선사와 더불어 나이를 기준으로 삼았습니다. 하물며 향당에서는 본래 연장자를 존귀함의 기준으로 삼기에 50세 이하는 서서 모시며 60세 이상의 연장자에게 명령을 받는 등 그 근엄함이 이와 같습니다. 비록 관작이 있는 이도 관작이 일명一命에 그치면 관작을 숨기고 나이를 기준으로 삼고, 이명二命이어도 다른 사람과 반열에 설 때 관작을 사양하고 아래에 머뭅니다. 부계의 친족이면 오히려 나이를 기준으로 삼습니다. 삼명三命이 된 뒤에 술동이 동쪽에 따로 자리를 진설하여 머물고 나이를 기준으로 삼지 않습니다.【『주례』「당정黨正」주석에 "일명은 천자의 하사, 공·후·백의 상사, 자·남의 대부이다. 재명은 천자의 중사, 공·후·백의 대부, 자·남의 경이다. 삼명은 천자의 상사, 공·후·백의 경이다.】

보내온 편지에서 말한 공사천公私賤(관노비와 사노비)은 고대에 없었고 오늘날에도 당연히 학교에 입학하지 못하고 향약에 참여하지 못하니 거론할 바가 아닙니다. 이들 외에 조금 신분이 미천하여 더불어 같은 반열에 있기가 수치스러운 이들이 불행하게도 학교에 입학하고 향약에 참여했다면, 힘써 공격하여 내쫓는 것은 가능하겠습니다. 쫓아낼 수 없으면 다른 일로 좋게 처리하여 같은 반열에 항상 따르지 못하게 하고, 두 방법 다 가능하지 않다면 나이를 기준으로 삼는 설을 따라 선왕이 가르침을 세운 근본 취지를 삼가 지킬 뿐, 잘 대처할 수 있는 다른 도리는 없습니다. 내 스스로 예법으로 향에 거주하는 도리를 다하면 저 미천한 사람들이 어떻게 나를 더럽힐 수 있겠습니까? 공께서 평소 남의 위가 되려는 마음을 능히 버리고 도리에 대한 이해가 평실平實하고 순숙해지면 이런 문제는 저절로 씻은 듯이 의혹이 없어질 것입니다.

7장
군자의 길

도산에 서당을 짓고 산림과 도의로 자신을 온축하다: 「도산의 풍광을 노래함」【「도산기」를 함께 수록함】[1]

영지산靈芝山의 한 자락이 동쪽으로 벋어 도산이 되었다. 어떤 이는 "그산이 산 언덕을 두번 이루고 있기 때문에 도산陶山이라고 불렀다"라고 한다. 어떤 이는 "산에 이전에 도요지가 있었기 때문에 그 사실을 들어 이름을 붙였다"라고 한다. 산이 그리 높거나 크지 않지만, 자리한 터가 넓고 산세가 빼어나며 방위를 둠이 한쪽으로 치우치지 않았다. 따라서 주변의 산봉우리와 계곡이 모두 이 산을 향해 두 손을 맞잡고 인사하며 둥글게 감싸는 듯한 형세다.

도산의 왼쪽에 있는 봉우리를 동취병東翠屛, 오른쪽에 있는 봉우리를 서취병西翠屛이라고 부른다. 동취병은 청량산에서 벋어 나와서 도산 동쪽에 이르는데, 늘어선 봉우리들이 어렴풋하게 멀리 솟아 있다. 서취병은 영지

---

1 「陶山雜詠」【幷記】, 1560년(명종 15, 60세) 여름. 『퇴계집』 권3; 『정본』 1, 313~22면.

산에서 벋어 나와서 도산 서쪽에 이르는데, 솟은 봉우리들이 장대하다. 동취병과 서취병은 서로 바라보면서 8~9리쯤 구불구불 남쪽으로 달리는데, 동취병은 서쪽으로, 서취병은 동쪽으로 달려 아스라한 남쪽 들에서 산세를 합한다.

강은 도산 북쪽에 있는 것을 퇴계退溪, 남쪽에 있는 것을 낙천洛川(낙동강)이라 부른다. 퇴계는 도산 북쪽을 따라 흐르다 산의 동쪽에서 낙천으로 흘러 들어간다. 낙천은 동취병에서 나와 서쪽으로 달리다 도산의 기슭에 이르는데, 깊이 출렁이며 몇 리를 오르락내리락하여 배를 띄울 수 있을 정도로 깊다. 금모래와 옥빛 조약돌로 맑고 시리게 푸른 곳이 곧 사람들이 말하는 탁영담濯纓潭이다. 낙천은 서쪽으로 가서 서취병의 벼랑에 부딪쳐 마침내 산과 나란히 달리다 남쪽으로 큰 들판을 지나서 부용봉 아래로 흘러 들어간다. 부용봉은 곧 서취병이 동쪽으로 달려와서 서취병과 산세를 합하는 곳이다.

내가 처음 계상溪上에 집터를 정하고, 계곡에 임해 몇 칸 규모의 집을 지어서 책을 두고 소박하게 지내는 곳으로 삼은 이래, 이미 세번 거처를 옮겼는데 번번이 비바람에 무너졌다. 게다가 계상은 너무 적막해서 생각을 활달히 펼치기에는 맞지 않았다. 그래서 다시 이사할 곳을 찾다가 도산 남쪽에서 터를 얻었다. 작은 골짜기가 있고 앞으로 강과 들을 굽어보고 있어 아늑하면서도 넓게 트인데다, 산기슭 나무들이 무성하게 잘 자랐고 돌우물은 물맛이 달고 차서 참으로 은거하기에 적합한 곳이었다. 농부가 그 안에서 밭을 일구어 농사를 짓기에 값을 지불하고 샀다.

법련이라는 중이 공사를 주관했는데 얼마 안 되어 법련이 죽고 정일이라는 중이 이어서 주관했다. 정사년(1557)에서 신유년(1561)까지 5년 만에 서당과 정사 두채가 대략 완성되어 거주할 수 있었다. 서당은 전체 세칸인데 중간 한칸은 완락재玩樂齋라고 당호를 붙였다. 주자의 「명당실기名堂室記」가운데 "즐기며 완색하니, 평생토록 행하여도 싫증나지 않기에 충분했다"[2]라고 한 구절에서 취했다. 동쪽 한칸은 암서헌巖栖軒이라고 했는데, 주자의 시「운곡雲谷」에 "(안으로 온축하는 공부) 오랫동안 자신할 수 없었는데, 은거하여 지내는 생활에서 조그만 효과 있기를 바라네"[3]라고 한 구절에서 취했다. 또 완락재와 암서헌을 합해서 도산서당陶山書堂이라고 편액을 달았다. 정사精舍(생활하는 건물)는 모두 여덟칸인데, 서재는 시습재時習齋, 숙소는 지숙료止宿寮, 곁방은 관란헌觀瀾軒이라고 이름을 붙이고 합해서 농운정사隴雲精舍라고 편액을 달았다.

서당 동쪽에 조그맣게 네모진 못을 파서 연꽃을 심어두고 정우당淨友堂이라고 했다. 또 그 동쪽이 몽천蒙泉인데 샘 위의 산기슭을 깎아 관란헌과 대등하게 평평하게 만들고 단을 쌓아서 매화, 대나무, 소나무, 국화를 심고 절우사節友社라고 했다. 서당 앞의 출입구를 사립문으로 가리고 유정문幽貞門이라고 했다. 문밖으로 소로가 계곡물을 따라 내려가서 골짜기 입구에 이른다. 양쪽의 산자락이 마주 보고 있는데 동쪽 산자락 허리쯤에 바위를 입구로 삼아 터를 쌓았다. 작은 정자를 지어놓을 만했는데 재력이 부족하여 그 터만 그대로 남겨두었다. 바위가 산문山門(절 입구의 일주문) 같은 모습이 있어 곡구암谷口巖이라고 이름을 붙였다. 여기에서 동쪽으로 방향을 틀어 몇 걸음 가면 산자락이 갑자기 끊어지고 바로 탁영담濯纓潭으로 떨어진다. 탁영담 위로 큰 돌들이 깎아지른 듯이 서 있다. 층층으로 포개진 것이

---

2 관련 내용은『회암집』권78「명당실기」에 나온다. 주희는 1191년 건양(建陽)의 고정(考亭)으로 이사하고 거주하게 된 내력과 건물에 '자양서당(紫陽書堂)' '위재(韋齋)' '회당(晦堂)' '경재(敬齋)'와 '의재(義齋)' 등 편액을 단 뜻을「명당실기」를 지어 밝혔다. 즐기며 완색한다는 것은 마음을 전일하게 하고 의리를 밝히는 일에 대하여 설명한『주역』『중용』『대학』「태극도설」등의 내용을 가리킨다.

3 『회암집』권6「운곡이십육영(雲谷二十六詠)」가운데「회암(晦菴)」에 나온다. 초기 주자를 도와주고 가르쳐주었던 유병산(劉屛山)이 1145년 주희에게 원회(元晦)라는 자(字)를 지어주면서 "나무는 뿌리에 온축하여 봄에 자태가 빛나서 펼쳐지고, 사람은 자신에게 온축하여 정신이 안에서 살진다"라고 그 취지를 말했다. 주자는 만년에 건양의 운곡(雲谷)으로 이사했는데, 거처에 '회암(晦菴)'으로 편액을 달았다.「회암」의 구절은 은거하여 안으로 자신에게 온축하는 공부를 더 하겠다는 뜻을 담은 것이다.

높이가 10여장丈(1장은 어른 키 정도 높이)은 되었다. 그 위에 대臺를 쌓았다. 소나무 가지가 늘어져 해를 가리고, 위로는 하늘 아래로는 강물, 새들이 날고 물고기가 뛰어오르고, 좌우의 두 취병이 해를 따라 그림자를 드리우며 푸른빛을 적신다. 한번 바라보면 강과 산의 경치를 모두 얻으니 천연대天淵臺라고 했다. 서쪽 산기슭에도 천연대를 따라 대를 쌓고 천광운영天光雲影이라고 하니, 그 빼어난 경치가 천연대 못지않았다. 탁영담 안에 반타석盤陀石이 있는데 그 모양이 비스듬히 편편하여 배를 묶어놓고 술잔을 돌릴 만하다. 큰비를 만날 때마다 물살과 함께 잠겼다가 물이 빠지고 물살이 잔잔해진 뒤에 비로소 모습을 드러낸다.

나는 늘 고질병에 시달려서 산중에 살아도 생각을 다 쏟아서 독서할 수가 없다. 내 몸에 대한 근심으로 조섭調攝하는 여가에 때로는 몸이 가뿐하여 편안해지고 정신이 맑아져서 자연을 대하다 감흥이 일어난다. 그러면 책을 덮고 죽장을 쥐고 나와 관란헌으로 가서 정우당을 감상하거나, 단을 올라 절우사를 찾거나, 밭에 나아가 약초를 심거나, 숲을 더듬어 꽃을 캐거나, 또는 돌에 걸터앉아 몽천을 완상하거나, 천연대에 올라 멀리 구름을 바라보거나, 물살이 부딪치는 곳에서 물고기를 살피거나, 배에서 갈매기를 가까이하면서, 생각이 가는 대로 어정거리며 배회한다. 눈길이 닿는 곳마다 감흥을 일으키고 풍광을 만날 때마다 흥취가 일어 흥이 다하면 돌아온다. 그러면 고요한 한칸 방에 책이 벽에 가득하다. 책상을 대하고 조용히 앉아 마음을 가다듬고 살피다 가끔 마음에 와닿으면 기뻐서 밥 먹는 것도 잊는다. 이해되지 않는 것이 있을 때는 친구의 도움을 받고, 그래도 납득되지 않으면 마음에 담아두고 생각하며 어떻게 설명해야 좋을지 고심하지만 억지로 꿰맞추지는 않는다. 또한 한쪽에 두었다가 가끔 꺼내놓고 마음을 비워 완색하면서 저절로 풀릴 때까지 기다린다. 오늘도 그렇게 했고 내일도 그렇게 한다.

산새가 울고, 제철을 맞은 초목이 무성하고, 바람과 서리가 엄혹하고, 눈과 달이 얼어서 빛나는 등 사철 풍경은 다르지만, 흥취는 또한 무궁하다. 대한과 대서, 폭풍과 장마가 아니면 계절과 상관없이 나가지 않는 날이 없다. 나가는 것도 그렇게 하고, 돌아오는 것 또한 그렇게 한다. 이것은 한가히 지내며 병든 몸이나 돌보는 세상에 쓸모없는 일이어서 고인古人의 경계를 엿볼 수는 없지만, 마음속으로 스스로 즐겁고 기쁜 것이 얕지 않아 말을 하지 않으려 해도 그럴 수가 없다. 따라서 장소에 따라 각기 칠언으로 한 수씩 그 일을 기록했으니 모두 18수의 절구를 얻었다. 또한 「몽천蒙泉」 「열정洌井」 「정초庭草」 「간류澗流」 「채포菜圃」 「화체花砌」 「서록西麓」 「남반南泮」 「취미翠微」 「요랑寥朗」 「조기釣磯」 「월정月艇」 「학정鶴汀」 「구저鷗渚」 「어량魚梁」 「어촌漁村」 「연림烟林」 「설경雪徑」 「역천櫟遷」 「칠원漆園」 「강사江寺」 「관정官亭」 「장교長郊」 「원수遠岫」 「토성土城」 「교동校洞」 등 오언으로 잡다하게 읊은 26수가 있는데, 앞의 18수에서 다 쏟아내지 못하고 남은 뜻을 말한 것이다.

아, 내가 불행하게도 한참 후대에 멀리 떨어진 변방에서 태어나 고루하여 전해 들은 것이 없지만 산림에 즐거움이 있다는 말은 진작 알고 있었다. 그러나 중년에 벼슬길에 함부로 나섰다가 풍파와 속진에 중심을 잃고 객지 생활을 전전하면서 하마터면 되돌아오지 못하고 죽을 뻔했다. 그 뒤 나이가 들수록 병은 더 깊어지고 처신은 더 뒤틀어져, 세상이 나를 버리지 않아도 내가 세상으로부터 버려지지 않을 수 없었다. 그러고서야 비로소 굴레에서 벗어나 전원에 분수를 맡기니 앞에서 말한 산림의 즐거움이 예기치 않게 내 앞에 다가왔다. 따라서 내가 이제 해묵은 병을 씻어내고 나의 깊은 근심을 풀어버리고서 늘그막의 삶을 편히 마치고자 하면, 이 생활을 놔두고 장차 어디에서 찾겠는가?

그러나 옛사람이 산림의 생활에서 즐거움을 누렸던 것을 보면 또한 두 종류가 있다. 현허玄虛(마음을 모든 것에서 초탈하여 비움)의 경계를 사모하여 고상한 생활을 추구하면서 즐거워했던 부류가 있는가 하면, 도의道義(만물이 따라야 하는 도리)를 기뻐하여 심성을 기르며 즐거워한 부류가 있다. 앞쪽의 설에 따라 살자 하니, 자신을 깨끗이 하다가 인륜을 어지럽히고 더 심하게는 짐승과 더불어 같이 지내면서 나쁘지 않다고 여기는 데로 혹 빠질까 염려된다. 뒤의 설을 따라 살자 하니, 내가 맛있다고 읽는 글은 고인의 조백糟魄(진수가 빠진 껍데기)일 뿐이다. 말로 전할 수 없고 마음으로 묘합하는 경계는 일부러 찾을수록 더 불가능하다. 즐거움에 무슨 상관이 있겠는가? 그렇지만 차라리 후자의 길을 걸어 자신을 힘들게 할지언정, 전자의 길을 추구하다 자신을 속이지는 말아야 하리라. 또한 어느 겨를에 소위 이익에 골몰하는 세상의 번잡한 논의가 내 마음에 들어오겠는가?

혹자가 물었다. "고인 가운데 산을 좋아한 분들은 반드시 명산을 얻어서 자신을 의탁했다. 그런데 당신은 청량산에 살지 않고 이 도산에 사니 무슨 이유인가?" 나는 대답했다. "청량산은 만길 절벽으로 직립하여 있는데, 높은 곳에서 깎아지른 계곡을 가까이 대하는 것은 병든 노년에 편안히 할 수 없는 바이다. 또한 산을 좋아하고 물을 좋아하는 일은 어느 한쪽도 빠져서는 안 되는데, 이제 낙천이 청량산을 지나기는 하지만 청량산 안에서는 물이 있는지를 모른다. 나도 본래 청량산을 원했다. 그러나 청량산을 뒤로 하고 도산을 먼저 고려한 것은 산과 물을 함께 좋아하면서 노년의 병든 몸을 편히 할 수 있기 때문이다."

혹자가 또 물었다. "고인은 즐거움을 자기 마음에서 얻지, 외물에서 빌리지 않는다. 안연顔淵은 누추한 골목에서 지내면서도 즐거워했고, 원헌原憲은 오막살이 집에서 깨진 독으로 창문을 삼았지만 즐거워했다.[4] 이들이 즐거워했던 것이 산수와 무슨 상관이 있는가? 그러므로 외물에 의탁함이

---

4   『논어』「옹야(雍也)」에 공자는 안회가 "밥 한 그릇 물 한병으로 누추한 골목에 사는 생활을 남들은 근심스러워 견디지 못하는데 안회는 즐거움을 바꾸지 않는다"라고 칭찬한 말이 나온다. 『장자』「양왕(讓王)」에 원헌이 노나라에 살면서 한칸 집에 깨진 항아리로 창문을 삼았다는 고사가 전한다. 모두 가난하고 누추하게 사는 생활 속에서도 도의(道義)를 즐거워했음을 뜻한다.

있는 것은 모두 참된 즐거움이 아니다." 내가 대답했다. "그렇지 않다. 저 안연과 원헌은 처했던 상황이 마침 그러했던 것이고, 그럼에도 그 처지를 능히 편하게 여겨서 소중한 모범이 되었을 뿐이다. 그분들이 이런 상황을 만났다면 그 즐거움이 어찌 우리보다 깊지 않았겠는가? 그러므로 공자와 맹자는 산수를 자주 거론하면서 깊이 깨우쳐주지 않은 적이 없었다. 당신 말대로라면, 공자가 '나는 증점曾點과 함께하겠다'라는 찬탄을 어째서 기수沂水 가에서 특별히 했겠는가?[5] 주자가 '생을 마칠 때까지 그럭저럭 마음대로 지내겠다'[6]라는 바람을 어째서 유독 노봉산蘆峯山 산마루에서 읊었겠는가? 이는 반드시 그 이유가 있을 것이다." 혹자가 알겠다고 하고 물러갔다. 가정嘉靖 신유년(1561) 동짓날에 산주 노병기인老病畸人(늙고 병들어 세상에 맞지 않는 사람)이 쓴다.

도산서당陶山書堂
순임금 직접 그릇 구웠어도 즐겁고 편안했고,
도연명 몸소 농사지었어도 환한 얼굴이었지.
성현이 마음 쓰던 경계 내가 어떻게 얻겠는가만,
늙어서 돌아와 고반考槃의 생활[7] 해보네.

---

5 공자가 제자들과 함께 있을 때 각자의 희망을 말해보게 시킨 적이 있다. 다른 제자들은 국정에 참여하여 자신의 능력을 발휘하겠다고 포부를 밝혔지만, 증점은 친구들과 기수(沂水, 노나라에 있는 강)에 가서 목욕하고 바람을 쐬며 시를 읊다가 돌아오겠다고 대답했다. 그러자 공자가 무심히 탄식하며 자신도 증점과 함께하겠다고 말했다. 관련 내용은 「논어」 「선진」에 나온다.

6 주희는 「운곡(雲谷)」 26수 가운데 제15수 「초려(草廬)」에서 "생을 마칠 때까지 그럭저럭 마음대로 지내리, 지금 사람들 아무도 돌아보지 않지만(卒歲聊自娛, 時人莫留顧)"이라고 했다. 노봉산(蘆峯山)은 운곡에 있는 산이다. 주희는 노봉산을 운곡산으로 명칭을 바꾸고 이 산 아래 터를 잡아 만년을 지냈다.

7 고반(考槃)은 『시경』 위풍(衛風)에 속해 있는 시의 제목이다. 은거하여 덕을 기르고 도의를 즐기는 생활을 상징하는 말로 흔히 사용되었다.

암서헌巖栖軒

증자는 속이 차 있으면서도 빈 듯이 살았다고 안연을 칭찬했고,

병산은 그 말 가져와 초년 회옹(晦翁, 주희)을 분발시켰지.

만년에 산림에 사는 뜻 조금 알겠으니,

단속하고 조심하는 것 절로 소홀해질까 걱정이네.

완락재玩樂齋

마음을 전일하게 하면서도 의義를 쌓는 공부가 필요하고,

잊지 않으면서도 조장하지 않아 점차 원융하게 통하지.

태극을 궁구함에 이르러 염계도 묘합했으니,

이 즐거움 천고에 같음을 비로소 믿는다네.

유정문幽貞門

한공韓公(한유)의 큰 거북[8]을 빌리지 않았지만,

새로 지은 집 희미하여 사립문만 비치네.

산길 풀로 덮힐까 걱정할 필요 없지,[9]

도는 유정幽貞[10]에 있으니 평순해짐을 느끼네.

---

8 한유(韓愈)의 「복지부(復志賦)」에 "큰 거북을 빌려 점을 치니, 유정(幽貞)이 머물 곳 찾는다네(假大龜以視兆兮, 求幽貞之所廬)"라고 했다.

9 관련 내용은 『맹자』 「진심하(盡心下)」에 나온다. 산길을 사람이 다니면 길이 나지만, 다니지 않으면 풀로 덮여 길이 없어지듯이, 사람의 마음 역시 방치하면 안 됨을 말한다. 여기서는 찾아오는 사람이 없어 길이야 풀에 가려지겠지만, 덕을 기르고 도를 즐기는 생활로 마음을 닦으니 문제 될 것 없다는 취지로 말한 것이다.

10 『주역』 리(履)괘 구이(九二) 효사에 "밟는 길이 평탄하니, 은거한 사람이 바르면 길하다(履道坦坦, 幽人貞吉)"라고 했다. 유정(幽貞)은 은자를 뜻하기도 하고 벼슬에서 물러나와 은거하여 개결하게 사는 것을 뜻하기도 한다. 여기서는 후자를 뜻한다. 이황은 자신이 벼슬에 나아간 것을 잘못한 일로, 벼슬에서 물러나와 산림에 사는 것을 바른 처신으로 여겼다.

정우당淨友堂

사물마다 모두 동일한 하늘에 통하는 이치 지녔거늘,

염계는 어째서 유독 그대(연꽃)를 아꼈을까?

곰곰이 생각하면 향기로운 덕은 참으로 벗 되기 어렵고,

깨끗함 하나로 일컫는 것 역시 편견인 듯하네.[11]

절우사節友社

도연명의 정원에 소나무와 국화 그리고 대나무 셋이 있었지,

매화 형이 어찌 함께 참여하지 않겠는가.

내가 이제 모두 모아서 풍상계風霜契를 맺었으니,

절개와 향기가 가장 익숙하네.

농운정사隴雲精舍

항상 아까웠던 건 도공陶公이 언덕 위 구름,

혼자 즐기고 임에게 보내지 못한 것.[12]

늦게야 돌아와 집 얽어 한가운데 누웠으니,

---

11 『퇴계선생문집고증』 권2 '정우당(淨友堂)' 항목에 이황 자신의 주석으로 "염계는 「애련설」에서 연꽃의 아름다움을 칭송한 것이 한가지가 아니다. 그러나 증단백(曾端伯, 증조)은 유독 깨끗한 친구라고 불렀으니 연꽃의 아름다움을 다 드러내지 못한 듯하다"라고 기록했다. 증조(曾慥)는 북송대 인물로 금에 함락되자 금에 투항하여 관직을 지냈고, 만년에 도교에 심취하여 1151년 『집신선전(集神仙傳)』을 저술했다. 열가지 꽃을 들어, 계수나무꽃은 신선 같은 벗, 해당화는 이름난 벗, 연꽃은 깨끗한 벗, 도미화(酴醾花, 찔레꽃의 일종)는 운치 있는 벗, 서향(瑞香)은 남다른 벗, 치자나무는 참선하는 벗, 말리화(茉莉花, 재스민)는 우아한 벗, 국화는 아름다운 벗, 작약은 예쁜 벗, 매화는 맑은 벗 등으로 각기 이름을 달리 붙여 불렀다고 전한다.

12 도공은 남조 시대 의약, 단학, 문학에 이름이 높았던 도홍경(陶弘景)을 가리킨다. 그의 시 「조문산중하소유부시이답(詔問山中何所有賦詩以答, 산중에 무엇이 있느냐고 조서(詔書)로 하문해와 시로 답함)」에 "산중에 무엇이 있는가? 봉우리에 흰 구름 많지. 다만 혼자 즐길 수 있을 뿐, 임에게 보내드릴 수 없네"라고 했다.

한가한 정취 들판의 사슴과 절반씩 나누었네.

관란헌觀瀾軒

넘실거리는 물결, 이치 어떠한가?[13]
부단히 흘러가는 것이 이와 같다는 탄식, 공자께서 하셨지.
다행히 도체道體(도의 본래 면모)가 여기에서 발현하니,
공부 끊어지게 하는 일 많게 하지 말기를.[14]

시습재時習齋

날마다 선을 밝게 알고 자신을 진실하게 하고자 힘쓰니 부지런히 날갯
짓하는 것과 같아,
거듭 생각하고 거듭 실천하여 시시각각 따라가네.
깊어짐은 공부가 순숙해지는 데 있으니,
어찌 맛있는 요리, 입을 즐겁게 하는 정도일 뿐이겠는가?

지숙료止宿寮

닭고기와 기장밥도 없이 부질없이 그대를 붙들어두니[15] 부끄럽지만,

13　『맹자』「진심상(盡心上)」에 "물을 살피는 데에는 방법이 있으니, 반드시 그 큰 물결을 살핀
　　다"라고 했다. 이황의 자연과 삶의 이치를 살피는 은유로서 이 구절을 단장취의했다.
14　『논어』「자한(子罕)」에 공자가 강가에서 "흘러가는 것이 이와 같다. 밤낮을 멈추지 않는다"
　　라고 탄식한 말이 나온다. 주희는 주석에서 "천지의 변화에서 가는 것은 지나가고 오는 것이
　　이어져 잠시도 멈춤이 없으니, 도체가 본래 그러한 것이다. 그러나 가리켜서 쉽게 알 수 있는
　　경우로 강물이 흘러가는 것보다 더 나은 사례가 없다. 따라서 여기에서 탄식하여 사람들에
　　게 보였으니, 학인들이 항상 성찰하고 잠시도 중단함이 없기를 바란 것이다"라고 했다. 그러
　　한 취지를 이황이 시로 표현한 것이다.
15　『논어』「미자」에 자로(子路)가 공자 일행에 뒤처졌다가 한 은자를 만났는데, 그가 집에 하루
　　묵게 하고 닭을 잡고 기장밥을 해서 대접했다는 고사가 나온다. 시 제목의 지숙(止宿)은 머
　　물러서 묵게 한다는 뜻이다. 지숙료는 손님이 찾아왔을 때 머물게 하는 방이 된다. 공자는 은
　　자를 존중했으나, 사회와 인륜을 버리고 조수초목과 어울려 사는 것에는 반대했는데, 그런

나도 애초 들짐승과 한 무리가 되려는 사람은 아니라오.

원하는 건 스승을 따라 뗏목을 띄워 바다로 나가려는 뜻을[16]

침상 나란히 하고 밤새워 소상히 밝히는 것이지.

곡구암谷口巖

동으로 낙천의 대에 오르고 북으로 구름에 들어가는 곳,

바위 열면 골짜기로 들어서니 산문에 비기지.

곡구란 이름 현자가 산 곳과 우연히 같으나,

밭 갈고 은거했던 명성이야 어찌 쉽게 논하겠는가?[17]

천연대天淵臺

멋대로 날개 펼치고 지느러미 휘저으니 누가 시키던가?

유행하고 활발한 천리 하늘과 못에서 묘응하네.[18]

낙천의 대에서 종일 심안心眼을 열고,

『중용』을 세번 외우네.

취지를 시에서 표현했다.

16 『논어』「공야장(公冶長)」에 공자가 "도가 행해지지 않아 뗏목을 타고 바다로 나간다면, 나를 따르는 이는 중유(仲由)일 것이다"라고 한 말에서 취한 것이다.

17 관련 내용은 황보밀(皇甫謐)의 『고사전(高士傳)』 정박(鄭樸) 조목에 보인다. 정박(鄭樸)은 곡구(谷口)에 은거했는데 사람들이 그의 청고(淸高)한 덕에 감복했다. 그는 조정에서 불러도 끝내 나아가지 않았다. 양웅(揚雄)은 "바위 아래 농사짓고 살았지만, 명성은 서울에까지 떨쳤다"라고 칭송했다.

18 『중용』에 『시경』의 '솔개가 날아 하늘에 이르고, 물고기가 연못에서 뛰어오른다'라고 했으니, 위와 아래로 밝게 드러남을 말한다"라고 했다. 시는 『시경』 대아 「한록(旱麓)」의 구절이다. 이학(理學)에서는 천리가 만물에서 생동하게 발현되는 장면을 형용하는 대목으로 의미를 부여한다. 이황은 정유일에게 답하는 편지에서 "도가 사물에서 저절로 발현하여 유행하는 실상을 알 수 있다"라고 했고, 김취려에게 답하는 편지에서는 "천리가 유행하는 묘용을 형용한 것"이라고 말한 바 있다. 『퇴계집』 권25 「답정자중별지(答鄭子中別紙)」와 권29 「답김이정(答金而精)」 참조.

천광운영대天光雲影臺【더러 천운대天雲臺라고 부르기도 한다.】

맑은 물에 하늘과 구름 다가와 그림자와 햇살 비추니,

독서의 깊은 비유 네모난 연못에 있었지.[19]

내가 이제 맑은 못에서 뜻을 얻으니,

당시 한참을 감탄했던 것과 흡사하네.

탁영담濯纓潭

어부는 당시 홀로 깨어 있는 것 비웃었지만,

공자는 어찌하여 진정 경계했던가?[20]

내가 와서 노를 두드리며 노래하니,

맑은 못 갓끈 씻을 수 있어 좋네.[21]

반타석盤陀石

홍수 진 탁류 넘쳐흐르면 모습을 감추었다가,

안온한 물살 잔잔해지면 비로소 또렷이 드러나지.

가련하다 저렇게 물살 부딪치는 가운데,

천고 내내 반타석 구르지도 기울지도 않으니.

---

19 『회암집(晦菴集)』권2 「관서유감(觀書有感)」에 "반 무 규모 방정한 연못 거울 하나 열리자, 햇살과 구름 그림자 함께 배회하네. 그대 어떻게 그리 맑을 수 있나 물으니, 원천이 있어 맑은 물 흘러나오기 때문이네"라고 했다. 방정한 연못은 사방 한 촌의 심장 곧 마음을 상징한다. 마음은 천리가 원천이 되어 있어 외물에 거울처럼 사심 없이 응대할 수 있다는 취지이다.

20 『맹자』「이루상(離婁上)」에 관련 내용이 나온다. 어린아이가 "창랑의 물 깨끗하면 내 갓끈을 씻고, 창랑의 물 흐리면 내 발을 씻는다"라고 노래하자, 공자가 사람들이 대하는 차이는 물이 스스로 초래한 것이라고 경계시켰다.

21 관련 내용은 굴원의 「어부사(漁父辭)」에 나온다. 혼탁한 세상에 영합하지 않고 혼자 깨끗하다 쫓겨난 굴원에게 어부가 외물에 얽매여 처신하지 말라고 충고하고 나서, "창랑의 물이 깨끗하면 내 갓끈을 씻고, 흐리면 내 발을 씻는다"라고 했다.

동취병산東翠屏山

총총히 솟은 봉우리 왼쪽에 푸른 병풍 둘렀으니,

개인 날 산기운 돌 때 가로누운 흰 구름 띠를 두르지.

잠깐 사이 변하여 비 뿌리면,

영구營丘(이성)[22]의 붓끝에서 나온 풍광이라 의심하지.

서취병산西翠屏山

장대하게 솟은 봉우리들 오른쪽에 취병을 둘렀으니,

중간에 사원을 숨기고 아래엔 동산과 정자.

읊조리며 마주하여 앉아 있으면 늦도록 함께하기 참으로 좋으니,

떠도는 구름에 하나같이 내맡기고 만고에 푸르구나.

부용정芙蓉亭【조사경趙士敬(조목)의 집이 봉우리 아래 있다.】

남쪽으로 멀리 바라보면 구름에 쌓인 봉우리 반쯤 모습을 감추었지만,

연꽃 같은 봉우리 본 적이 있으니 아름다운 이름 지니기 충분하지.

주인장 역시 자연을 좋아하는 성벽 있어,

띠풀로 엮은 집 마음 깊이 품고 있지만 오래도록 이루지 못하고 있지.

도산에 은거한 만은晩隱의 경계: 「산중 생활의 사계」【계절마다 4수로 전체 16수의 절구이다.】[23]

── 봄

아침

---

22   북송 초기 화가 이성(李成)의 호. 산수화에 뛰어났다고 전해진다.

23   「山居四時, 各四吟, 共十六絶」. 1565년(명종 20, 65세) 5월.

안개 걷히니 봄 산 수놓은 꽃으로 빛나

진기한 새들 서로 화답하여 온갖 소리로 울고,

산중 생활 근래 들어 찾아오는 이 없어

뜰에는 푸른 풀 마음껏 돋아나네.

낮

비 갓 갠 뜰 고운 햇살 더딘데

꽃향기 한들한들 옷에 스며든다.

어떠한가, 네 사람 모두 뜻을 말했건만

공자의 탄성, 유독 시를 읊고 돌아오는 일이었으니.[24]

저녁

동자, 산에서 고사리 캐 와

밥 한 그릇 배고픔 달래기 충분하네.

이젠 알겠네, 당시 전원으로 돌아왔던 객

저녁 이슬에 옷 젖으며 서둘렀으니 본심과 달리 살고 싶지 않았지.

밤

꽃들 환히 빛나 저녁을 맞이하는 동안 달 동쪽으로 떠오르니

꽃이여 달이여 맑은 밤이여 의취 끝이 없어라.

달은 둥글고 꽃들은 시들지 않은 한 시절 얻었으니

꽃 떨어지고 술잔 빌까 걱정 마시라.

---

24 관련 고사는 『논어』 「선진(先進)」에 나온다. 중유, 염구, 공서적, 증점 네 제자에게 각자 포부
   를 말하게 한 뒤, 공자는 "늦은 봄날 봄옷이 지어지면 동자 예닐곱명을 데리고 기수에 가서
   목욕하고 무우에서 바람을 쐰 뒤 시를 읊고 돌아오겠다"라고 한 증점의 말에 유독 찬탄하
   면서 함께하겠다고 말했다.

── 여름

아침
새벽 일어나면 빈 뜰 대나무마다 이슬 선명하여
창문 밀치고 멀리 푸른 산빛 마주하지.
어린 동자 익숙하게 물 한병 따라 부을 때
얼굴 씻는 대야에 탕왕 날마다 새겼던 좌우명.[25]

낮
조용한 한낮 산속 강당으로 햇살 맑아
옥빛으로 빼어난 나무들 처마와 기둥 둘러싸고,
북쪽 창 아래 한가롭게 누워 태곳적 사람 되면
서늘한 바람 한마리 새 소리 실어 오지.

저녁
석양의 고운 빛 계곡과 산 진동할 때
바람은 자고 떠도는 구름 사이 새들은 저대로 돌아오고,
그윽한 그리움에 홀로 잠기니 누구와 더불어 말하랴.
바위 언덕 고적한 사이로 물 소리만 졸졸.

밤
고요한 뜰 빈산에 달 절로 밝고
짐을 벗은 이부자리 꿈속 혼도 맑지.

---

25 『대학』에 "탕(湯)의 반명(盤銘, 대야에 새긴 좌우명)에 진실로 하루 동안 새로워지게 하면,
    하루하루 새로워지게 하고, 또 날마다 새로워지게 한다"라고 했다.

깨어선 혼잣말 고하지 않으니 무슨 일인지 어찌 알랴.[26]
누우면 들리는 건 한밤중 학 우는 소리.

── 가을

아침
남은 더위 싹 가신 건 어젯밤 바람
서늘해진 아침 일어나니 쇄락해지는 가슴.
굴원이 말을 잘하지 못했다면
어떻게 천년 뒤에 주자를 감동시켰을까.[27]

낮
서리 내리고 맑은 하늘에 호기로운 매
시냇가 바위 끝 한채 오뚝한 서당.
근래 들어 유난히 쓸쓸해진 삼경三徑
황국을 들고 앉아 도선생 생각하네.[28]

저녁
가을 당채에서 멀리 바라보니 누구와 더불어 즐길까.

---

26 『시경』위풍(衛風)「고반(考槃)」에, "고반이 시냇가에 있으니, 석인의 마음이 넉넉하도다. 홀
로 자고 깨어 말하며, 이것을 잊지 않을 것을 길이 맹세한다(考槃在澗 碩人之寬 獨寐寤言 永
矢弗諼)"라고 했으며 뒤이어 "홀로 자고 깨었다가 다시 누워, 이 즐거움을 남에게 말하지 않
을 것을 길이 맹세한다(獨寐寤宿 永矢弗告)"라고 했다. 고반은 은거(隱居)하는 집이며, 석
인은 도량이 큰 현자를 가리킨다. 은거하며 시 읊는 즐거움을 남에게 말하지 아니하여 아는
이가 없음을 말한 것이다.
27 주희는 굴원의 『초사(楚辭)』에 주석하여 『초사집주(楚辭集注)』를 지었다.
28 삼경(三徑)은 은자의 정원에 난 세 길로, 곧 은자의 거처를 뜻한다. 도연명의 「귀거래사(歸
去來辭)」에 "삼경이 쓸쓸해지는데 소나무와 국화 아직 남아 있다"라고 했다.

석양이 단풍 숲으로 비쳐들어 한폭 그림을 능가하네.
어느덧 서풍이 불어와 기러기 지나가니
옛 친구 서신 보내오지 않을까.

밤
달이 차가운 못에 비치니 하늘 맑고
묻혀 사는 사람 한 칸 마음 텅 비어 담박하지.
그 가운데 절로 참된 소식이 있으니
선가의 공空(공적함)도 도객의 명冥(아득함)도 아니네.

── 겨울

아침
여러 봉우리 찬 하늘로 우뚝하게 솟고
뜰에는 황국 아직 몇 떨기 남았네.
소제하고 향 피우니 아무 일 없고
종이창 햇살 머금어 마음처럼 밝다.

낮
겨울 나며 묻혀 지내니 경영할 일 어디 있으랴
화분 들여놓고 대나무 감싸주고 야윈 몸 조섭하네.
찾아오는 손님 내심 사양하노니
겨울 석 달 영접하고 전송하는 일 그만하려네.

저녁
나무란 나무 뿌리로 돌아가고 해도 일찍 기울어

연무에 쌓인 숲 쓸쓸하고 새들 깊이 들어앉았네.

내내 저녁마다 조심해왔으니 무슨 의도 있으랴만

게으르려는 생각 은미한 곳에서 미혹되니 미리 막아야지.

밤

흐려진 눈 등불을 가까이하기 더욱 두려워

늙고 병드니 겨울 밤 유독 길게만 느껴지네.

책을 읽지 않아도 읽은 것보다 응당 나으니

앉아 바라보면 창에 비친 달 서리보다 차갑네.

평소 변변치 않은 식견으로 자네들과 강론했었는데, 이것도 쉽지 않은 일이었네.「고종기」[29]

경오년(1570) 음력 12월 2일, 선생께서 병이 위독해지셨다. 약을 올리게 한 뒤, "오늘은 장인의 기일이다. 고기반찬을 올리지 말라"라고 말씀하셨다. 3일, 방에서 설사하셨는데, 매화 화분이 옆에 있었다. 화분을 다른 곳으로 옮기게 하고 "매화 형에게 깨끗한 모습을 보이지 못해 마음이 편치 않구나"라고 하셨다. 4일, 조카 녕寗에게 유계遺戒[30]를 받아쓰게 했다. 천식이 심해 기침 소리가 끊이지 않자, 곁에 있는 사람들을 물리치고 문을 닫고서 조용히 말씀하셨는데, 병이 몸을 떠나간 듯이 태연하게 말씀하시어 목소리와 숨소리에 동요가 없었다. 받아쓰기를 마치자, 선생께서 직접 한번 살펴보시고 녕에게 봉하여 서명하게 했다. 그런 뒤에 기침 소리가 다시 들리기 시작했다. 선생께서 평소 수양하신 힘을 여기에서 볼 수 있었다. 이날 오후 제자들을 만나고 싶어 하셨다. 자제들이 선생의 마음에 변화가 있을

29　「考終記」,『간재집(艮齋集)』권6「계산기선록하(溪山記善錄下)」.

30　퇴계 선생이 자신의 사후 상례와 가사의 처리에 대하여 자손에게 당부한 말을 가리킨다.

까 염려하여 만나지 마시라고 청했다. 선생은 "생사가 바뀌는 때에 만나보지 않을 수 없다"라고 하시고, 상의를 걸치게 하고서 제자들을 불러 놓고 말씀하셨다. "평소 변변치 않은 식견으로 자네들과 강론했었는데, 이것도 쉽지 않은 일이었네." 5일, 관을 만들게 하면서 문인들에게 "내가 사나흘 더 버티면 다행이다"라고 말씀하셨다. 7일, 적寂(퇴계 선생의 서자)을 시켜 나 이덕홍에게 "네가 서적을 관리해라"라고 말씀하셨다. 나는 대답하고 물러나왔다. 동문들과 점을 쳐서 겸謙 괘의 "군자가 마침이 있다"[31]는 점사를 얻었다. 김부륜金富倫 등이 얼른 덮고서 아연실색했다. 8일 아침, 매화 화분에 물을 주게 하셨다. 오후에 준寯(퇴계 선생의 맏아들)과 조카를 불러 "내 머리 위에 바람 불고 비 오는 소리가 들렸다. 너희도 듣지 않았는가?"라고 말씀했다. "듣지 못했습니다"라고 대답하자, 선생께서 불평하는 소리를 내셨다. 유시酉時(오후 5~7시)쯤 맑은 하늘에 갑자기 흰 구름이 집 위로 몰려들어 1촌쯤 눈이 내렸다. 잠깐 사이에 선생께서 눕는 자리를 정돈하라고 명하시고 부축을 받아 몸을 일으켜 앉으셨다가 돌아가셨다. 즉시 구름이 흩어지고 눈이 멎어 개었다.

근심하는 가운데 즐거움 있었고, 즐거워하는 가운데 근심 있었으니
: 「나의 묘비명」[32]

| 태어나서는 매우 우매했고 | 生而大癡 |

---

31 『주역』「겸(謙)」의 괘사에 "겸은 형통하니, 군자가 마침이 있다(謙亨, 君子有終)"라고 했고, 구삼효의 효사에 "공로가 있으면서 겸손하다. 군자가 마침이 있으니, 길하다(勞謙, 君子有終, 吉)"라고 했다.

32 「自銘」. 1570년(선조 3, 70세) 9월. 『퇴계선생연보(退溪先生年譜)』 권3 「묘갈명(墓碣銘)」【선생께서 스스로 명(銘)을 쓰셨고, 고봉 기대승이 그 명 뒤에 묘갈문을 썼다(先生自銘,高峯奇大升敍其後)】;『고봉집(高峯集)』 권3 「퇴계선생묘갈명(退溪先生墓碣銘)」【선생께서 직접 명(銘)을 짓고 쓰셨다(先生自銘竝書)】.

장성해서는 병도 많았는데,　　　　　　壯而多疾

중년에 어찌자고 학문을 좋아했으며　　中何嗜學

다 늙어서 벼슬은 어찌자고 탐했던가?　晩何叨爵

학문은 공부할수록 오히려 아득했고　　學求猶邈

벼슬은 사양할수록 더욱 얽히었으니,　爵辭愈嬰

벼슬에 나아가 행한 것 잘못 헛디딘 일이요,　進行之路

물러나와 몸을 감춘 것 올바른 길이었다.　退藏之貞

나라의 은혜에 깊이 부끄럽고　　　　　深慙國恩

성인의 말씀 참으로 두려운데　　　　　亶畏聖言

높이 솟은 산 있고　　　　　　　　　　有山巖巖

늘 흐르는 강 있어,　　　　　　　　　　有水源源

야인으로 돌아와 어정거리며　　　　　婆娑初服

여러 비방에서 벗어났지만　　　　　　脫略衆訕

내 품었던 꿈 스스로 막히게 했으니　　我懷伊阻

내 종사하고 있는 학문 누가 즐길까?　我佩誰玩

내 생각하니 고인古人은　　　　　　　我思古人

실로 내 마음을 알고 있었다.　　　　　實獲我心

어찌 단정하겠는가, 뒤에 오는 사람　　寧知來世

오늘 이 마음 알지 못하리라고.　　　　不獲今兮

근심하는 가운데 즐거움 있었고　　　　憂中有樂

즐거워하는 가운데 근심 있었으니　　　樂中有憂

주어진 대로 살다가 죽을 뿐　　　　　乘化歸盡

다시 무엇을 탐하겠는가?　　　　　　復何求兮

도산에 물러나 늦게 은거한 사람 진성 이공의 묘:「유계遺戒」【선생의 봉사손 중의中懿 집에서 소장함】[33]

1. 내 장례에 국장國葬을 쓰지 말라. 예조에서 전례에 따라 국장을 쓰자고 임금께 청하면, 반드시 유언이라고 말하고 상소하여 거듭 사양하라.

1. 유밀과油蜜果(밀가루에 기름과 꿀을 섞어 반죽하여 과일 모양으로 만들어 기름에 지진 약과)를 쓰지 말고, 과일이 부족하니 간소하게 평배平排(한 단으로 진설하는 것)로 하라. 그 이외의 음식은 일절 쓰지 않아도 된다.

1. 비석을 세우지 말고, 조그만 돌을 사용하여 앞면에 "퇴도만은진성이공지묘退陶晩隱眞城李公之墓(도산에 물러나 늦게 은거한 사람 진성 이공의 묘)"[34]라고 쓰고, 뒷면에 고향과 선조 계통, 행실과 경력에 대하여 『가례』에서 규정한 대로 간략히 기록하라.【이 일을 다른 사람에게 부탁하여 짓게 하면, 기고봉奇高峯(기대승)처럼 서로 잘 알고 지낸 이는 반드시 실상과 달리 장황하게 써놓아 세상의 비웃음을 사게 된다. 그러므로 내가 일찍이 명문銘文을 지어놓았고, 그 나머지는 미루다가 마치지 못했다. 그 글이 정리되지 않은 초고 가운데 보관되어 있을 터이니 찾아서 그 명銘을 쓰면 된다.】

1. 선친의 묘갈을 세우는 일을 이제까지 마치지 못하여, 죽을 때까지 한으로 남는구나. 그러나 제반 사항이 이미 준비되어 있고 형편도 또한 어렵지 않으니 문중에 말씀드려서 곧장 새겨 세워야 한다.

1. 동쪽의 이 작은 집을 본래 너에게 물려주려고, 적寂(이황의 서자)을 위해 별도로 작은 집 한채를 지었는데, 공사가 반도 이르기 전에 이렇게 되었

---

33 「遺戒【先生嗣孫中懿家藏】. 1570년(선조 3, 70세) 12월 4일. 『퇴계선생전서』(번남본) 유집(외집) 권7;『정본』14, 112~13면.

34 "퇴도만은(退陶晩隱)"은 "도산에 물러나 늦게 은거한 사람"의 뜻으로 이황의 자호이다. 진성(眞城)은 관향(貫鄕, 시조가 난 곳)이다. 묘비명은 고인이 관직을 역임한 경우 관직을 앞에 쓴다. 이황은 관직 대신 자호로 묘비명을 쓰게 했다. 뒤늦게나마 도산에 은거해서 학문에 전념하고자 했던 의지와 이름만 높아지는 것을 염려했던 마음을 함께 엿볼 수 있다.

다. 적 모자는 주변이 없고 가난하고 유약해서 틀림없이 완성하지 못할 것이다. 네가 잡도리하여 진행해서 이 집을 완공할 수 있으면, 완공해주는 것이 물론 좋겠다. 사세가 어려울 것 같으면 차라리 네가 그 목재며 기와 등 물품을 가져다 건물을 짓는 데 사용하고, 적 모자에게는 이 집을 주어도 된다.

8장
조선의 에토스

선생은 한 시대 유학의 종사宗師이시다: 이이의 「유사」[1]

12월 신축일(8일), 숭정대부 판중추부사 이황이 졸卒했다. 황의 자는 경호景浩이다. 성품이 따뜻하고 돈후하며 옥처럼 순정했다. 젊어서 과거에 급제하여 벼슬길에 들어섰으나, 만년에는 성리性理의 학문에 뜻을 두어 벼슬살이를 즐거워하지 않았다. 을사년의 난(을사사화)에 이기李芑가 그 명성을 시기하여 주청해서 관작이 삭탈되었다. 황이 억울하다고 말하는 사람들이 많자 이기가 주청을 도로 거두어 작위를 회복했다. 권세로 농간을 부리는 이들이 권력을 장악함을 보고 조정에 나서려는 뜻이 더욱 없어져 황은 관직을 제수받아도 사직하고 부임하지 않았다. 명종께서는 황이 명리에 담박하여 물러남을 편히 여기는 것을 가상하게 여겨 여러 차례 품계를 더해주었고, 자헌대부資憲大夫(정2품)에 이르렀다.

1　「遺事」. 『율곡전서』 권28, 『경연일기』, 1570년 12월 신축일. 신축일은 8일이다. 『경연일기』에는 제목이 없으나, 『퇴계선생언행록』 「부록」 등에 「유사(遺事)」로 제목을 달아놓은 것에 따랐다.

이황은 예안의 퇴계에 거처를 정하고 퇴계를 자신의 호로 삼았다. 경제는 겨우 생활할 수 있을 규모였고 소박한 생활을 즐겨, 권세와 이익이나 화려한 출세를 뜬구름처럼 여겼다. 말년에 도산에 집을 지었는데 자못 산림에 은거하는 풍취가 있었다. 명종 말년에 여러 차례 부르는 명을 내려도 황이 거듭 사양하고 올라오지 않자, 명종께서 "현자를 불러도 오지 않는다"는 한탄을 제목으로 내걸고 가까운 신하들에게 명하여 글을 짓게 했다. 또 화공에게 명하여 황이 사는 도산을 모사해서 그림으로 그려 올리게 했다. 공경하고 사모하는 마음이 그와 같았다.

황의 학문은 문장을 통해 도로 들어갔다. 주장이 자세하고 치밀했는데 한결같이 주자의 가르침을 준수했다. 여러 학설의 차이에 대해서도 두루 자세히 통달했는데 주자의 설에 의거하여 절충하지 않은 경우가 없었다. 한가하게 거처할 때 학문 이외에 달리 마음을 둔 곳이 없었다. 때로 산수 사이를 소요하면서 마음에서 우러나는 대로 노래하여 쇄락한 감흥을 담았다. 학생이 찾아오면 그때마다 알고 있는 바를 다하여 가르쳐주었지만, 또한 학생을 모아서 스승의 도리로 자처하지 않았다.

평소 생활할 때 자신의 능력을 드러내려고 하지 않아 일반 사람과 별반 차이가 없어 보였다. 그러나 나아가고 물러나는 도리와 사양하고 받아들이는 의리에서 조금도 어긋남이 없었다. 남이 선물을 보내와도 의리에 맞지 않으면 끝내 받지 않았다. 서울에 와서 임시로 거처할 때, 이웃집 밤나무 가지가 담장을 넘어와 밤알이 익어 뜰에 떨어지면, 아이들이 집어 먹을까 염려하여 주워서 담장 너머로 던져주었다. 그 개결함이 더할 수 없었다.

현 임금(선조)께서 처음 즉위했을 때, 조정과 재야에서 태평의 정치를 기대했다. 사림의 여론은 모두 황이 아니면 임금께서 성덕聖德을 성취할 수 없다고 말했다. 임금의 의중도 또한 이황에게 가 있었다. 황은 스스로 재주가 국가 경영의 대사를 감당할 수 없다고 판단했고, 또 시대가 쇠퇴하고 풍속이 퇴폐하여 유학자가 일을 도모하기 어려운데, 좋은 정치를 추구하는 임금의 마음이 정성을 다하지 않고, 대신들도 또한 학식이 없어 의지할 만한 곳이 하나도 없음을 알았다. 따라서 작록을 간절하게 사양하고 반드시 물러날 것을 기필했다. 도산으로 돌아온 뒤 당시 정치에 대하여 언급하지 않았다. 여론은 여전히 황이 다시 기용되기를 희망했지만 황이 갑자기 졸하니, 향년 70세였다. 조야가 애통해했다. 부고가 올라오자 임금께서 경악하여 비통해하면서 영의정에 추증하고 최상의 예로 장례를 거행할 것을 명했다. 황의 아들 준雋은 황의 유언에 따라 예장을 사양했으나, 조정에서 허락하지 않았다. 태학의 유생들은 함께 전물奠物(제수)을 갖추고 추도문을 지어 가서 제사를 드렸다.

황은 특별히 드러나는 저서를 남기지 않았지만, 성인의 생각을 밝히고 선현의 가르침을 드러내 알린 의론議論이 세상에서 많이 통용된다. 중종 말년 화담 서경덕 처사가 도학으로 세상에 이름이 있었다. 그 의론은 기를 이로 여긴 경우가 많아, 황이 잘못된 견해로 여기고 학설을 세워 변석했다. 글의 뜻이 명확하고 막힘이 없어 학자들이 신복했다. 황은 한 시대가 존중하는 유학의 종사宗師로서 조광조 이후 견줄 만한 이가 없다. 황의 재주와 국량은 조광조에게 미치지 못하지만, 의리를 깊이 탐구하여 정미한 내용을 다 밝힌 부분에서는 또한 조광조가 미칠 바가 아니다.

군자는 세상을 근심한다:「성달경에 답함」(무자)[2]

성만징成萬徵[3]: 정자程子는 "성인은 근심스럽고 힘이 드는 가운데에서도 그 마음이 편안하고 고요하다. 편안하고 고요한 가운데 도리어 '지극한 근

---

2   「答成達卿」(戊子). 1708년. 『한수재집(寒水齋集)』 권11. 권상하(權尙夏, 1641~1721)가 성만 징(成萬徵, 1659~1711)에게 보낸 답장에서 한 말이다.

3   1659~1711. 자는 달경(達卿), 호는 추담(秋潭), 환성당(喚醒堂) 등이 있다. 권상하(權尙夏) 의 문인으로 강문8학사(江門八學士)의 한 사람이다.

심〔至憂〕’이 있다"[4]라고 했습니다. "지극한 근심〔至憂〕"의 "근심〔憂〕"이란 말은 "즐거움〔樂〕"의 오자인 듯합니다. 내 스스로도 "어진 사람은 근심하지 않는다"[5]고 생각하는데, 더구나 성인은 어떻겠습니까? 비록 천하를 근심하는 것 같은 근심은 하지만, 그 마음은 편안하고 고요합니다. 편안하고 고요한 가운데 지극한 즐거움이 있습니다. 어찌 지극한 근심이 있겠습니까? "근심〔憂〕"을 "즐거움〔樂〕"으로 고치고 싶은데, 모르겠습니다만 어떻게 생각하시는지요?

권상하權尙夏[6]: 일찍이 퇴계 이황 선생의 "근심하는 가운데 즐거움 있었고, 즐거운 가운데 근심이 있었다"라고 말씀한 것을 본 적이 있는데, 그 뜻이 정자의 생각과 한가지인 듯합니다. 군자는 궁색하고 불행한 가운데에서도 절로 바꾸지 않는 즐거움이 있고, 평생 향유하는 즐거움이 있어도 또한 도를 근심하고 세상을 근심하는 마음이 없지 않습니다. 정자의 말은 쉽게 바꿀 수 없을 듯합니다. 모르겠지만 어떻게 생각하시는지요. "어진 사람은 근심하지 않는다"라고 할 때의 근심은 그 의미가 편안하고 고요한 가운데 가지는 근심과는 자연히 구별되니, 전자를 가지고 후자를 의심해서는 안 될 듯합니다.

---

4   이 말은 『이정유서』 권6에 나온다.

5   『논어』 「자한(子罕)」에 "어진 사람은 근심하지 않는다"라고 했고, 「안연(顏淵)」에 "군자는 근심하지 않고 두려워하지 않는다"라고 했다.

6   1641년~1721년. 자는 치도(致道)이다. 호는 수암(遂菴), 한수재(寒水齋) 등이 있다. 시호는 문순(文純)이다. 송준길(宋浚吉), 송시열(宋時烈)의 문인이다. 송시열의 임종을 지켰고, 유언에 따라 화양동(華陽洞)에 만동묘(萬東廟)와 대보단(大報壇)을 세워 명나라 신종(神宗)과 의종(毅宗)을 모셨다. 인물성논쟁이 문하에서 일어났을 때 호론의 입장을 취했다.

이황의 진득처는 우리의 터전이다: 「이자강[7]에게 답함」[8]

다만 이제 선현은 멀어졌고 말씀도 막혀서 끊어진 도맥이 요원해졌습니다. 도와서 도를 잇는 책무가 공을 놔두고 어떻게 가능하겠습니까? 그러나 매번 보내온 편지를 받을 때마다 말씀하는 뜻이 처량하여 마음에 맞지 않는 것이 있는 듯합니다. 어째서 그런가요? 비록 처지가 걱정스럽고 두려우며 궁색하다 해도 어찌 갑자기 이렇게 처신하여 넓고 화평한 자신의 심체心體를 손상시키는지요? 퇴계 선생께서 "근심하는 가운데도 즐거움 있고, 즐거운 가운데도 근심함이 있다"라고 말씀한 경계는 모두 이 어른이 받아서 향유한 진실한 도리[眞諦]로 우리의 터전이 될 수 있습니다. 모름지기 여기에서 생각을 기울여 체회體會(자신에게 일체가 되게 익힘)해서 원대한 과업을 궁구해야 합니다.

"이자수어李子粹語(이 선생의 정수)"로 전승되는 이황의 학문과 삶: 『『이자수어』 서문」[9]

주나라가 쇠퇴한 뒤 전장典章 제도와 예가 노나라에 남아 있었다. 공자가 노나라에 돌아와 그들을 조술하여 도통이 전해질 수 있었다. 천오백여 년이 지나서 자양의 주희 선생이 태어나 선왕의 도를 크게 밝히자, 사해의

---

7   이봉수(李鳳秀, 1778~1847). 자는 자강(子岡), 호는 대은(大隱) 또는 금계(襟溪)이다. 오희상(吳熙常)의 제자로 의빈부도사와 의령현감을 지냈다.

8   「答李子岡」, 『노주집(老洲集)』 권11. 오희강이 이봉수에게 답한 편지에서 한 말이다. 오희상(吳熙常, 1763~1833)은 자가 사경(士敬), 호가 노주(老洲)로 황해도도사, 사어(司禦) 등을 지낸 뒤 광주(廣州)의 징악산(徵嶽山)에 은거하여 학문에 전념했다.

9   「李子粹語序」, 1753년 11월 동지. 『성호전집(星湖全集)』 권50. 이광호 역주, 『이자수어』, 예문출판사, 2010, 45면 원문 끝에 "時旴陽作畵陽復之日, 後學驪州李漵, 盥手敬識"가 있지만, 『성호전집』(한국문집총간본) 권50의 「李子粹語序」에는 이 구절이 없다. 이광호 역주본 원문에 따라 작성 시기를 1753년 11월 동지로 삼았다.

안과 밖에서 존숭하고 친애하지 않는 곳이 없었다. 그리하여 주나라의 예가 다시 행해졌다. 우리나라는 은나라 태사太師(재상이자 천자의 스승) 기자箕子가 기초를 닦은 나라다. 그 유풍이 다 사라지지 않아서 흰색을 숭상하는 풍속, 정전井田의 경계를 구획한 유적 등 여러 가지로 증명할 수 있으니,『곤건坤乾』한가지로 은나라의 유산을 증명했던 것에 비할 바가 아니다.[10] 따라서 우리나라의 어진 풍속은 은나라 유민遺民의 풍속이 아님이 없다.

천이백여년이 지나 퇴계 이 선생이 태어나 육경을 연구하면서 주자를 의지처로 삼았다. 참으로 은나라의 질박함[質]을 따르면서 주나라의 문채로움[文]을 활용했으니, 질박함과 문채로움이 어울려 대성했다. 오늘날 천하는 온통 어지러워져 예악이 쓸어낸 듯 없어졌다. 그럼에도 우리나라만 선왕의 옛 의관제도를 보전하여 지키고 있으니, 아마도 하늘의 뜻일 것이다. 이제 다행히 이곳에 태어났으니 어찌 퇴계 선생이 했던 말씀을 말하고, 퇴계 선생이 했던 행동을 실천하면서, 간신히 남은 유교의 도맥을 부지할 수 있기를 바라지 않겠는가?

나 익瀷은 뒤에 태어나 퇴계 선생의 제자가 될 수 없었고, 그저 글을 읽고 기뻐할 수 있었다. 선생께서 남긴 가르침을 두루 알지 못함을 스스로 부끄럽게 여겨, 그 핵심들을 채록하여 수록하고『도동편道東篇』이라고 제목을 붙였다. 그러고 나서 40여년 수정하지 못했는데, 나의 벗 안백순安百順(안정복)이 첨삭을 가하여 주자가 편찬한『근사록』의 체제에 따라 범례를 정해서 붕우들과 공유하고 싶어 했다. 이것은 나의 바람이었지만, 나의 정신이 소진되어 이 일을 할 힘이 없었다. 드디어 백순과 윤동규尹東奎 유장幼章에게 부탁하여 반복해서 상의하면서 함께 진행했다. 책이 이루어지고 나서 그 제목을『이자수어李子粹語』로 바꾸었다.

---

10 『예기』「예운」에 "나는 은나라의 도를 보기를 원했다. 그래서 송나라로 갔으나 징험할 수 없었고, 나는 그곳에서『곤건(坤乾)』을 얻었다"라고 한 공자의 말이 나온다.『곤건』의 내용은 전해지지 않는다. 정현은 은나라 때 음양(陰陽)의 서적이라고 주석했다.

이황 연보

연도	이황	국내외 주요 사건
1501년 (연산군 7년)	* 11월 25일, 예안현 온계리(현 경상북도 안동시 도산면 온혜리)에 있는 노송정(老松亭)에서 아버지 식(埴, 1463~1502)과 어머니 춘천박씨(1470~1537) 사이에서 6남 1녀 중 막내로 태어남. 전모 의성김씨(1460~88) 소생 2남 1녀, 춘천박씨 소생 3남이 있었음.	* 10월, 대사간이 유자광 탄핵. 『동국여지승람』 수정 완료.
1502년 (연산군 8년)	* 부친 별세.	* 12월, 중국 『대명회전(大明會典)』 반포.
1512년 (중종 7년)	* 숙부 우(堣, 1469~1517)에게 『논어』를 배움.	* 9월, 임신약조.
1517년 (중종 12년)	* 봄, 경상도 관찰사 김안국(金安國)에게 인사함. * 11월, 숙부 우가 안동부사로 재직 중 별세.	* 3월, 김안국 『여씨향약』 간행. * 8월, 정몽주 문묘종사. * 마르틴 루터, 95개조 반박문 게시.
1518년 (중종 13년)	* 2월, 이현보(李賢輔)가 안동부사로 부임하여 석전, 향음주례, 향사례를 거행하고 학생들을 불러 모아 공부시킬 때 이황도 참여. * 「야당(野塘)」 지음.	* 김안국이 북경에서 구입한 성리서(性理書)를 바치고, 간행하여 보급할 것을 건의. * 소격서 혁파. * 왕수인(王守仁) 『전습록(傳習錄)』 상권 간행.
1519년 (중종 14년)	* 『성리대전』 『주역』 등 독서.	* 4월, 현량과 시행. * 11월, 기묘사화.
1521년 (중종 16년)	* 진사 허찬(許瓚)의 딸 김해허씨(1501~27)와 결혼.	* 10월, 신사무옥. * 꼬르떼스, 아스테카왕국 정복.
1523년 (중종 18년)	* 성균관에 두달 유학. 선배 황씨를 방문하였다가 『심경부주(心經附註)』를 처음 섭하고 구입하여 독서함.	* 5월, 왜구 안면도 침입.
1524년 (중종 19년)	* 7월 15일, 「갑신맹추십오일요산완월연구(甲申孟秋十五日龍山翫月聯句)(句)」 지음.	* 7~12월, 평안도 역병이 황해도까지 유행.
1527년 (중종 22년)	* 가을, 경상도 향시 초시 진사시와 생원시 합격. * 11월, 부인 김해허씨 별세. * 「청량산백운암기(淸凉山白雲庵記)」 지음.	* 4월, 최세진 『훈몽자회(訓蒙字會)』 출간.

1528년 (중종 23년)	• 2월, 진사시 복시 합격. • 넷째 형 해(瀣)가 문과 급제.	
1530년 (중종 25년)	• 봉사(奉事) 권질(權礩)의 딸 안동권씨(?~1546)와 재혼.	• 코페르니쿠스 『천체의 회전에 관하여』 출간.
1531년 (중종 26년)	• 가을, 「송황경보부경(送黃敬甫赴京)」을 써서 북경으로 사행을 떠나는 황효공(黃孝恭) 전별.	• 중국 일조편법(一條鞭法) 실시.
1533년 (중종 28년)	• 1월 29일~ 4월 초: 경상남도 지역 여행.「과길선생려(過吉先生閭)」; 7월, 『남행록(南行錄)』(109수), 『서행록(西行錄)』(39수), 「서남서행록후(書南西行錄後)」 지음. • 6월, 성균관에 유학. 김인후(金麟厚) 등과 교류. 대사성 윤탁(尹倬)에게 『대학』 '물격(物格)' 주석을 질의함. • 이천에서 권벌이 김안국을 만날 때 동행하여 논의를 경청함. • 경상 좌도 대과 향시 합격.	• 삐사로의 스페인군이 잉카제국 정복.
1534년 (중종 29년)	• 윤2월, 문과 급제. • 4월, 승문원권지부정자(承文院權知副正字)에 임명됨. • 10월, 연시(延試)에서 「문신기영회도(文臣耆英會圖)」 배율(排律) 10운으로 수석을 차지.	• 가톨릭 수도회 예수회 설립.
1535년 (중종30년)	• 6월, 왜인 호송관으로 왜노를 동래로 호송. 여주에서 여주목사 이순(李純), 훈도 이여(李舍, 김안국의 문인)와 신륵사에서 『황극경세서(皇極經世書)』의 「관물내편(觀物內篇)」과 『주역참동계(周易參同契)』의 수련법에 대해서 논함. 「여여주목사이순훈도이여유신륵사(與驪州牧李公純訓導李舍遊神勒寺)」 지음.	
1537년 (중종 32년)	• 10월, 어머니 춘천박씨 별세.	• 김안로(金安老) 사사.
1538년 (중종 33년)	• 여막(廬幕)에서 거상. 『무술일과(戊戌日課)』(실전) 지음.	• 6월, 『촌가구급방(村家救急方)』 발간. • 8월, 성주사고 전소.
1540년 (중종 35년)	• 1월, 사간원정언으로 조정에 복귀. • 사헌부지평(5월), 홍문관교리(10월)로 경연에 참여.	• 4월, 역대 실록을 등사하여 성주사고에 봉안.

1541년 (중종 36년)	* 4월, 사헌부지평으로 사가독서 중에 『서당삭제(書堂朔製)』(실전), 『독서만록(讀書漫錄)』(실전)을 지음. * 5월, 홍문관수찬으로 홍문관의 관료들과 함께 「일강구목소(一綱九目疏)」를 올림. 자문점마관(咨文點馬官)으로 의주를 다녀옴. * 9월 7일, 경기도 재상어사(災傷御史)로 파견되어 25일 석강에서 검찰한 결과를 보고. * 12월, 형조정랑 지제교 겸 승문원교리.	* 『우마양저염역병치료방(牛馬羊猪染疫病治療方)』 『구황절요(救荒切要)』 발간.
1542년 (중종 37년)	* 3월 18일, 석강에서 동한의 사례를 들어 외척의 정치 개입을 경계함. 19일, 충청도 구황적간어사(救荒摘奸御史)로 파견되어 4월 6일 검찰한 결과를 보고. * 8월 21일, 강원도 재상어사(災傷御史)로 파견되어 9월 6일 복명함. 『관동행록(關東行錄)』 지음.	* 4월, 사서삼경을 간행하여 평안도, 황해도에 분급. * 5월, 『분문온역이해방(分門瘟疫易解方)』 발간.
1543년(중종 38년)	* 1월, 『영남행록(嶺南行錄)』 『영남관동행록』 지음. * 2월, 『주자전서』 교정. 중종이 교서관에 『주자전서』를 간행하여 반포하게 하자, 이황이 원본을 교정한 이후에 인간할 것을 계청하여 허락받고 교정에 참여. * 8월, 조산대부 성균관사예 지제교 겸 승문원교감 세자시강원필선.	* 1월, 백운동서원 건립. * 4월, 김안국 별세. * 7월, 김인후가 경연에서 기묘사화의 처리가 잘못되었음을 말함.
1544년 (중종 39년)	* 3월 6일, 홍문관 교리, 응교로 경연에 참여. * 6월, 송인수에게 『무이지(武夷志)』를 빌려서 독서함. * 8월, 홍문관응교 겸 경연시강관 춘추관편수관 승문원교감. * 11월, 명에 중종의 상을 부고하고 시호를 청하는 표문을 짓고, 그 글씨를 씀. 빈전도감찬수청의 낭청으로 복무.	* 4월, 사량진왜변. * 11월 중종 승하. 인종 즉위. * 겨울, 서경덕이 「원리기(原理氣)」 「이기설(理氣說)」 「태허설(太虛說)」 「귀신사생론(鬼神死生論)」 지음.
1545년 (인종 1년)	* 윤정월 「정릉지(靖陵誌)」 「중종대왕만사(中宗大王挽詞)」 지음. * 7월 27일, 「갑진걸물절왜사소(甲辰乞勿絶倭使疏)」 지음. * 10월, 이기(李芑)의 계청으로 관직을 삭탈당하였다가, 다시 사복시정 겸 승문원참교에 임명됨.	* 6월, 조광조의 관작을 회복시킴. * 7월, 인종 승하. 명종 즉위. * 8월, 을사사화. * 평안도 양전 실시.
1546년 (명종 1년)	* 7월 2일, 부인 안동권씨 별세. * 11월, 양진암(養眞菴)을 완공하고, 시내 토계(兎溪)를 퇴계(退溪)로 고침.	* 2월, 윤결 『유구풍속기(琉球風俗記)』, 유대용 『유구풍토기(琉球風土記)』 발간. * 5월, 전국에 지진 발생. * 7월, 서경덕 별세.

1547년 (명종 2년)	• 1월 1일, 「제만죽산방집첩발(題萬竹山房集帖跋)」 지음. • 4월, 월란암에 머물며 『심경부주(心經附註)』를 독 서하고, 『무이지(武夷志)』를 읽다가 꿈에 주자 를 봄. • 6월, 이현보가 「주례(酒禮)」와 「제례도(祭禮圖)」 를 짓는 과정에 질정해와 답함. • 9월 27일, 시강관으로 조강에 입시하여, 외방 장 시에서 백성들이 장사를 하는 것을 국가에서 법 으로 금하지 말도록 요청. • 12월, 의빈부경력(儀賓府經歷)으로 있으면서 「설 죽가(雪竹歌)」 지음.	• 2월, 정미조약. • 9~10월, 양재역벽서사건으로 송인수가 사사되고 이언적이 강계에 유배됨. • 12월, 윤원로 사사.
1548년 (명종 3년)	• 1월, 단양군수로 부임. • 8월 5일, 단양향교에서 석전례 거행. • 10월, 풍기군수로 부임.	• 3월, 권벌 별세. • 10월, 『속무정보감(續武定寶 鑑)』 발간.
1549년 (명종 4년)	• 2월 7일, 풍기 향교에서 석전예 거행. • 5월, 「유소백산록(遊小白山錄)」 지음. • 9월, 백운동서원의 축문, 진설도 및 홀기 개정. • 12월, 백운동서원에 편액과 서적을 내려줄 것을 요청. 조정에서 소수서원(紹修書院)이라는 편액 과 사서오경, 『성리대전』 등의 서적을 하사함. 경 상도 관찰사에게 풍기군수의 면직을 청하는 세 번째 사직서를 제출하고, 회답을 받기 전에 귀향.	• 홍문관에서 선기옥형을 제작 하여 올림. • 7월, 예수회 선교사 프란시스 코 하비에르가 가고시마에 들어와 선교.
1550년 (명종 5년)	• 1월, 임지를 이탈한 죄로 고신(告身) 2등을 삭탈 당하자, 「천기풍기군수추고함답장(擅棄豊基郡守 推考緘答狀)」을 올려 변명함. • 계상(溪上)으로 이사하여 집을 한서암(寒栖庵), 거 처하는 방을 정습(靜習)이라고 명명. • 8월 하순, 넷째 형 해가 이기의 탄핵을 받아 갑산 에 유배 가는 도중 장독으로 사망. • 신언(申漹) 입문.	• 8월, 중국 경술지변. • 10월, 『중종실록』 『인종실록』 찬수. • 『황달학질치료방(黃疸瘧疾治 療方)』 발간.
1551년 (명종 6년)	• 1월 하순, 「한거차조사경·구경서 · 김순거 · 권경 수제인창수운14수(閒居次趙士敬) · (具景瑞) · (金 舜擧) · (權景受諸人唱酬韻十四首)」를 지어 중국과 우리나라의 학술사를 평함. • 2월, 「청명계상서당(淸明溪上書堂)」(2수) 지음.	• 5월, 신사임당 별세.
1552년 (명종 7년)	• 4월, 홍문관 교리에 부임. • 5월 8일, 경연에 참여하여 석강에서 왕도를 높이 고 패도를 억제할 것을 건의.	• 3월, 소수서원에 서적을 하사. • 7월과 10월, 서울 지진 발생.

1552년 (명종 7년)	• 7월 11일, 성균관 대사성에 임명되었다가, 11월에 사직하고 상호군(上護軍)에 임명됨. • 박민헌(朴民獻)에게 『연평답문(延平答問)』을 빌려 보고 심성 수양에 대한 주희의 견해를 명확히 이해함.	
1553년 (명종 8년)	• 2월, 「여조건중(與曹楗仲)〔식○계축植○癸丑〕」을 지어 조식(曺植)에게 조정의 징소에 응할 것을 권함. • 3월, 홍인우를 방문하여 서경덕의 「황극경세수해(皇極經世數解)」와 「성음해(聲音解)」에 대해서 토론. • 4월, 통정대부 성균관대사성에 부임. • 5월, 「유사학사생문(諭四學師生文)」 지음. 대사성으로 책문을 내어 답을 제출하게 하였지만, 답을 제출한 유생이 한명도 없었고, 학궁 내에서 비난하는 여론이 일어나자, 병을 이유로 사직을 청함. • 7월, 대사성에서 체직되어 부호군에 임명됨. • 9월, 「홍응길상사유금강산록서(洪應吉上舍遊金剛山錄序)」 「관동록발(關東錄跋)」 「제주경유유청량산록후(題周景遊遊淸凉山錄後)」 「경복궁재위안종묘문(景福宮災慰安宗廟文)」 지음. • 가을, 「정재기(靜齋記)」 지음. • 10월, 조정에서 서얼 허통에 대하여 논의할 때, 국속을 갑자기 변경할 수 없고, 또 국가의 큰 규범을 갑자기 허물어뜨릴 수 없다는 이유를 들어 반대. 정지운(鄭之雲)이 지은 「천명도설(天命圖說)」 개정. • 11월, 「연평답문후어(延平答問後語)」 지음. • 겨울, 「초의려선생집부백사양명초후부서기말(抄醫閭先生集附白沙陽明抄後復書其末)」을 지어 정좌(靜坐)에 치중하면 선학(禪學)에 흐르게 됨을 경계함. • 12월 11일, 정지운의 「천명도설」을 수정하여 만든 정본에 「천명도설후서 부도(天命圖說後叙), (附圖)」를 지어 부가함.	• 2월, 경상도, 전라도 지진 발생. • 9월, 경복궁 화재. • 11월, 이언적 별세. • 뽀르뚜갈이 마카오 점령.
1554년 (명종 9년)	• 「서서처사화담집후삼수(書徐處士花潭集後三首)」 지음. • 2~12월, 「일록(日錄)」 지음. • 4월, 「서역법제도병후(書易範諸圖屛後)」 지음. • 임고서원(臨皐書院)에 내사 받은 『신편음점성리군서구해(新編音點性理群書句解)』 6책을 기증.	• 11월, 『구황촬요(救荒撮要)』를 언해하여 간행. • 청주목사 이정(李楨)이 『연평답문』을 중간함.

1554년 (명종 9년)	• 7월 2일, 주세붕의 부음을 듣고 곡함. 11일, 「여노이재과회(與盧伊齋寡悔)〔수신 ○ 갑인수신 ○ 甲寅〕별지(別紙)」 지음. 진도에 유배되어 있는 노수신(盧守愼)에게 편지를 보내, 노수신이 주해한 「숙흥야매잠(夙興夜寐箴)」에 대하여 논함. • 9월, 「연평답문발(延平答問跋)」 지음.	
1555년 (명종 10년)	• 1월, 「득김인후지기시차운각기(得金厚之寄詩次韻卻寄)」 지음. • 2월 11일, 해직되어 귀향. • 6월, 「지중추농암이선생만사(知中樞聾巖李先生挽詞)」 2수 지음. • 8월, 「제농암이지사선생(현보)문(祭聾巖李知事先生〔賢輔〕文)」 지음. • 귀향 후 「천명도설」 개정. 『계몽전의(啓蒙傳疑)』의 편찬과 『사서삼경석의(四書三經釋義)』를 수정 보완하는 작업에 착수.	• 5월, 을묘왜변. • 6월, 이현보 별세. • 10월, 『경국대전주해(經國大典註解)』 출간. • 『운곡휘음시(雲谷徽音詩)』(증보판) 출간.
1556년 (명종 11년)	• 4월, 『주자서절요(朱子書節要)』 편찬을 위해 주희의 서간을 절요해서 14권 7책으로 편차하고, 조목과 금난수 등 제자들을 통해 선사 진행. • 5월, 「정재기(靜齋記)」 수정. • 5월 22일, 「사면홍문관부제학소명장(辭免弘文館副提學召命狀)」을 두번 올려 체직됨. • 6월, 「사면첨지중추부사소명장(辭免僉知中樞府事召命狀)」 지음. • 7월, 「숭정대부지중추부사농암이선생행장(崇政大夫行知中樞府事聾巖李先生行狀)」 지음. • 12월, 「향립약조(鄕立約條)」 「향립약조서(鄕立約條序)」 지음. • 제자들이 비용을 내서 퇴계 남쪽의 화암 곁에 계남서재(溪南書齋)를 지음.	• 2월, 서자의 봉사(奉祀)법을 정함.
1557년 (명종 12년)	• 3월, 「수곡암기(樹谷菴記)」 지음. • 7월, 『계몽전의(啓蒙傳疑)』 지음. • 「답김돈서(答金惇敘)〔정사 丁巳〕」를 지어 김부륜에게 경(敬)의 요체에 대해서 설명함. • 『주자서절요』 원고 완성. • 계상서당이 비바람에 무너져 도산서당을 짓기 시작.	• 11월 8일, 12월 30일 지진 발생.

1558년 (명종 13년)	* 2월, 이이(李珥)가 방문하여 3일을 머물고 감. 이 이가 돌아간 뒤 『대학장구』 및 『대학혹문』에 대한 문목, 「상퇴계선생(上退溪先生)」 「별지(別紙)」(무 오)를 보내오자 「답이숙헌(答李叔獻)」(이○무오戊 午)」과 「별지(別紙)」로 답장하고 「증이수재 숙헌(贈李秀才叔獻)〔무오戊午)」도 함께 보냄. * 4월 6일, 『자성록(自省錄)』. 「자성록소서(自省錄小 序)」. 「주자서절요서(朱子書節要序)」 조목, 금난수 등과 우탁(禹倬)을 모시는 서원을 오담(鰲潭)에 터를 잡고 건립을 추진. * 「어관포시집발(魚灌圃詩集跋)」 지음. * 10월, 성균관 대사성에 임명되었다가 세 차례 사 직 끝에 상호군으로 자리를 옮김. * 11월, 기대승(奇大升)이 문과에 급제한 뒤 찾아와 인사하고, 정지운의 「천명도설」에 이황이 수정을 가한 내용에 대하여 토론. * 12월, 가선대부 공조참판 겸 지제교 임명.	* 7월, 김제군수 김적이 『십일 가주손자(十一家注孫子)』를 내사받음.
1559년 (명종 14년)	* 7월 초순, 동지충추부사 임명. * 8월, 「이산원규(伊山院規)」 「이산서원기(伊山書院 記)」 지음. * 9월, 『고경중마방(古鏡重磨方)』 「제고경중마방(題 古鏡重磨方)」 지음. * 10월 24일, 「답기명언(答奇明彦)」·「별지」 「답기명 언(答奇明彦)〔논사단칠정제일서論四端七情第一 書)」 지음. * 12월, 『송계원명이학통록(宋季元明理學通錄)』 편 찬 착수.	* 임꺽정의 난.
1560년 (명종 15년)	* 1월, 「서조남명유두류록후(書曹南冥遊頭流錄後)」 지음. * 2월, 「여기명언(與奇明彦)〔경신庚申)」 「답정정이 (答鄭靜而)〔지운○경신之雲○庚申)」 지음. * 6월, 「영봉서원기(迎鳳書院記)」 「도산잡영(陶山雜 詠)」 지음. * 8월, 「답노이재(答盧伊齋)〔경신庚申)·별지(別紙)」 지음. * 김인후의 부음을 듣고 곡함. * 11월, 「답기명언(答奇明彦)〔논사단칠정제이서論 四端七情第二書)」 지음. (60세)	* 1월, 김인후 별세.

1561년 (명종 16년)	* 「서여릉사우장주문공소간후(書廬陵士友藏朱文公 小簡後)」 지음. 절우사(節友社) 축조. * 4월 16일, 「사월기망탁영범주령교·안도·덕홍이 명월청풍분운득명자(四月旣望濯纓泛月令喬·安道· 德弘以明月淸風分韻得明字)」 지음. * 5월 3일, 「답기명언(答奇明彦)〔신유辛酉〕」을 지어 사칠논변을 중지하겠다고 말함. * 7월, 「제망우추만정군(지운)문(祭亡友秋巒鄭君〔之 雲〕文)」 지음. * 9월, 도산서당 완공. 조목, 유운룡, 김성일, 권호문 이 농운정사에 머물며 『주자서절요』 『대학』 「태 극도설」 『사기』 『주역』 등을 배움. 이황은 새벽마 다 『심경부주(心經附註)』를 한번씩 읽었다고 함. * 11월 6일(동지), 「도산기(陶山記)」 지음. * 황준량이 임고서원(臨皐書院)의 목활자로 『회암 서절요(晦菴書節要)』(15권 8책)을 간행. 이후 『회 암서절요』를 『주자서절요』로 개칭.	* 이지함이 『토정비결』 집필.
1562년 (명종 17년)	* 3월, 「이락연원록발(伊洛淵源錄跋)」 「전도수언발 (傳道粹言跋)」 지음. * 12월, 권문해(權文海)가 찾아와 유운룡과 함께 한 달간 공부하고 돌아감. * 유운룡, 유성룡 형제가 농운정사에 묵으면서 배 우고, 문답한 내용을 『사문문답일록(師門問答日 錄)〔임술壬戌〕』으로 남김.	* 1월 임꺽정 포살. * 9월 허엽(許曄), 조광조 신원 건의. * 중국에서 『영락대전』 부본 제 작 착수, 1567년 완성.
1563년 (명종 18년)	* 1월, 「답황중거문목(答黃仲擧問目)〔심경○계해心 經○癸亥〕」 「답황중거문목(答黃仲擧問目)〔근사록 近思錄〕」 지음. * 2월 15일, 「정존재잠(靜存齋箴)」 지음. * 4월, 「황성주중거만사이수(黃星州仲擧挽詞二首)」 「제황성주(중거)문(祭黃星州〔仲擧〕文)」 지음. * 12월, 「성주목사황공행장(星州牧使黃公行狀)」 지음.	* 5월, 명에 사신을 보내 종계 (宗系)의 시정을 요구.
1564년 (명종 19년)	* 2월, 「이중구가장무이구곡도발(李仲久家藏武夷九 曲圖跋)」 지음. * 9월, 「정암조선생행장(靜庵趙先生行狀)」 지음. * 12월 16일, 「김이정잠재설(金而精齋說)」 지음. * 「심무체용변(心無體用辯)」. 황해도 관찰사 유중영 (柳仲郢)이 해주에서 『주자서절요』를 활자로 간행.	* 2월, 성수침 별세.
1565년 (명종 20년)	* 2월, 「서원십영(書院十詠)」 지음. * 3월 16일, 「도산십이곡(陶山十二曲)」 「도산십이곡 발(陶山十二曲跋)」 지음.	* 4월, 문정왕후 별세. * 6월, 보우가 제주도에 유배되 어 장살됨.

1565년 (명종 20년)	• 12월 26일, 명종이 가선대부 동지중추부사에 임명하고 부름. • 『잠명(箴銘)』「잠명제훈발(箴銘諸訓跋)」「산거사시각음공십육절(山居四時各四吟共十六絶)」 지음. 『경현록(景賢錄)』 개정.	
1566년 (명종 21년)	• 3월, 『병인도병록(丙寅道病錄)』 지음. • 6월 15일, 명종이 "초현부지탄(招賢不至歎), 현자를 불러도 오지 않아 한탄함)"이란 시제로 독서당 관원들에게 율시 1수를 지어서 올리게 하고, 송인(宋寅)에게 이황의 「도산기」와 「도산잡영」을 쓰게 하여 병풍으로 만들고 처소에 둘러치게 함. • 7월, 「답조사경문목(答趙士敬問目)〔심경(心經)〕」「별지」「심경오자의의(心經誤字疑義)」「심경후론(心經後論)」 지음. • 10월, 「회재이선생행장(晦齋李先生行狀)」 지음. • 「전습록논변(傳習錄論辨)」「격물물격속설변의답정자중(格物物格俗說辨疑答鄭子中)」 지음.	• 6월, 남계서원 사액. • 9월, 이전인이 이언적의 「진수팔규(進修八規)」를 바침.
1567년 (선조 즉위년)	• 2월, 「혼례홀기(婚禮笏記)」 지음. 하순, 제술관(製述官)에 임명. • 6월 12일 상경하였으나, 28일 명종이 승하하여 사은숙배도 못하고 곡반에 나아감. • 7월, 「명종대왕행장(明宗大王行狀)」「회시조사서(回示詔使書)」 지음. 28일, 자헌대부 예조판서. 명종의 상에 왕대비 인성왕후의 상복이 논의되자 이황은 처음에『의례』에 의거해서 수숙간에 상복이 없다고 말하였다가, 기대승이 주장한 모자(母子) 사이의 복이 옳다고 인정. • 8월, 「예조판서병고걸면장삼(禮曹判書病告乞免狀三)」(실전)을 올려 체직되자 귀향. 「명종대왕만사(明宗大王挽詞)〔병서幷序〕」「역동서원기(易東書院記)」 지음. • 12월, 선조가 제술관(製述官)으로 부름.	• 2월, 조광조가 영의정으로 추증됨. • 6월 28일, 명종 승하. • 7월 3일, 선조 즉위. • 11월, 『의례경전통해(儀禮經傳通解)』 편찬.
1568년 (선조 1년)	• 8월, 홍문관 및 예문관 대제학에 임명됨. 7일 「무진육조소(戊辰六條疏)」 지음. • 9월, 「무진경연계차1(戊辰經筵啓箚一)」「무진경연계차2(戊辰經筵啓箚二)」 지음. 15일 실록찬집도청 당상에 임명됨. 21일 석강에서 조광조를 추숭하고, 남곤(南袞)과 심정(沈貞)의 관작을 추탈할 것을 계청.	• 3월, 군적(軍籍) 개수. • 8월, 『명종실록』 찬수.

1568년 (선조 1년)	• 11월, 경연에서 「서명고증강의(西銘考證講義)」를 올림. • 12월 16일, 『성학십도(聖學十圖)』와 차자(「(進聖學 十圖箚)〕(箚圖)」)를 올림.	
1569년 (선조 2년)	• 3월, 의정부 우찬성에 임명됨. 치사를 허락받고, 남북의 우환에 미리 대비할 것과 국정을 신하와 협력해서 운영할 것을 건의하고, 기대승을 추천. • 5월 20일, 교서관에서 인쇄하여 보내온 『성학십 도』를 수정하여 보냄. • 6월, 「심통성정중하이도개작설(心統性情中下二圖 改作說)」 지음.	• 9월, 이이가 『동호문답(東湖問 答)』을 찬진. • 메르카토르도법 발표.
1570년 (선조 3년)	• 1월, 「청송성성생묘갈명(聽松成先生墓碣銘)〔병서 并序〕」 지음. • 5월, 도산서당에서 『역학계몽』을 강의하고 「암서 독계몽시제군이수(巖栖讀啓蒙示諸君二首)」를 지 어 학생들에게 보여줌. • 7월, 「신간계몽익전발(新刊啓蒙翼傳跋)」 지음. • 8월, 「역동서원성제우쇄주문(易東書院成祭禹祭 酒文)」「여역동서원제군(與易東書院諸君)〔경오庚 午〕」 지음. • 9월, 「자명(自銘)」 지음. • 10월, 「답기명언논개심통성정도(答奇明彦論改心 統性情圖)」 지음. 12일 『가력일기(家曆日記)』 절필. • 11월, 격물치지설을 개정하다가 병의 위중함을 감지하고 서당에서 공부하는 제자들을 집으로 돌려보냄. • 12월 8일 유시(酉時), 정침에서 별세. 18일 영의정 에 추증됨.	• 4월, 유희춘이 왕명으로 『국 조유선록(國朝儒先錄)』 편찬. • 8월 22일, 역동서원 낙성식과 석채례(釋菜禮)를 거행함.
1571년 (선조 4년)	• 3월 21일, 예안현 건지산(蹇芝山) 남쪽에 안장.	• 레판토해전.
1574년 (선조 7년)	• 11월 1일, 이산서원(伊山書院)에서 위패를 봉안하 고 석채례를 거행.	
1575년 (선조 8년)	• 여름, 서원이 완공되자 도산서원(陶山書院)으로 사액됨.	
1576년 (선조 9년)	• 2월 13일, 도산서원과 여강서원(廬江書院)에 위패 를 봉안하고 석채례를 거행. • 11월, 문순(文純)의 시호가 추증됨.	
1600년 (선조 33년)	• 5월, 조목의 주도로 도산서원에서 『퇴계선생문집 (내집)』 원집(原集) 49권, 별집 1권, 외집 1권 목 판본 간행됨.	

찾아보기

창비 한국사상선 5

이황

조선 유학의 분수령

초판 1쇄 발행 / 2024년 7월 15일

지은이 / 이황

편저자 / 이봉규

펴낸이 / 염종선

책임편집 / 박주용 박대우

조판 / 신혜원 박지현

펴낸곳 / (주)창비

등록 / 1986년 8월 5일 제85호

주소 / 10881 경기도 파주시 회동길 184

전화 / 031-955-3333

팩시밀리 / 영업 031-955-3399 편집 031-955-3400

홈페이지 / www.changbi.com

전자우편 / human@changbi.com

ⓒ 이봉규 2024

ISBN 978-89-364-8034-9 94150